KB253860

인도는
힘이
세다

인도는 힘이 세다

이옥순 지음

창비

세계사의 진정한 승자,
인도

인도에서 유학을 마치고 돌아와 모교에서 처음 맡은 강의는 세계문화사였다. 강의실이 부족해서 내가 맡은 과목은 지하 1층의 강의실에서 진행되었는데, 대낮에도 어둑한 강의실의 창 너머로 보이는 건 지나가는 학생들의 발뿐이었다. 어느 햇살 좋은 날에 나는 강의실을 나와 학생들과 함께 학교 뒷산에 올랐다. 거기에선 남산과 한강 등 서울 시내가 한눈에 내려다보였다. 강의실의 좁은 창 안에 갇힌 공간, 그 안에 모인 몇몇 사람의 공간이 아닌 수많은 사람이 숨 쉬고 살아가는 서울이 비로소 눈에 들어왔다.

이 책에서 인도를 바라보는 나의 입장은 산꼭대기에서 세상을 내려다보는 것과 비슷하다. 현미경을 가지고 특정한 측면을 살피기보다 망원경으로 조망하는 셈이랄까. 곧 거시적인 접근에 가깝다. 많은 인구와 넓은 땅을 기억한다면 멀리서 바라보는 인도가 가까이서 살

핀 인도와 다른 측면이 분명히 있을 것이다. 하지만 어떤 방식으로 바라보든 인도는 세상 어디에도 없고, 세계 어느 나라와도 다른 모습을 보여주는 곳임에는 틀림없다.

포스트모던의 신념을 가진 사람들은 큰 그림으로 인도를 설명하는 내 방식이 맘에 들지 않을지도 모르겠다. 인도 같은 큰 나라를 뭉뚱그려 말하기란 쉽지 않다. 그러나 나무보다 숲을 조망할 필요도 있는 법이다. 세세한 것에 집중한 나머지 놓쳐버린 인도를 가로지르는 굵은 실, 즉 인도적인 것과 인도만의 것에 주목할 필요가 있다는 게 나의 생각이다. 인도에 대한 많은 책이 있고 여행과 교역을 통한 다양한 경험이 쌓여가고 있지만, 여전히 우리는 인도문명을 아우르는 상을 잡고 있지 못하기 때문이다.

거시적인 이 책은 아무래도 인구의 다수인 힌두(교도)를 중심으로 전개된다. 예전이나 지금이나 북쪽의 히말라야에서 남쪽의 인도양에 이르는 인도아대륙에서 다수를 이루며 역사를 이끈 주인공은 그들이다. 물론 이 책에는 이슬람교나 기독교 등 다른 믿음을 따르는 인도인도 나온다. 그들도 인도문명의 형성에 도움을 주고 그 영향을 받는다는 점에서 타자가 아니다.

어느덧 한국과 인도가 수교를 맺은 지 40주년이 되었다. 그리고 내가 인도에서 공부하고 돌아와 낸 첫번째 책『인도에는 카레가 없다』가 나온 지도 15년이 넘었다. 그동안 인도에 대한 관심이 점차 커져온 탓인지, 내가 낸 책은 꾸준하게 팔렸고 해마다 다시 찍었다. 인도인이 생각한 인생무상人生無常, 즉 세상에서 변하지 않는 것은 없으니 인도도 이 기간에 변화의 바람을 탔고, 변하지 않는 듯해도 많은 것이 변했다. 나는 이 책에서 그 변화의 속성과 변화에 대처하는 그곳 사람들의 내적 자세를 그리고자 했다.

이제 인도는 더이상 제3세계의 빈곤국이 아니다. 가난한 인구가 아직 많으나 오늘날의 인도는 이전의 역사에서 종종 그랬듯이 먼지를 만져도 금이 되는 번영의 시대를 향해 달리고 있다. '빛나는 인도' '떠오르는 인도' '메이드 인 인디아' 등 자신감이 들어간 각종 구호가 춤을 추고, 21세기의 슈퍼파워가 되려는 열정이 도처에서 감지된다. 돈과 힘을 과시하는 새로운 인간형도 나타났다.

그럼에도 아홉개의 주제를 담은 이 책은 인도의 현재나 실질적 정보에만 집중하지 않는다. 여기엔 남의 나라를 힘으로 지배한 영웅들이 부재하지만 잘나지 못해도 자기를 잃지 않은 사람들이 등장한다. 늘 지고 넘어져도 기어코 다시 일어난 불사조 같은 그들의 집합적 생존기가 여기에 녹아 있다. 패배해도 살아남은 그들이야말로 진정한 승자가 아니랴. 그런 점에서도 인도는 힘이 세다.

사반세기가 넘게 인도를 공부하고 있는 나는 인도가 다른 세계와 상당히 다르다는 걸 자주 실감한다. 인도는 미국이나 영국 등 서구세계는 물론, 우리나라와 중국과 비교해도 사뭇 다르다. 역사와 문화가 상이하고 사람들의 삶에 대한 관점이나 접근방식에서도 차이가 난다. 내 눈으로 다른 나라를 온전히 이해할 순 없으나 인도와 중국 문화에 대한 기초적인 비교를 마지막 장인 9장에 넣어 인도에 대한 이해를 도왔다.

이 책을 읽는 당신은 인도를 좋아할 수도 있고, 싫어할 수도 있다. 그러나 분명한 사실은 이제는 그 누구도 인도를 무시할 수 없다는 점이다. 인도는 여러 면에서 힘이 센 나라다. 머지않아 세계 최대가 될 인구만 봐도 그렇다. 이제 세계는 그 많은 인구를 빼고 미래 세계를 낙관하거나 비관할 수 없을 것이다. 이런 견지에서 이 책은 인도가 가진 힘의 스펙트럼을 드러낸다.

마지막으로 혼자 사는 세상이 아닌 걸 일깨워주는 주변의 여러분에게 두루 감사한다. 특히 소중한 추억이 실린 귀중한 사진을 선뜻 보태주신 (주)새로텍의 박상인 사장님과 (주)비티엔 김응기 대표님에게 큰 인사를 올린다. 좋은 책을 만드느라 고생한 창비의 가족들과 먹을 걸 보내주며 격려한 '청어람'의 동생 내외도 진심으로 고맙다. 다하지 못한 이야기들은 훗날을 기약한다.

2013년 9월, 북한산 중턱에서

이옥순

 **차 례**

인도는 좋아도 인도인은 싫다

인도인의
이중성

인도는 좋아해도 인도인은 싫다는 사람이 의외로 많다. 철학과 종교의 나라, 신비하고 이국적인 인도는 좋아해도 저잣거리에서 만나는 가난하고 영악한 인도인은 싫다는 뜻이다. 1960년대 사랑과 구원을 찾아서 인도에 몰려간 히피들도 자신들에게 먹을 것과 잠자리를 파는 실리적인 인도인이 싫다고 말했다. 보이지 않는 인도는 좋아하면서도 보이는 인도인을 싫어하고, 멀리 떨어진 인도에는 매혹돼도 냉혹한 현실을 일깨우는 눈앞의 인도인에겐 혐오감을 갖는 것이다.

인도인을 싫어하는 사람들에게 인도는 다만 이름에 지나지 않는다. 13억 인구가 부대끼는 인도가 그들에게는 실존하지 않는 추상의 나라인 것이다. 그렇게 생각해야만 인도는 미지의 나라, 신비한 나라로 남을 수 있다. 미지未知해서 신비하고, 신비해서 미지한 인도는 인도답고 사랑스럽다. 그곳은 오늘날에도 무한경쟁의 현대문명과 천박한 물질주의가 부재하는, 순수하고 오염되지 않은 나라여야 한다.

사랑스런 인도의 이미지 반대편에는 인도인에 대한 험담이 자리를 잡고 있다. 자신들이 도처에서 만나고 겪은 인도인을 사기꾼이라거나 배은망덕한 사람이라고 나쁘게 평가하는 사람이 대다수다. 인도를 공부하는 나는 어쩔 수 없이 이런 불평을 늘어놓는 사람들을 자주 만난다. 인도가 엄연한 실존의 세상이듯 그 안의 모든 사람이 나쁠 리는 없겠으나 나는 그런 평가를 들을 때마다 웃으며 대답한다.

"인도인을 대표해서 제가 사죄할게요!"

왜 사람들은 인도인을 싫어할까? 내가 생각하기에 그 이유는 첫사랑과 연애를 하면서 상대에게 느끼는 실망감과 비슷한 듯하다. 즉 동경의 대상이 환상 속의 이미지와 다른 데서 오는 일종의 배신감 때문이다. 착하고 순수하다고 생각한 사람에게 당한 배신이 아픈 법이니까. 또다른 이유는 그들을 쥐락펴락하지 못하는 데서 오는 일종의 분노 때문이다. 약자라고 생각한 사람에게 맞은 한방의 주먹이 더욱 쓰라리게 마련이다. 사람들은 내 맘대로 상대하거나 맘껏 이용할 수 없는 영악한 그들이 싫은 것이다.

사람들은 행복해 보이며, 서로 친절하고 예의 바르다.

인도에 간 고대 중국의 승려 법현法顯의 말이다. 이렇듯 인도인에 대한 외국인의 평이 다 나쁜 건 아니었다. 마우리아Maurya왕조의 수도에 머문 그리스 대사도 인도인이 정직하다고 적었다. 11세기 인도를 방문한 이슬람문화권의 한 여행가는 인도인이 자기 문화에 자긍심이 높지만 나쁘지는 않다고 기록했다. 인도의 정신주의를 높이 평가한 20세기 독일의 막스 뮐러^{Max Müller}도 인도인이 정직하다고 판단했다. 이들의 공통점은 인도에서 물질적인 이득을 추구하지 않았다는 것이다.

인도인이 갑자기 나빠진 건 근대에 이르러서다. 그때부터 인도인은 부정적으로 등장한다. 인도에 대해 가장 많은 기록을 남긴 영국인의 눈에 비친 인도인은 게으르고 나태하며 믿을 수 없고 진실하지 않은 나쁜 인종의 전형이다. 인도인이 순진해 보여도 실은 약삭빠르고 거짓말쟁이라는 뉘앙스는 인도가 배경인 영문학에서도 자주 볼 수 있다. 노벨상을 받은 영국의 작가 키플링^{Kipling}의 작품에 등장하는 인도인도 거의 다 그렇다.

인도인은 노예근성, 참을성, 나약함, 끈기, 순종 등의 장점을 가진 반면에 단점도 가지고 있다. 교활하고 진실을 말하지 않는 점이다. 거짓말과 위증을 잘하고, 자기 이익을 위해 거짓말을 하는 것을 잘못이라고 여기지 않는다.

키플링이 노예근성과 나약함을 인도인의 장점으로 꼽은 것이 눈에 띈다. 인도를 지배하는 영국은 그런 인도인이 필요했을 것이다. 반대로 영리하고 교활한 인도인은 통제가 어렵고 위험해서 싫었으리라. 오늘날 인도를 찾아가서 여행을 하고 사업을 벌이는 우리나라

인도의 과일 시장
순박해 보이는 첫인상과 달리
인도 상인은 놀라운 장사 수완을 보여준다.

사람들도 노예근성을 가진 순종적이며 나약한 인도인을 바라는 것일까? 그런 그들을 상대해야 편하게 사업하고 한껏 이익을 추구할 수 있을 테니 말이다.

몇년 전 델리의 유명한 영자신문은 한국인을 동아시아의 펀자브 사람이라고 불렀다. 델리와 북부지방에 많이 사는 펀자브인은 돈은 많으나 문화가 없고, 배는 나왔으나 영혼이 없다고 비판받는다. 기사에 따르면 한국인은 자기들끼리 몰려다니고, 고급차와 명품을 통해 남에게 자신을 과시하려는 욕구가 강하며, 여성들이 비싼 핸드백을 정가에 사기 위해 길게 줄을 서는 지구상의 유일한 사람들이다.

물론 한국인이 다 그런 건 아니다. 이런 기사를 통해 알 수 있는 건 누구나 자기 안경으로 세상과 사람들을 본다는 사실이다. 무엇이 좋고 나쁜지의 기준은 나라와 문화마다 다르게 마련이다. 인도도 인간에게 무엇이 중요하며 어떻게 살아야 하는지에 대한 나름의 관점이 있다. 그들이 한국인을 조롱한다고 해서 서운해할 필요도 없고 그들이 우리와 다르다고 비난할 이유도 없다. 우리에게 그들을 오만하게 내려다보고 판단할 권리도 없다. 그래도 아는 만큼 보이는 법이고 보이는 만큼 대처할 수 있으니 그들의 문화코드를 살펴보자.

인도에는 분명한 답이 많지 않다. 나는 이를 문화적 융통성이라고 부르지만, 속이 터진다고 말하는 외국인이 아주 많다. 인도에는 이른바 보편적 인간형이 없다. 모든 사람이 반드시 따라야 하는 윤리규범이나 카스트와 종교를 뛰어넘는 통일적인 행동양식도 눈에 띄지 않는다. 심지어 죄와 벌의 의미도 개인의 필요성이나 선택에 따라 달라진다. 요컨대 인도인의 윤리와 도덕은 상대적이다.

어떤 학자는 인도인의 상대적 처신을 구체적으로 이렇게 설명했다. 즉 누가 어떤 사람을 좋게 말하는 것은 그 사람의 인간성이 좋아서가 아니라 자신에게 밥을 사줘서 좋다는 의미다. 그렇다면 밥을 사지 않는 사람은 좋은 사람이 아니다. 내가 처한 상황에 따라서 좋은 사람이 달라지는 것이다. 실제로 인도에서 사업을 하는 사람들은 우정보다 돈을 선택하는 인도인의 이기적인 처세법에 불만이 많다.

인도의 전통에선 선과 악이 상대적이다. 우리나라에서 아수라장이라고 말할 때 나오는 아수라^{Asura, 阿修羅}는 인도신화에 등장하는 신의 이름이다. 신화 속의 아수라는 한쪽은 악의 얼굴이고 다른 한쪽은 선의 얼굴이다. 신화에는 악한 아수라들이 고행을 거쳐서 신에게서 강한 능력을 받거나 선한 아수라들이 신들의 속임수에 빠져 타락해 악이 되는 경우가 나온다. 인도에서 신과 아수라는 서구문화권의 선과 악처럼 딱 부러지게 나뉘지 않는다는 걸 알 수 있다.

죽은 뒤에 착한 사람에게 주어지는 보상과 악한 사람에게 가해지는 처벌도 일시적이다. 힌두교의 지옥은 다른 종교와 달리 영원히 머무는 곳이 아니다. 극악무도한 일을 저질러도 영원히 벌을 받지는 않는다. 가장 훌륭한 사람은 곧바로 구원을 받지만, 가장 나쁜 사람도 인간에서 하등동물로 떨어졌다가 환생을 통해 결국은 구원을 받는다. 직행이냐 멀리 돌아가느냐의 차이가 있을 뿐 악행에 대한 절대적인 처벌은 없다.

많은 인도인이 성서로 여기는 『바가바드기타』^{Bhagavadgītā}에서도 이러한 상황을 엿볼 수 있다. 사촌과 전쟁을 앞둔 아르주나^{Arjuna}는 '싸울 것이냐 말 것이냐'로 햄릿처럼 고뇌한다. 싸우지 않는다면 왕국을

　　　　　　　　　　　　　　　　　　　　인도는 힘이 세다

아르주나의 마차를 끄는 크리슈나 인도에서 가장 인기 있는 신인 크리슈나는 항상 친숙한 모습으로 사람들 앞에 나타난다. 그림 속 크리슈나는 직접 마차를 몰며 아르주나를 전쟁터로 이끌고 있다.

지키는 크샤트리아(왕)의 의무를 저버리는 것이고, 싸운다면 일가붙이를 죽여야 하기 때문이다. 크리슈나Kṛṣṇa 신은 번민하는 주인공에게 사람을 죽이는 일은 나쁘지만 크샤트리아로서 본분과 의무를 다하는 행동은 나쁘지 않다고 일러준다. 자신에게 주어진 의무를 다하려고 쓰는 나쁜 방식은 괜찮다는 것이다. 즉 목적이 좋으면 수단은 정당화된다.

인도인은 어렸을 때부터 이런 이야기를 들으며 상황에 따라 처신하는 법을 배운다. 전통적인 가치관에 따르면 살인은 카스트와 상황에 따라 정당화될 수 있다. 아르주나처럼 전쟁터에서의 군인의 살인은 정당하다. 군인과 달리 상인이나 사업가라면 용기보다 돈을 잘 버는 것이 최선이다.

2년 전에 인도의 수도 델리에서 저널리스트가 목을 맨 채 죽은 사건이 일어났다. 경찰이 밝혀낸 범인은 죽은 여자의 어머니였다. 대학을 나와 언론사에 다니는 딸이 낮은 카스트인 동료와 결혼을 추진하자 반대하던 끝에 목을 졸라 죽인 것이다. 어머니는 집안과 카스트의 명예를 위해 살인한 것을 후회하지 않는다고 말했다. 오늘날의 실정법으론 살인이지만 근대 이전의 힌두관습은 그런 행동을 정당화했다. 그 전통의 일단이 오늘날에도 남아 있는 것이다.

어느날 왕은 가지가 가장 맛있는 채소라고 칭찬했다. 그러자 옆에 있던 신하들이 재빨리 그 말을 받아서 보라색의 가지를 칭찬했다. 한 사람은 가지에 대한 찬가를 두 소절이나 불러서 왕을 기쁘게 했다.

며칠 뒤 요리사는 왕을 위해 가지 요리를 다시 상에 올렸다.

"가지처럼 맛이 없는 채소는 세상에 없을 거야. 씨가 많아서 먹기 힘들고 영양가도 없어. 난 싫으니 저 사람에게나 주게."

왕은 저번에 가지에 대한 찬가를 불렀던 신하를 가리키며 말했다. 요리사가 가지 커리를 그 신하에게 가져가니 그는 손사래를 치며 사양했다.

"나도 가지 요리가 싫다네! 가지를 먹으면 속이 안 좋아."

왕이 그 소리를 듣고 저번에는 가지를 칭송하더니 웬일이냐고 물었다. 신하는 공손하게 대답했다.

　　　　　　　　　　　　　　　　　　　　　

"그날은 전하께서 가지가 좋다고 하시기에 저도 좋다고 말했습니다. 이제 전하께서 가지를 싫다고 하시니 저도 가지가 싫습니다. 저는 전하에게 충성을 바치는 전하의 신하이지 가지의 신하가 아닙니다. 전하가 저에게 재상의 자리를 주셨지 가지가 준 것이 아니지요."

이런 이야기가 전해지는 인도에서는 진실을 말하는 것이 늘 중요하진 않다. 백색거짓말을 해야 할 때도 있고, 독이 없는 뱀이 치명적인 독을 가진 것처럼 행동할 때도 있다. 세상에는 모든 걸 할 수 있어도 모든 걸 다하지 않는 것이 최선인 경우가 많다. 그래서일까, 인도에는 "만약 왕이 대낮을 한밤이라고 말한다면 재빨리 '전하, 달과 별이 영롱하옵니다'라고 대답하라"라는 금언이 있다. 거짓말을 하지 않는 사람은 죽은 것이나 다름없다는 속담도 있다.

학생들은 내게 한국인이 카스트제도를 가진 인도에서 어떤 대접을 받느냐고 묻는다. 이론적으로 불가촉천민不可觸賤民이라는 말을 들려주면 그들은 거의 다 실망한다. 아니 그럼 우리가 브라만이라도 될 줄 알았단 말인가. 100년 전만 해도 인도인이 바다를 건너 외국에 가는 것은 카스트를 박탈하는 금기였다. 물론 오늘날의 배운 인도인은 기꺼이 한국인과 밥을 같이 먹고 우정을 나눌 수 있다.

전통적인 세계관을 따르면 인도인은 화이華夷개념을 믿는 중국인처럼 외국인을 오랑캐라고 여겼다. 오랑캐＝불가촉천민이다. 그래서 스스로를 세상에서 최고라고 여겼다. 그런 그들이 오랑캐에 정복되자 사정이 달라졌다. 그들은 더럽고 부정 탔다고 여긴 외국인의 밑에

세포이항쟁에 가담한 세포이 처형 영국의 지배에 무력으로 항거한 세포이를 진압하기 위해 영국은 또다른 세포이를 고용했다. 영국이 고용한 시크(교도), 구르카족, 라지푸트족 같은 이들 상무적 집단은 식민통치의 근간이 되었다.

서 기꺼이 충성을 바치며 일했다. 실용적인 그들은 개인적인 호불호와 사회적 금기를 넘어서 생존과 이익을 위해 굴복했다.

영국의 통치를 지지한 씩씩하고 용맹스러운 군인집단도 그랬다. 그들은 1857년 '세포이(용병)항쟁'을 시작으로 이어진 큰 폭풍을 만난 영국의 방파제가 되었다. 반영항쟁에 가담하지 않고 영국을 지지하며 반군을 진압했다. 오죽하면 영국 총독이 "친구들은 여름날의 파리 떼처럼 많다"라고 감격할 정도였을까. 인구의 극히 일부에 불과한 시크(교도), 구르카족, 라지푸트족 같은 이들 상무적 집단은 독립할 무렵에는 군대의 90퍼센트 이상을 차지하며 식민통치의 근간이 되었다.

인도인에게는 생존이 명예보다 소중한 법이다. 상황이 불리하면 금세 고개를 수그리고 굴욕을 감수하는 것이 인도인이다. 흠이 없는 돌보다 깨진 금강석이 낫다고 생각하는 것이다. 오늘날에도 이런 인도인을 많이 만난다. 굴욕을 당하거나 남을 배신하는 것은 그들의 정서에 영향을 주지 않는다. 설사 복종해도 내면으로 받아들인 것이 아니기에 배신이 아니다. 그렇게 하여 인도는 외국에 정복되고 지배를 받아도 문명의 본질을 잊지 않았다. 정치적 패배가 문화적 패배라고 여기지 않았기 때문이다.

문화란 이렇게 다른 것이다. 그럼에도 우리와 다르다는 이유로 그들을 인간성이 나쁘다고 여기거나 잠재적 범죄자로 판단하는 것은 정치적으로나 윤리적으로 올바르지 않다. 상대적 차이를 절대적 특징으로 간주하는 것도 오만한 자세다. 인도를 통치한 영국은 더 잘 다스리기 위해 인도인에 대한 온갖 부정적 이미지를 만들어 퍼뜨렸다. 제국주의시대가 아닌 오늘날 인도인에게서 무언가를 얻고 싶다면 그들을 이해하고 친숙해지기 위해 노력해야 한다. 사랑이 그렇듯 한쪽으로 기우는 관계는 위험하다.

정신보다
물질이 우선

인도를 사랑하고 『싯다르타』*Siddhartha* 『수레바퀴 아래서』*Unterm Rad*

같은 소설을 남긴 독일의 작가 헤르만 헤세 Hermann Hesse는 그리움의
뿌리를 찾아 실론을 거쳐 말레이반도, 수마트라로 여행했다. 그러나
그는 인도에는 들르지 않았다. 인도학의 대부로 불리는 막스 뮐러도
자신이 인도에 가지 않은 것은 물론 제자들조차 인도에 가지 못하게
막았다. 그들이 인도에 가지 않은 이유는 인도인을 보고 난 뒤에 실
망하지 않기 위해서였다. 환상 속의 여인을 그대로 간직하고 싶은 마
음이랄까.

그러나 인도는 환상의 여인이 아니다. 인도인이 믿는 힌두교는 인
간의 욕망을 인정하고 부의 추구를 당연시한다. 눈에 보이는 세상이
진짜가 아니라고 생각하지만, 눈앞의 물질적인 것을 추구하는 게 신
에 대한 믿음과 어긋난다고 여기지도 않는다. 신과 브라만을 제외한
이 세상 모든 것이 가짜라고 여기면서도 물질적 욕망을 키우는 사람
을 비난하지도 않는다. 성스러운 것과 속된 것이 보완되고 정신주의
와 물질주의가 손을 잡는 곳이 인도다. 그래서 인도인은 이중적이라
고 여겨진다.

인도인이 얼마나 교활한지 아세요? 제가 보기에 인도의 장사
꾼들은 유대 상인이나 아라비아 상인보다 훨씬 더 영악해요.

걔들은 말하는 것과 행동이 달라요. 같은 사람이 때에 따라 다
른 말을 해요!

인도로 가는 비행기 안에서 나와 이야기를 나눈 우리나라 대기업

　　　　　　　　　　　　　　　　　　　　　　　

직원들은 그들이 만나고 겪은 인도인에 대한 불평과 불만을 한없이 늘어놓았다. 나는 우리나라에는 착한 사람만 있냐고 묻고 싶었으나 참았다. 그들이 진지했고, 정말로 속을 많이 끓인 듯이 보였기 때문이다. 그래서 나는 그들이 영악하다는 말에 고개를 끄덕여주었다. 그러나 상황에 따라 말을 바꾸고 돈을 품에 안는 건 모든 인간이 가진 속성이다. 인도인이 이런 성향이 좀더 강할 뿐이다.

인도인의 상대적 윤리가 도드라지는 것이 바로 돈을 버는 방식이다. 사실 인도의 정신주의나 영적 생활은 물질주의를 빼고 말할 수 없다. 신과 영혼을 말하면서 돈과 금을 좇고 신의 이름을 걸고 속임수를 쓰는 사람이 많다. 이러한 행동은 교육 정도나 인격이 훌륭한가의 여부와는 상관이 없다. 인도에서 장사꾼이 눈앞에 큰돈이 보일 때 거짓말을 하거나 계약을 깨는 것은 나쁜 행동이 아니다. 돈을 벌려고 저지르는 작은 실수와 나쁜 방법도 죄책감을 가질 일이 아니다.

> 가난한 자는 죽은 자와 같다. 부富를 얻어라. 세상의 뿌리는 부에 있다.

약 2500년간 구전된 인도의 대서사시 『라마야나』*Rāmāyaṇa*에 나오는 구절이다. 그보다 1000년 전부터 입으로 전해진 『리그베다』*Rig-Veda*에도 부의 추구가 도덕적으로 바람직하다고 말했다. "가난이 죄"라는 말은 또다른 대서사시 『마하바라타』*Mahabharata*와 2000년간 전해진 우화집 『판차탄트라』*Pancatantra*에도 나온다. 인도인에게 돈을 벌라고 권하는 말은 다른 힌두경전에도 많다. 인도의 정신주의란 오래전부터 반만 진실이었는지도 모른다. 아니면 물질주의를 가리는 위장 전술이었을까?

인도에는 돈이 된다면 무엇이든 마다하지 않는 사람들이 널렸다. 무굴시대의 일이다. 독실한 무슬림인 황제가 힌두들에게 인두세를 다시 부과하자 수천명의 힌두들이 모스크에 가는 황제를 막아섰다. 황제가 탄 코끼리가 그들을 짓밟고 지나갔고, 몇 사람이 죽었으며 여러 사람이 다쳤다. 그래도 그들은 인두세를 깎아달라는 애원을 멈추지 않았고, 결국 황제가 인두세를 줄여주는 것으로 끝이 났다.

부와 재산을 공개적으로 받드는 지구상 유일의 종교를 믿는 인도인은 이익이 나면 언제든 입장을 바꾸고, 우정도 버리려고 한다. 인도의 마끼아벨리Machiavelli라는 별명을 가진 고대 인도의 정치가 차나키아Cāṇakya는 일찍이 우정도 이익이 있어야 지속된다고 말했다. 금강산도 식후경이기 때문이다. 그래서 인도 남해안에 사는 가난한 어부들은 힌두사원보다 먹을 것을 주는 바다가 더 성스럽다고 대답한다.

돈이 말하고 권력이 듣는 요즘에도 인도인의 돈을 버는 방식은 세계적 수준이다. 작년에 인도에 출장을 갔다가 릭샤를 잡아타고 시장에 나간 적이 있다. 릭샤를 끄는 스무살가량의 청년은 나를 태우고 휘파람을 부르며 쌩쌩 달렸다. 신나게 페달을 밟는 그의 발을 내려다보니 슬리퍼가 닳아서 너덜너덜했다. 시장에 도착한 나는 그의 발에 맞는 슬리퍼를 한켤레 골라서 선물했다. 그러나 숙소에 도착해서 왕복요금을 계산하는 순간에 내게 큰 깨달음이 왔다. 그가 통상요금의 열 배가 넘는 금액을 불렀기 때문이다. 내가 잠시 째려보자, 청년이 말했다.

"돈 많은 사람이 가난한 사람에게 돈 좀 주면 어때요?"

옳은 말이다. 베풀 수 있는 삶이 얼마나 좋은가. 이렇게 깨달음을 주는 사람이 인도엔 널렸다. 물론 인도인이 다 이렇게 뻔뻔하진 않다. 다만 돈을 벌 기회가 왔을 때 그걸 잡아채는 능력이 탁월한 건 확실하다. "내일의 공작보다 오늘의 비둘기를 가져라"라는 속담이 있는 인도에서는 당장 이익이 된다면 수단과 방법을 가리지 않는 걸 나쁘다고 여기지 않는다. 신을 숭배하는 만큼 물질을 숭배하는 나라임에 분명하다.

인도에는 영적 생활에 관심을 가진 사람이 많은 것도 사실이다. 어느해 여름방학에 힌두사원을 순례하면서 나는 정신주의와 손을 잡은 수많은 사람을 만났다. 점쟁이, 탁발승, 사두(출가승), 무속인, 구도자, 요가수행자, 구루 그리고 영적 생활을 하기 위해 출가한 모든 종류의 사람들이었다. 순례자도 많다. 오늘날의 자본주의는 경제활동이 적은 그들을 낮게 평가하지만, 돈이 상전인 요즘에도 그들이 활개를 치는 나라가 바로 인도다.

인도인은 거의 다 초월적인 존재를 믿는다. 돈에 영혼을 파는 고리대금업자도 보이지 않는 영혼을 믿는 점에선 인도인이다. 남의 피를 빨아먹으며 사는 그는 아마도 죽어서 지옥으로 갔다가 내세에 모기로 태어나겠지만 어쨌든 그도 환생을 부정하진 않는다. 많은 여자들을 데리고 성매매로 돈을 버는 악덕업자의 집에도 여신의 그림이 모셔져 있다. 그의 신심이 사제보다 못하진 않다.

그래도 돈은 때로 국가를 넘길 정도로 소중하다. 16세기 이슬람 연합군의 침입을 받은 힌두제국 비자야나가르^{Vijayanagar}의 96세 왕은 청년처럼 열심히 싸웠다. 왕은 한창 싸움이 진행되는 전쟁터에서 군인들을 격려하기 위해 왕궁의 곳간을 털어 돈을 나눠주었다. 그것이 실수였다. 돈맛을 본 군인들은 서로 먼저 돈을 받으려고 왕에게 몰려들었고, 전쟁은 승패가 났다. '돈의 전쟁'을 이용한 적군이 왕을 사로잡아서 제국을 끝낸 것이다.

이것이냐, 저것이냐를 고르는 건 어렵다. 인도의 독립운동을 이끈 마하트마 간디Mahatma Gandhi도 그랬다. 그는 가진 재산이 보퉁이 두개였다. 그래서 언제나 봇짐을 꾸려서 어디든 떠날 수가 있었다. 성자처럼 보이는 그는 가난한 사람을 가엽게 여겼으나 부자의 존재를 부정하지 않았다. 간디는 동향의 같은 카스트에 속하는 기업가 비를라Birla의 집에 머물렀고, 여러 부자의 자금을 받아서 독립운동을 폈다. 그에게 물질주의와 정신주의는 흑백처럼 구분되는 반대개념이 아니었다.

돈을 경멸하는 척하는 사람은 있어도 돈을 경멸하는 사람은 없다. 오늘날 인도에서 가장 숭배받는 여신이 부의 여신 락슈미Lakṣmi인 건 그다지 놀랄 일이 아니다. 최고의 명절인 디왈리는 돈을 바라는 사람들이 대놓고 락슈미 여신을 기리는 축제다. 인도인은 가게와 가정을 꽃과 등불로 꾸미고 부의 여신을 집안으로 유혹한다. 밤새 벌어지는 불꽃놀이와 강물에 띄우는 등불도 여신에게 바치는 일종의 뇌물이다. 돈을 더 벌게 해달라는, 더 잘살게 해달라는 염원을 거기에 실었다.

네개의 손을 가진 락슈미 여신의 두 손은 연꽃을 들었고, 다른 두 손은 뭔가를 주는 모습인데 대개 왼손에서 금화가 떨어지는 형상이 많다. 인도인은 여신이 밤에 들어와 복을 줄 수 있도록 밤새 불을 밝

　　　　　　　　　　　　　　　　　　　인도는 힘이 세다

황금으로 치장한 가네샤 신상(위)과 상점 안에 모셔진 신들(아래) 정신주의와 물질주의가 손을 잡은 인도에서는 부의 여신 락슈미, 또다른 부의 신 가네샤가 숭배를 받는다.

히거나 창과 문을 열어두고 잔다. 집은 물론 가게와 사무실에도 부의 여신상을 두고 장신구와 꽃으로 아름답게 단장하며 부자가 되게 해달라고 항상 기도를 올린다. 또다른 부의 신 가네샤^{Gaṇeśa}도 인기가 높다.

인도가 경제적으로 잘 나가는 요즈음의 디왈리는 부의 축제로 명성이 높다. 상업성이 명절 분위기에 짙게 배어서 디왈리 기간의 매출액이 해마다 최고액을 경신한다. 인도인은 이때 미국인의 크리스마스 시즌처럼 가족과 친지와 선물을 주고받기 때문에 디왈리가 쇼핑의 축제가 되었다. 부의 여신을 받들고 그 보호를 받는 상인들이 연중 최대 매출을 기록하는 진정한 대목이 바로 이 무렵이다.

정신주의와 물질주의가 손을 잡은 인도에선 신과 영혼을 파는 산업이 늘 호황이다. 인도에서 가장 성공한 영적 지도자는 독특한 헤어스타일과 오렌지색 복장으로 유명한 사이바바Sai Baba다. 시계와 꽃, 책과 사진을 손을 휘저어 만드는 능력을 가진 그는 우리나라의 텔레비전 방송에도 소개되었다. 학교와 대학, 병원은 물론 비행기 활주로까지 갖춘 남부인도에 있는 그의 왕국에는 매일 수만명이 모여들었다. 2011년에 84세로 사망한 그의 재산은 금장신구 98킬로그램을 포함해 약 8조원에 달했다.

안드라프라데시 주 티루파티 힌두사원의 일일 참배객은 약 6만 5000명, 주말엔 8만명이다. 축제 기간에는 10만명이 신을 보기 위해 몰려든다. 결혼식장과 장례식장을 다 갖춘 이곳에는 각종 의식과 제사를 돕는 브라만 사제가 300명이 넘는다. 순례자들이 사가는 특산물인 라두(단것)도 매일 3만개가 팔린다. 인터넷 홈페이지를 통해 들어오는 돈을 더하면 매일 5억원가량의 헌금이 모인다고 한다. 인도가 가난하다는 말은 참이 아니다.

그렇다고 물질이 모든 것을 이기진 않는다. 티루파티에는 머리를 박박 깎은 순례자가 많은데, 남자뿐 아니라 여자들과 아이들도 보인다. 머리카락을 잘라서 신에게 바친 경건한 행동의 흔적으로 모든 피조물이 신 앞에 똑같다는 고귀한 의미가 담겼다. 머리카락과 꽃을 바치는 신도와 암소나 금덩이를 올리는 부자의 신심이 대등하다고 여기는 것이다. 그래서 가난한 사람들도 신에게 무엇인가를 바쳤다는 심리적 만족을 갖는다.

이중적 성향은 오늘날에도 결혼지참금을 내지 못한 여성들이 희생된다는 뉴스에서 감지된다. 4장에서 다시 언급하겠지만 연간 8000여 명이 이와 관련되어 죽는 것으로 드러났다. 교육받은 사람이 늘어나도 이를 거부하는 사람이 줄지 않기 때문이다. 공적 영역에서는 지참금을 주고받는 걸 비판해도 개인적으로는 부모의 돈에 대한 욕망을 받아들인다. 수단과 방법을 가리지 않는 상술이 비판받지 않는 문화에서 개인이 저야 할 책임은 상대적으로 작다. 당연히 죄의식도 얕다.

전통적으로 인도인은 돈을 벌기 위해 사용하는 수단을 정당하게 여긴다. 군인계층에게 전쟁에서 최선을 다해 싸우는 것이 의무이듯 상인에게는 돈 버는 일이 신성한 의무라고 여겨졌다. 상인뿐 아니라 거리에서 생존을 위해 싸우는 거지도 수단과 방법을 가리지 않고 구걸한다. 특히 순진해 보이는 코흘리개의 구걸방식은 무엇을 상상하든 늘 그 이상이다. 그들은 여행자의 호주머니를 털기 위해 악어의 눈물이나 슬픈 표정은 기본이고 때로 자해나 협박도 불사한다. 끈질기게 구걸하는 그들의 오랜 전통은 2500년 전에 나온 『니티수트라』 *Niti Sutra*에서도 볼 수 있다.

풀잎은 가볍고, 목화는 더 가벼우며 거지는 그보다 훨씬 더 가

고층건물 뒤에 가려진 인도의 슬럼가   연간 9만명의 아이가 유괴되어 농장이나 공장, 성매매업소 등에 팔리는 인도에서 「슬럼독 밀리어네어」는 그야말로 현실이다.

볍다.

그런데 왜 거지는 바람에 날려가지 않을까?

그 이유는 거지가 구걸할까봐 바람이 피해가기 때문이다.

신의 나라인 인도에 어린 천사들을 이용해 돈을 버는 사람과 집단이 많은 건 새삼스럽지 않다. 오스카상을 받은 인도를 배경으로 한 영화 「슬럼독 밀리어네어」Slumdog Millionaire에는 대도시에 도착한 농촌 출신 소년이 나쁜 사람에게 속임을 당해 다리를 절단당하고 불구의 몸으로 거지 생활을 하는 내용이 들어 있다. 미국의 『워싱턴포스트』는 2012년 9월 말 현재 인도에서 6분마다 한명씩 어린아이가 사라진다고 보도했다. 1년에 9만명의 아이가 농장이나 공장, 성매매업소에 팔리고 거지가 된다는 것이다.

인도는 힘이 세다

인도에는 "빵 부스러기를 달라는 거지가 빵을 달라는 거지보다 더 번다"라는 속담이 있다. 거지들도 한푼만 달라는 걸 강조해야 돈을 받아낼 수 있다는 사실을 아는 것이다. 영리하고 끈질긴 거지들의 전략을 짐짓 모른 척 속아주는 사람들이 많은 나라도 인도다. 탁발승에게 적선하는 전통을 가진 인도에는 세속에 얽매이지 않거나 돈을 벌지 않는 사람들을 무시하지 않는다. 그래서 거지들도 먹고산다.

물론 구걸은 거지들의 전용이 아니다. 돈이 된다면 굴욕을 기꺼이 감수하는 사람들이 인도인이다. 17세기의 일이다. 독실한 이슬람교도인 무굴제국의 황제가 궁정에서 음악을 금지하고 악공을 줄이자 힌두교도인 그들은 이슬람사원에 기도하러 가는 황제에게 몰려가서 구슬프게 울었다. 황제가 왜 우느냐고 묻자 음악이 죽어서 애도하는 것이라고 대답했다. 황제는 죽은 음악을 잘 파묻으라고 지시하고 자신도 죽은 음악의 영혼을 위해 기도하겠노라고 말한 뒤에 가던 길을 갔다.

모든 종류의 인종이 뒤섞이고, 교육을 받지 못한 사람이 많은 인도에는 외국여성을 희롱하는 사람이 많다. 특히 '성적으로 자유롭다'는 그릇된 이미지가 덧칠해진 백인여성들이 종종 곤욕을 치른다. 그래서 유명관광지에서는 연상의 외국여성을 온종일 따라다니는 아들 같은 나이대의 젊은이들을 자주 볼 수 있다. 한번은 뭄바이의 광장에서 지나가는 여성에게 치근거리는 스무살 남짓의 청년에게 왜 그러느냐고 물어본 적이 있다. 그는 뜻밖에도 이렇게 말했다.

"쉰명의 여성을 집적거리면 한명은 넘어오거든요."

7전 8기가 아니라 49전 50기가 돈과 목적을 향한 인도인의 자세다.

나는 다행히 인도를 많이 돌아다니고도 나쁜 경험이 많지 않다. 한가지 기억나는 것은 갠지스 평원에서 아이를 네명이나 거느린 어느 어머니에게 당한 소매치기다. 여권과 델리로 돌아올 기차표만 남기고 달러화와 인도화폐를 알뜰하게 챙겨간 그 일당의 가장 어린 멤버는 어머니의 품에 안긴 갓난아기였다. 아니다, 여인이 아기의 어머니라는 증거는 하나도 없다. 아마도 여인과 아기는 성공적인 비즈니스를 위해 뭉친 '도둑들'일 것이다.

어수룩해 보여서 그런지 내가 인도가 아닌 우리나라에서 소매치기를 당한 적도 세번이나 되기에 인도인이 나쁘다는 말에 무작정 동의할 수는 없다. 그래도 인도에서 나쁜 경험을 한 사람들의 아픔은 이해한다. 인도에서 물건을 통째로 도둑맞거나 사기를 당한 외국인이 갖는 건 일종의 배신감일 것이다. 믿었던 도끼에 찍히는 발등이 더 아프듯이 만만하게 여기거나 착하다고 여긴 사람한테 당하는 아픔이 더 강하기 때문이다.

정신주의가 인도의 특성이라면 물질주의도 인도의 특성이다. 신과 영혼을 말하는 인도인이 동시에 돈과 금을 좇는 물질주의자라는 건 겪어보면 금세 안다. 인간의 궁극적인 목표를 해탈로 여기지만 부의 추구를 그 과정으로 간주하기 때문이다. 인도에서 돈을 버는 행동은 구원과 해탈의 장애물이 아니다. 반짝이는 금에 맘과 몸을 다 줘도 그것에 집착하거나 지배되지 않으면 괜찮다. 어디든 빠져나갈 구멍이 많은 곳이 인도다. 그것을 인정해야 한다.

    인도는 힘이 세다

삶은 내가 바라는 것이다. 의로움도 내가 바라는 것이다. 두가지를 다 얻을 수 없어서 목숨을 버리고 의義를 취하는 것이다.

중국의 맹자孟子는 이렇게 말했다. 유교문화권에 속하는 우리나라에서도 살기 위해 나쁜 방법을 택하는 걸 옳다고 여기진 않는다. 실제로 죽음을 택하지 않는 사람도 두가지 중에서 의로움을 택하는 것이 옳다고 모범답안을 델 것이다. 도덕은 사회에서 인간이 지켜야 할 도리와 그에 따른 행위를 말하기 때문이다.

그러나 인도에서는 의로움보다 살아남는 걸 택하는 사람이 많다. 목숨이 있어야 세상이 있다고 생각한다. 살아남아야 훗날을 기약할 수 있고, 내가 죽은 뒤에 질 홍수까지 걱정할 필요가 없다는 것이다. 수천년간 전해진 신화와 전설은 상황에 따라 생각과 행동의 방식이 달라져야 한다고 가르친다. 이런 전통에서 절대적 기준보다 상대주의적인 판단이 나오는 건 당연하다.

약 2500년간 전해지는 대서사시 『마하바라타』에는 교활한 속임수로 적을 죽이거나 배신하는 경우가 많이 나온다. 주인공 부족인 판다바족이 용감한 적장인 드로나를 당할 수가 없자 그의 아들이 죽었다는 소문을 내서 사기를 떨어뜨린 뒤 공격하는 방법을 모의한 것도 그중 하나다. 판다바족에겐 다행스럽게도 그때 마침 드로나의 아들과 이름이 같은 코끼리가 죽었다. 그들은 아들이 죽었다는 소문을 듣고 찾아와 사실이냐고 묻는 드로나에게 작은 목소리로 대답한다.

"그래요. 아슈와타마가 죽었다오."

판다바족은 드로나의 아들 이름이자 코끼리의 이름인 아슈와타마가 죽었다고 말해 드로나의 삶의 의지를 꺾고, 그 틈을 놓치지 않고 공격해 승리를 거둔다. 물론 같은 이름을 가진 코끼리가 죽었으니 완전한 거짓말은 아니지만 아버지의 아들에 대한 사랑을 이용해 속임수를 쓴 사실은 분명하다. 또다른 대서사시 『라마야나』에 나오는 인간이나 성자들도 거의 다 자기 이익을 따라서 움직인다. 상대가 강할 때 속임수를 쓰는 것은 정당하다고 보는 것이 오랜 전통이다.

배신은 속임수보다 한수 높은 처신이다. 구전되는 힌두경전이나 많은 설화와 민화는 담에 올라앉아서 양측의 상황을 지켜보다가 마지막 순간에 유리한 쪽으로 뛰어내리라는 조언이 많다. 의로움보다 살아남는 걸 택한 사람들은 목숨이 있어야 세상이 있다고 생각한다. 그래서인지 인도에는 유명한 배신자들이 많다. 그들은 떠오르는 세력에 재빨리 충성을 바치고 저무는 왕국과 지배자를 저버렸다.

역사를 공부하는 내가 보기에 인도의 역사는 배신자들이 만들었다고 해도 과언이 아니다. 인더스 강을 넘어온 이슬람 세력이 힌두 왕국과 운명의 결전을 벌일 때, 힌두 배신자가 적에 가담하는 바람에 역사의 물줄기가 바뀌었다. 800년 인도-이슬람의 역사는 그렇게 시작되었다. 영국이 200년간 인도를 통치하게 된 결정적인 계기도 자기 땅과 이웃을 배반한 한 장군의 공이 컸다. 그에게 매수된 군인들도 무기를 버리거나 아군에게 총질을 해댔다. 어디서나 그렇듯이 내부자가 회사와 나라를 말아먹는 법이다.

뭄바이의 인도문 항공여행이 시작되기 전 배를 타고 온 영국인이 인도에 내리던 곳이다. 무굴제국이 힘을 잃고 영국이 세력을 펼치기 시작할 때 일부 브라만은 재빨리 충성의 대상을 바꾸었다.

여러 나라에 배신자가 있으나 인도처럼 배신자가 눈부신 공을 세운 사례는 찾을 수 없을 것이다. 난공불락을 자랑하던 데칸지방의 골콘다Golconda 왕국과 정복자 영국을 위협한 마이소르Mysore 왕국의 튼튼한 성도 내부의 배신자가 성문을 여는 바람에 무너졌다. 15~16세기 이슬람 세력이 북부지방을 장악한 시절에 남부에서 위력을 자랑한 힌두제국 비자야나가르도 믿었던 장군들이 적과 내통하여 종말을 고했다.

그렇다면 전쟁에서 최고의 전술은 군대나 화력을 늘리기보다 적진에 스파이를 심고 배신자를 키우는 것일까. 적어도 소수의 배신자들이 수백만 군사의 역할을 해낸 인도에선 그랬다. 사실 배신자는 역사만큼이나 오래된 직업이다. '말씀'을 배신하고 선악과를 딴 이브가 배신자의 선구자였으니 말이다. 아마도 역사의 심판대에 오른 우리나라의 이완용李完用을 뺨치는 인도역사의 변절자들은 이렇게 변명할 것이다.

"물론 배신은 나쁩니다. 그러나 배신할 수밖에 없다면, 해야지요. 숲에서 춤추는 공작을 누가 보겠어요?"

그래서 그들은 저잣거리의 공작이 되어 많은 사람의 주목을 받으며 행복하게 살았을까? 그렇지는 않다. 마음을 바꾼 배신자들은 행복의 나라에 가지 못하고 다시 배신을 당했다. 중국이나 인도에서나 토끼 사냥이 끝나면 사냥개가 필요하지 않기 때문이다. 그래도 배신자들은 그때가 와도 같은 길을 선택할 것이다. 그것이 문화다.

인도인이 행동의 일관성이 없고 쉽게 배신할 수 있는 것은 근본주의가 없는 힌두교와 관련이 있다. 기독교의 십계명처럼 신자를 위한 행동규범이나 가톨릭처럼 잘 조직된 교회가 없는 힌두교에는 하나만 따르라거나 '해라, 하지 마라'고 강요하는 절대적 기준이 없다. 그래서 다른 종교처럼 정통과 이단의 구분도 없다. 힌두교의 기본적인 입장은 『바가바드기타』에 나오는 말에서 잘 드러난다.

어디에서 어떻게 나에게 오든지, 그들이 내게로 오는 어떤 길을 택하든지 (…) 나는 그들을 다 받아들인다.

힌두교를 믿는 사람들에게 신에게 가는 길은 하나가 아니다. 어떤 사람은 계율이나 규범을 잘 지키는 방법이나 선행을 통해 가고, 다른 사람은 특정한 신을 사랑하고 받드는 과정을 통해서 신에게 간다. 통찰과 직관 또는 예지를 통해서 구원에 이르는 방법도 있다. 조상을 숭배하거나 뱀과 여우를 받들고, 돌이나 정령을 숭배해도 상관이 없다. 이것도 좋고 저것도 좋고, 이래도 좋고 저래도 좋다. 절대적 윤리가 없는 것이다.

그러므로 그들에겐 어떤 노선을 취하든 종교적인 금기가 없다. 무엇을 하든 괜찮다. 단 한번도 힌두사원에 가지 않아도, 힌두교의 성서를 몰라도 누가 뭐라고 하지 않는다. 신을 믿지 않아도 되고 수많은 신을 모셔도 되는 종교가 힌두교다. 무엇을 하든지, 어떻게 하든지 다 좋다. 자유와 해방을 꿈꾼 미국의 히피들이 인도로 몰려간 것은 뭐든지 할 수 있는 땅이어서였다.

우리는 종종 "초심을 잃지 않아야 한다!"라고 말하며 크게 성공하거나 돈을 번 뒤 바뀐 사람의 자세와 행태를 점검한다. 사실 이 말은 문제가 많다. 사람은 나서 자라고 늙는다. 역사도 과거와 오늘이 다르다. 인간이 초심을 잃지 않았다면, 인간의 역사는 고대에 머물러 있을지도 모른다. 초심을 버리고 오지 않은 미래에 맘을 주고 현재를 배반하고 변화를 꿈꾼 사람들이 역사를 만들었다고 할 수 있다.

배신을 나무라지 않는 인도에서는 보다 큰 목적을 위해 저지른 작은 실수와 나쁜 방법을 받아들인다. 목적이 수단을 정당화하는 셈이다. 탁실라대학의 교수이자 마우리아왕조의 현실정치에 깊이 간여한 차나키아는 『니티수트라』라는 책에서 너무 정직해서는 안 된다고 일

러준다. 곧은 나무가 먼저 꺾이고 정직한 사람이 먼저 고통을 받는다
는 그의 말은 모든 나라에 보편적으로 존재하는 처세훈이다.

인도에서는 도덕과 윤리가 상대적이듯 진리도 상대적이다. 내 진
리가 소중하다면 남의 진리도 소중하다는 걸 인정해야 한다고 여긴
다. 진리가 상대적임을 인정하는 힌두교에서 말하는 죄악은 다른 문
화권과 다르다. 이론적으로 어린아이가 불에 손을 집어넣었다면 그
가 죄를 지은 건 아니지만, 무지해서 그런 행동을 한 것이기에 좋게
여기지 않는다. 무지는 전생의 악업에서 나오는 것이다. 그러나 전생
의 일이기에 개인의 책임이 크진 않다. 『바가바드기타』는 다음과 같
이 죄의식을 줄여준다.

가장 나쁜 죄인이라도 지혜의 배로 죄악의 바다를 건널 수 있다.

배우고 깨달음을 얻으면 죄악의 바다도 건넌다. 그러므로 어떤 물
에 빠지든 기꺼이 헤엄칠 수 있는 사람들이 인도인이다. 그중에서도
처세의 달인은 사회의 엘리트인 브라만이었다. 그들은 어떤 상황에
서도 살아남는 생명력을 자랑한다. 인도를 정복한 이슬람 술탄의 통
치하에서도 그들의 위상은 달라지지 않았다. 그들은 오랑캐라고 여
기는 술탄에게 의존했고, 때로 이슬람 행정에 참여했다.

이슬람제국인 무굴의 궁정에서는 '카야스타'라고 부르는 힌두들
이 봉사했다. 서기카스트에 속하는 그들은 힌두와 무슬림의 에티켓
을 조화롭게 적용하며 교묘한 줄타기를 함으로써 영화를 이어갔다.
힌두의 산스크리트어와 이슬람의 페르시아어를 모두 잘한 그들은

영국이 등장하자 재빠르게 영어로 갈아탔다. 낮에는 이슬람 복장이나 양복을 입고 현실에 적응했으나 집에서는 힌두의 전통복장으로 숨을 돌렸다.

카야스타들은 안팎이 다른 생활로 수백년을 살아남았다. 이슬람정권에서 영국정권을 거쳐 인도인이 스스로 나라를 다스리는 시대까지 그들은 카멜레온과 같은 변신술을 썼다. 1950년대까지 힘을 자랑한 고위관리들이 그들의 후손이다. 종종 ‘예스장관’으로 불린 그들은 최근까지 여러 지방에서 실질적인 권한을 가지고 녹祿을 모아 개인의 곳간을 늘렸다.

그 후손들인 오늘날의 신흥중산층은 소득과 소비를 늘리는 새로운 생활방식을 과시한다. 그들은 우리나라의 부자처럼 좋은 상품을 갖는 데서 행복을 찾고, 돈을 쓰는 것에서 삶의 가치를 찾는다. 고급 브랜드 가방을 들고 유명디자이너가 만든 사리를 입으며 시설 좋은 아파트에서 사는 것이 성공이라고 여긴다. 현재 이 시간을 중요하게 여기는 물질주의가 인도의 대세가 되어가는 것일까?

아니다. 그렇다면 인도가 아니다. 오늘날 경제발전으로 돈을 번 인도인이 점점 더 힌두교의 품으로 돌아오고 있다. 인터넷과 SNS를 통해서 종교를 믿고 실천하며, TV를 보며 신을 받든다. 이들은 돈을 벌고 성공한 것이 다 신의 덕분이라고 여기며 더욱 신을 믿고 의지한다. 인도에는 물질주의가 강해질수록 정신주의가 강해진다. 잘살수록 세속화하는 다른 나라와는 사뭇 다른 특성이다.

제4인간형,

모한 랄

지금까지 살펴본 것처럼 인도에서는 상황에 따라 어제의 친구가 오늘의 적이 되기도 한다. 이러한 행동이 도덕적으로 큰 비난을 받는 것도 아니다. 좀더 구체적인 예로 격변기의 근대 인도에서 상황에 따라 카멜레온처럼 처신을 바꾼 한 인도인의 일생을 소개한다. 주인공은 1800년대 전반에 델리지방에 살던 브라만 모한 랄이다. 그는 잘나가던 무굴제국이 힘을 잃고 영국이 세력을 펼치기 시작한 시대에 살던 인물이다.

1953년 6월에 발표된 안수길 작가의 단편소설 「제3인간형」은 한국전쟁이라는 역사의 소용돌이에서 지식인이 어떻게 살아야 하는지에 대한 고민을 다룬 소설이다. 거기에 나온 제3인간형은 시대의 변화에 능동적으로 부응하지 못하는 사람이다. 반면에 무굴제국의 수도 델리에 거주한 모한 랄은 상대적 가치에 따라 여러번 변신한 새로운 유형의 인물이다. 나는 그를 '제4인간형'이라고 부른다.

모한 랄의 선조들은 이슬람제국인 무굴을 위해 일했고 나라로부터 많은 땅을 하사받았다. 그러나 그의 가문은 무굴제국이 내우외환 內憂外患에 시달린 정치적 격변기에 그 땅을 다 빼앗기고 말았다. 카슈미르 출신의 브라만인 모한의 아버지는 모한의 친어머니가 죽자 종교가 다른 무슬림 여성을 새 아내로 맞았다.

모한 랄은 영국인이 델리에 나타나자 재빨리 마음과 충성의 대상을 바꾸었다. 모한은 2년간 델리대학의 한 칼리지에서 영어를 배웠고, 영어라는 나룻배를 타고 새로운 시대의 강을 헤엄쳐나갔다. 영어를 무기로 삼은 모한은 델리에 있는 한 영국인의 비서로 일했다.

모한은 영국인 상사를 따라 비밀업무를 수행하러 아프가니스탄과 중앙아시아, 페르시아 등지를 여행하며 영국을 위해 일했다. 그뒤에도 다양한 역할로 영국에 봉사한 모한은 그 보상으로 영국으로부터 토지를 받았다. 봉급도 많이 받았다. 델리에서 안정적으로 세력을 유지하는 것이 목표인 영국 지배자는 모한이야말로 친영파로 유용한 인물이었다. 영국은 모한에 대해 '새로운 인간형' '새로운 모델의 인도인'이라는 칭송을 아끼지 않았다.

모한은 힌두 브라만이었다. 영국인을 위해 일해도 보수적인 브라만의 규범을 따랐다. 힌두전통에 따르면, 낮은 카스트를 가진 사람이나 다른 종교를 가진 사람과 식사를 하거나 물을 마시는 것은 청정한 브라만에게 종교적인 금기사항이었다. 인도의 브라만은 오랫동안 외국인이 지배하는 사회에서 그런 방식으로 살아왔다. 그에게 영국인과 무슬림은 카스트가 없는 불가촉천민에 지나지 않았기 때문이다. 카슈미르 출신의 브라만인 그는 카슈미르인 요리사를 두고 그가 만든 음식만 먹었고, 다른 사람과는 물도 함께 마시지 않았다. 영국이 세력을 잡아가는 델리에서 모한의 행동은 '나는 브라만이다'라는 사실을 사방에 알리는 정치적으로 위험한 행동이었다.

모한은 아버지가 맞아들인 무슬림 계모의 영향을 받아 점차 이슬람교로 기울어졌다. 힌두의 세계로부터 멀어진 것이다. 델리지방의 브라만들은 기독교인이나 무슬림과 사귀는 그를 멀리했다. 1834년 델리의 카슈미르 출신 브라만들은 그의 카스트를 박탈했다. 모한은 자신이 외면적으로 어떻게 행동하든지 간에 내면으로는 힌두교를 배신한 적이 없다고 항의했다. 그러나 그가 델리 법원에 낸 브라만의 박탈을 취소하라는 소송은 패배로 끝났다.

모한은 이때부터 힌두교에 등을 돌렸다. 자신이 발간하는 잡지에 힌두의 관습과 문화를 조롱하는 글을 싣기 시작했다. 자기 문화에 돌을 던진 모한은 이후 자신의 종교를 분명하게 밝히지 않았다. 종교가 무엇이냐는 질문을 받으면 그저 "유일한 절대자를 믿지요"라고 회색 분자처럼 애매모호하게 대답했다.

이슬람교로 옮긴 그는 무슬림 지인들이나 기독교인 친구들과 밥을 함께 먹으면서 브라만의 금기사항을 어겼다. 카슈미르인 요리사가 죽자 무슬림 요리사를 고용하여 그가 만든 음식을 먹는 변화도 받아들였다. 모한의 변화는 힌두교, 이슬람교, 기독교가 세력을 다투던 당대 인도에서 지식인이 처한 문화적 곤경을 잘 보여준다.

모한은 아프간전쟁에 영국군의 통역관으로 참전했다가 적의 포로가 되었다. 극적으로 탈출한 뒤에도 중앙아시아에서 영국 제국주의의 이익을 위해 일했다. 인도로 돌아온 모한은 영국정부에 제국을 위해 일한 대가를 요구했다. 그러나 그에게 돌아온 보상은 서북변경지대의 한직에 지나지 않았다. 그는 다시 변화를 모색했다.

모한은 이듬해 휴가를 얻어 영국을 방문했다. 오랫동안 영국인을 위해 일한 그는 눈으로 본 영국문화에 압도되었다. 그는 런던에서 빅토리아^{Victoria} 여왕을 만나는 영광을 누렸다. 여러권의 책도 출간했다. 영국에서 많은 사람을 만나고 큰 환대를 받자 모한은 공개적인 친영파가 되었다. 인도의 미래는 영국을 닮는 데서 시작된다고 주장해 지배자 영국인을 기쁘게 했다. 그는 인도가 예전의 영광을 되찾을 순 없을 것이라고 전망하고, 모든 인도인이 영어를 배우고 영국에 충성을 다하자고 말했다.

그의 변신도 끝이 왔다. 영국에서 귀국한 모한은 별다른 직업을 얻지 못했다. 1857년 세포이항쟁이 일어나자 영국인과 친하다는 이유로 공격을 받고 도시 밖으로 도망간 적도 있었다. 영국의 외면을 받은 그는 사업에도 실패하고 쓸쓸하게 30년의 남은 생을 보냈다. 진정한 영국인이 되라고 영국으로 보낸 두 딸은 귀국하는 도중에 천연두에 걸려서 모두 죽었다.

적도
껴안는다

인도에서 살다보면 원숭이를 만날 때가 꽤 많다. 사람을 전혀 무서워하지 않는 원숭이들은 가방과 집을 뒤져 음식을 약탈해가기 일쑤다. 근대의 한 영국인은 지금보다 훨씬 날랬을 원숭이들에게 시달리다가 어느날 그 동물이 뱀을 무서워한다는 말을 들었다. 회심의 미소를 지은 그는 원숭이가 자주 출몰하는 바닥에 뱀을 그려놓았다. 다음날 문을 연 그의 눈에 원숭이가 들어왔다. 원숭이는 뱀이 그려진 바닥에 앉아서 부엌에서 훔친 바나나를 먹고 있었다. 사실 이들 원숭이는 독사조차 무서워하지 않는다.

상황에 따라 말과 행동이 바뀌고 이중적이라고 비판받는 인도인이 세상을 가장 놀라게 하는 것은 적을 껴안는 심리적 태도다. 눈앞의 것에 급급한 상대를 향해 더 크고 넓은 방식을 쓰는 그들은 자기문화를 공격한 원수까지 가슴에 껴안는다. 영국인이 원숭이를 알지 못해서 당하듯이 많은 외국인들이 이런 인도인을 깔보다가 곤욕스런 순간을 맞는다.

어머니, 콜카타(당시 지명은 캘커타)를 본 걸 기쁘게 생각합니다. 이제 콜카타를 다시 안 봐도 되니까요.

나는 인도인을 증오해요. 그들은 괴상한 종교를 가진 괴물 같은 사람들이거든요.

이렇게 오만하게 발언한 사람은 영국의 윈스턴 처칠^{Winston Churchill}이었다. 앞에 인용한 편지는 젊은 시절에 그가 식민지 인도의 수도인 콜카타에 도착해서 어머니에게 보낸 것이다. 나중에 영국의 수상이 된 처칠은 세상에 인도라는 나라는 없다고 우겼다. 그는 영국을 반대하는 민족주의자를 미워했고, 특히 반영운동을 이끄는 간디를 싫어했다. 두번째 인용문은 그가 수상일 때 내각의 인도 담당 장관에게 털어놓은 말이었다.

처칠이 자국민에게 '피와 땀'을 요구하면서 제2차 세계대전을 수행한 1943년에 영국의 알짜배기 식민지인 인도의 벵골지방에선 수많은 사람이 기근으로 목숨을 내놓았다. 약 300만명이 굶어죽었다. 2010년에 나온 『처칠의 비밀 전쟁』^{Churchill's Secret War}을 보면, 처칠은 굶

인도는 힘이 세다

어죽는 인도인을 구할 수 있는 방안을 의도적으로 무시했다. 그럼에도 독립한 인도 정부는 1965년 처칠이 죽었을 때 조기를 게양하고 그의 죽음을 애도했다.

인도인은 독립한 뒤에도 2세기간 배운 영국문화를 의식적으로 내다버리지 않았다. 그래서 영국에서 사라진 문화를 인도에서 볼 수 있다. 영국 작가 조앤 롤링Joanne Rowling의 『해리포터』Harry Potter가 세계를 강타할 때 나도 그 책을 재미있게 읽었다. 해리가 마법학교에서 보내는 자잘한 일상은 내가 델리대학의 기숙사에서 보낸 추억을 생각나게 했다. 델리대학은 식민지시대 영국의 런던대학을 모델로 세워졌으나 런던대학이 오래전에 버린 제도를 지금도 잘 간직하고 있다.

인도인이 '살아 있는 마지막 영국인'이라는 주장은 오래전에 나왔다. 영국에서도 사라진 문화가 인도에 남아 있기 때문이다. 가족 네 명이 모두 영국의 유명 대학에서 박사학위를 받은 내 지도교수의 집에서도 그런 분위기가 잔뜩 풍겼다. 지금도 여행 중에 가끔 들르는

YWCA나 YMCA가 운영하는 여관에서도 근대의 풍경을 얼마든지 만날 수 있다. 영국에서도 보기 어려운 귀리죽을 아침식탁에서 볼 수 있는 것도 그중 하나다.

인도의 독립을 이끌고 초대 총리가 된 자와할랄 네루Jawaharlal Nehru도 '인도를 통치한 마지막 영국 총독'이라는 소리를 들었다. 합리주의자로 알려진 네루는 자신의 사고와 삶에 대한 접근방식이 동양보다 서양에 가깝다고 고백했다. 그래서인지 그는 마지막 영국 총독의 부인과 사랑에 빠졌고, 어렵게 독립한 인도의 총리직을 버리고 연인을 따라 영국에서 살려고 마음을 먹은 적도 있다.

인도정부는 영국이 힘을 과시하려고 뉴델리에 세운 총독관저, 국회의사당, 정부청사를 지금도 사용한다. 오늘날 델리대학의 본부도 영국이 뉴델리로 수도를 이동하기 전까지 사용한 총독관저였다. 주요도시에는 영국 총독이나 그 부인의 이름을 딴 학교는 물론, 거리와 건물이 아직 많이 남아 있다. 수도에서는 영국이 오기 전에 인도를 다스린 이슬람 술탄과 황제의 이름을 붙인 거리를 볼 수 있다. 영국이 처음으로 정권을 잡은 벵골지방은 더욱 그렇다. 그 중심지인 콜카타에는 스스로 인도제국의 황제라고 선언한 빅토리아 여왕의 이름을 단 기념관이 건재하다.

영국 총독이 20세기 초 무굴제국의 걸작인 타지마할을 본떠 세운 빅토리아기념관에는 인도를 다스린 영국 총독들의 석상이 실물 크기로 늘어서 있다. 기념관의 서쪽에는 영국이 만든 경마장이 그대로 남아 있다. 식민지를 만든 뒤 가장 먼저 교회를 짓고 두번째로 세운다고 할 만큼 식민지배의 흔적이 짙은 경마장에서는 지금도 '엘리자베스 여왕 컵'을 놓고 경기가 벌어지고, 우승컵의 시상은 인도에 주재하는 영국대사가 맡는다. 식민잔재 청산이라는 말이 아직도 들리는 한국에서 간 나는 이렇게 인도다운 현상을 담담하게 만난다.

당연히 인도에서는 과거사를 규명하거나 식민지시대 영국을 도왔던 사람들을 처벌하자는 제안도 나오지 않는다. 1997년 인도의 독립 50주년을 맞아 영국 여왕이 인도를 방문했을 때도 그랬다. 어떤 인도인이 일본이 식민통치를 한국인에게 사과한 걸 언급하면서 엘리자베스^{Elizabeth} 여왕에게 인도인에게 사과할 것이냐고 물었다. 여왕은 아무런 대답을 하지 않았고, 더이상 그 문제를 언급하는 인도인도 없었다.

일제강점기가 우리나라의 근대화에 기여했다는 주장에는 이의를 제기하면서 인도에서 영국의 통치가 좋았다고 보는 우리나라 사람이 적지 않다. 그들은 이렇게 말한다. "인도가 영국의 식민통치를 받지 않았다면 과연 철도를 건설하고 근대국가를 세울 수 있었을까요?" 누가 한국이 40년간 일본의 지배를 받은 건 한국을 위해서 좋은 일이라고 말한다면 역정을 낼 사람이 많은 우리나라에서 인도인의 아픔은 내 아픔이 아닌 것일까?

인도인의 상대적 관점은 2005년 인도 총리가 모교인 옥스퍼드대학에서 명예박사학위를 받을 때도 나왔다. 그는 수상소감을 말하면서 영국의 식민통치를 긍정적으로 평가했다. 만모한 싱^{Manmohan Singh} 총리는 인도가 누리는 민주주의와 자유언론, 관료제와 경찰조직, 근대적 대학과 실험실이 영국의 덕이라고 말했다. 영국은 인도를 위해 봉사했으며, 인도는 여러면에서 영국에 빚을 졌다고도 덧붙였다.

그러나 좋다고 말하는 사람이 많다고 나쁜 것이 좋은 것이 되는 건 아니다. 다만 인도에는 나쁜 것을 잊기 위해 좋은 것만 기억하는 사람이 많을 뿐이다. 식민통치에 협력한 인도인을 친영파라고 부르지 않는 인도에서 영국의 유산을 좋게 평가하는 인도인이 나오는 건 당연하다. 그들이 나쁜 과거에 연연해하지 않는 이유는 강을 따라가면 언젠가 바다에 닿는다는 걸 알기 때문이다. 다른 것은 다만 그 과정에 지나지 않는다. 시대를 앞서간 간디의 말을 인용해보자.

'눈에는 눈'이라는 서구의 논리를 따른다면 이 세상은 온통 눈먼 사람들로 뒤덮였을 것이다.

힘이 있어도 쓰지 않는다

영웅이
없는 나라

보이는 것이 다가 아닐 때가 있다. 인도의 기숙사에서 잠을 자려고 누웠다가 이상한 것을 보고 말았다. 더운데 공부하느라고 지친 탓인지 사흘간 연속으로 이상한 존재가 눈에 들어왔다. 나흘째 아침, 참다 못한 나는 동료들에게 사정을 털어놓고 도움을 요청했다. 신과 영혼을 믿는 그들은 내 말을 듣고 놀라지 않았다. 그저 귀신에 대처하는 여러 방법을 일러주었다.

내가 받아들인 처방은 '작은 신'을 막아줄 성서를 책상 위에 올려놓고 자는 것이었다. 그날 밤에 기독교의 『성경』, 이슬람교의 『코란』, 힌두교의 『바가바드기타』가 우정을 싣고 내 방으로 왔다. 높은 담도 뛰어넘을 수 있을 만큼 힘이 생겼다. 하지만 성서들을 책상에 두고 잠을 청해보아도 귀신보다 성서들이 더 묵직하게 느껴져서 도저히 잠을 이룰 수가 없었다. 결국 성서들을 다 돌려주고 나서야 다시 잠자리에 들 수 있었다.

그때 인연으로 '신의 노래'라는 뜻을 지닌 『바가바드기타』를 만나게 되었다. 종교적 관점을 떠나서 내가 책에서 받은 좋은 인상은 그 어디에도 '하지 말라'라는 구절이 없는 점이었다. 주어진 상황의 장점과 단점을 언급하고 당사자가 결정을 내리게 하는 점이 내 맘에 들었다. 인도문화가 남에게 강요하지 않는 특성을 가진 것도 그때 알게 되었다.

남에게 어떤 것도 강요하지 않는 인도문화의 특징은 인도역사에서 고스란히 드러난다. 인도는 긴 역사에서 단 한번도 국경 너머로 군대를 파견하거나 다른 나라를 침략한 적이 없다. 침략은커녕 힌두교, 불교, 자이나교, 시크교 등 수많은 종교가 태어났어도 바다를 건너거나 히말라야를 넘어서 국가적으로 선교사업을 벌이지도 않았다.

그리스의 알렉산드로스 Alexandros는 동방원정길에 힌두 성자를 만났다. 성자는 세계의 정복자라고 알려진 알렉산드로스를 무시했다. 알렉산드로스는 대꾸가 없는 성자에게 모욕을 주어 말문을 열게 만들었다. 성자는 마지못해 그의 말에 대꾸했다.

"왜 내가 오랫동안 여행을 하여 이곳에 왔는지 아는가?"

"그렇게 멀리, 그렇게 널리 헤매는 건 자신이나 백성을 위해서 좋지 않아요. 세상의 모든 사람은 자기가 딛고 서 있는 만큼의 땅만 가질 수 있답니다. 당신도 우리와 같은 인간인데 집에서 멀리 떠나 돌아다니며 많은 이에게 괴로움만 주네요. 당신은 머지않아 죽을 것이고 당신도 그저 당신이 묻힐 한평의 땅만 갖게 될 텐데 말이오."

알렉산드로스는 자신을 모욕한 힌두 성자를 그 자리에서 죽였다. 알렉산드로스가 성자를 처형하기 전에 왜 자신을 비판했느냐고 물었다. 모든 걸 다 가진 알렉산드로스가 상상할 수 없는 답변이 돌아왔다.

"당신이 명예롭게 살거나 혹은 명예롭게 죽기를 바랐습니다."

알렉산드로스는 서양이 자랑하는 영웅이고 죽임을 당한 브라만은 인도의 무명씨다. 역사는 한 사람을 죽인 사람을 살인자라고 부르면서도 수만명을 죽인 자를 영웅으로 기록한다. 세계사에 용맹함으로 이름을 올린 많은 영웅들은 외국을 침입하여 수많은 사람을 죽이고 재물을 약탈한 사람들이다. 작은 물건을 훔친 자를 도둑으로 여기면서도 한 나라를 훔친 자를 위대하다고 받드는 것이 또한 역사다.

우리는 금과 보석이 가득한 인도를 정복해야 한다.

이런 말을 남긴 몽골의 지배자 타라가이^{Taraghay}와 튀르크^{Türk}의 정복자 티무르^{Timur}도 인더스 강을 넘어 인도에 침입한 유명한 정복자다. 자원과 재물이 풍성한 넓은 인도는 그들의 야망을 채우기에 안성맞춤이었다. 몽골이 여러 지방을 엉망으로 만들고 떠난 뒤 100년이 채 안 되어 인도에 침입한 티무르는 수십만명을 죽이고 많은 재물을 챙겨갔다. 그들은 무력적인 행적으로 세계사에 이름이 올랐으나 엄청난 피해를 입은 인도인은 역사에 부재한다.

폭력을 싫어하는 사람도 약자는 무시하고 세계를 정복한 영웅에게는 매혹된다. 그래서 정복자 칭기즈칸 Chingiz Khan을 영웅으로 칭송하는 사람도 우리나라를 찾아온 힘없는 그의 후손들을 푸대접한다. 동남아시아나 아프리카에서 온 사람을 홀대하는 것도 같은 이치다. 영웅이나 강자를 좋아한다고 우리가 강해지거나 영웅이 되는 건 아니다. 더욱이 오늘날은 힘과 무기를 가진 영웅이 필요하지 않은 세상이다. 그럼에도 우리는 아직도, 여전히 강자를 좋아한다.

나는 할 말이 없다.
내가 하고 싶은 말은 내 칼 속에 있다.

셰익스피어 Shakespeare의 희곡 「맥베스」 Macbeth에 나오는 말이다. 셰익스피어의 나라와 달리 인도가 하고픈 말은 예로부터 칼이 아니라 문화나 종교에 있었다. 인도의 오랜 역사에는 국경을 넘어서 다른 나라를 공격하거나 무력으로 재물을 빼앗은 영웅들이 나오지 않는다. 인도에서 영웅으로 여겨진 사람들은 군대를 이끌고 남을 누른 정복자들이 아니라 우주의 신비를 깨닫고 자신의 욕망을 정복한 성자나 요가수행자들이었다.

물질주의는 정신주의에 밀린다. 인도에는 세속에 찌들어 살아도 그렇게 사는 걸 피할 수만 있다면 피하려는 사람들을 장려하는 전통이 남아 있다. 사막에서 필요한 것은 진주가 아니라는 걸 알기에 물

　　　　　　　　　　　　　　　　　　인도는 힘이 세다

기도하는 남자 물질주의가 강력한 힘을 발휘하는 21세기에도 인도는 영적인 것을 추구하는 사람을 존중하는 전통이 깊다.

질을 숭배하고 때로 돈을 찾아 배신해도 전체로서의 인도문명은 욕망을 억제하고 신의 존재를 깨닫는 데 관심이 많다. 그래서 더 가질 수 있으나 그렇게 하지 않는 사람을 칭송하는 문화가 강하다. 요가와 명상을 통해 가진 걸 버리거나 덜 가지려고 애쓰는 것도 그렇다.

인도에는 세상을 등지거나 적극적으로 돈을 벌지 않는 사람이 많다. 물론 인구가 많고 적절한 일자리를 찾지 못해 어슬렁거리는 사람도 포함된다. 델리대학의 중앙도서관에는 한때 머리카락에 소똥을 짓이긴 사두가 들어와 책을 읽곤 했다. 구척장신인 그의 머리에서는 금세라도 소똥 부스러기가 떨어질 것 같았으나 학생이 아닌 그를 제지하는 사람은 없었다. 주황색 옷자락을 펄럭이며 드나드는 그의 모습을 경외감을 담아서 틈틈이 훔쳐본 기억이 새롭다.

인도인은 지금도 출가자를 인정하고 존경한다. 물질주의가 힘을 자랑하는 21세기에, 손에 쥔 것이 먼지밖에 없어도 영적인 것을 추구하는 사람이 경외를 받는 것이다. 아무것도 가지지 않은 사람이 존중받는 땅이 인도가 아니면 어디에 있겠는가. 그래서 오늘날 인도의 과학자도 점성술을 믿고 성자를 찾아가서 운세를 본다. 첨단학문을 연구하는 지식인도 채식을 실천하고 정기적으로 성지를 순례하며 그런 삶의 일단을 맛본다. 이러한 관점은 도시에 사는 사람이나 농촌에 사는 사람이나 본질적으로 비슷하다.

『바가바드기타』에서 인간의 형태로 등장한 크리슈나 신은 전생에 사냥꾼을 죽인 악업으로 결국 죽임을 당한다. 인도문화에서 죽음은 인간뿐만 아니라 신에게도 끝이다. 우리가 사는 세상에 영원한 것이 없다는 걸 잘 아는 인도인은 전쟁에서 승리해도 그것이 일시적일 뿐 최종 승리가 아니라는 것도 알았다. 승자는 패자보다 조금 늦게 죽을 뿐 언젠가 죽는다는 점이 똑같다. 인도인은 그런 승리와 부에 큰 가치를 두지 않기에 전쟁을 자제한 것이다.

인도가 무력을 아낀 것은 힘이 부족해서가 아니었다. 인도 같은 대국이 다른 나라를 침입하지 않은 것은 오히려 쉽지 않은 일이었을 것이다. 힘이 있어도 힘을 쓰지 않게 고삐를 당기는 것, 그것이 더 큰 힘이 아닌가. 인도는 다른 나라를 정복하겠다는 욕망이 적었고, 욕망을 이루지 못한 슬픔을 갖지 않았을 뿐이다. 그래서 전쟁보다 평화를 선택했고, 칼을 쓰기보다 인간의 내면에 도사린 파괴적인 분노와 욕망을 다스리는 성향을 키웠다.

인간의 욕망과 망상을 제대로 누른 대표적인 인물이 고대 마우리

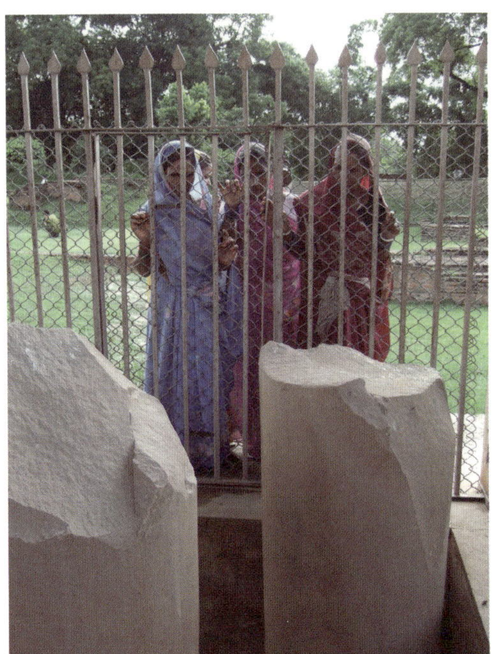

아왕조의 황제 아소카^{Asoka}였다. 돌기둥과 바위의 비문에서 드러나는 그의 정책은 무력이 아니라 평화적인 방법으로 주변국과 교류하는 것이었다. 제국이라고 불린 광대한 영토와 막대한 부를 가진 그는 대내적으로도 관용과 남에 대한 이해, 강압이 아닌 원칙에 따른 통합을 내세웠다. 군대와 관리를 줄이고 백성의 복지를 확대했다. 그가 '고통도 없고 슬픔도 없음'이라는 뜻을 지닌 아소카로 불린 건 그래서였다.

인도인이 발견한 '0'은 7세기에 인도 서쪽의 페르시아에 전해졌다. 그것을 이웃의 아랍인들이 빌려서 썼다. 0을 뜻하는 아랍어 '시푸르'^{sifr}는 '비어 있다'는 뜻이니 인도에서 무^{無}와 공^{空}을 의미한 '슈니아'shunya와 비슷했다. 유럽에 제로zero가 전해진 것은 그보다 한참 뒤인 13세기였다. 나는 어떤 수와 곱하든지 그 수를 0으로 만드는 제로가 무섭다. 모든 것을 무로 돌리고, 아무것도 아닌 것으로 만드는 발상은 이 세상 최후의 승자를 죽음으로 여기고 그래서 무력을 자제한 인도인이 아니면 생각할 수 없을 것이다.

싸움엔

서투르다

2012년 런던올림픽에서 인도는 좋은 성적을 내지 못했다. 은메달 2개, 동메달 4개로 메달순위에서 몽골과 비슷한 55위를 차지했다. 다른 면에서는 중국과 상위권을 다투지만 유독 올림픽에서는 금메달 38개, 은메달 27개, 동메달 23개를 차지한 중국과 천양지차를 보였다. 금메달 13개, 은메달 8개, 동메달 7개를 얻어 5위를 차지한 우리나라와도 비교될 정도로 성적이 좋지 않았다.

2000년 시드니올림픽에서 동메달 1개, 2004년 아테네올림픽에서 은메달 1개를 딴 인도는 4년 뒤에 열린 베이징올림픽에서 사상 처음으로 개인이 금메달을 획득하는 신기록을 냈다. 그러나 3개의 메달에 그친 인도의 성적은 세계 50위로 좋다고 할 수는 없다. 인구대국인 인도는 이제까지 21번 올림픽에 나가서 딴 총 메달이 20개에 불과하다. 그렇다고 인도인이 덜 행복하거나 '운동신경이 무딘 사람들'이라고 할 순 없다.

인도는 힘이 세다

13억 인구의 인도가 스포츠에서 저조한 기록을 내는 것이 이상할 수도 있다. 그러나 칼보다 문화를 강조하는 인도로선 당연한 결과다. 그들은 중국이나 우리나라와 달리 스포츠를 통해 자아를 확인하지 않는다. "지난 100년간 영국을 통해 배운 걸 버리는 데 국가의 미래가 달려 있다"라고 말한 마하트마 간디의 인도는 서구강대국을 스포츠로 따라잡고 그들을 이기는 데서 존재의 이유를 찾지 않는 것이다.

인도문화의 주류를 따르는 사람들은 다른 사람에게 자신을 내세우지 않고 남이 자기를 알아주지 않는 것을 걱정하지 않는다. 그들에겐 '우리도 할 수 있다'는 것을 세계에 입증하거나 운동경기를 잘하는 것이 국력이 강하다는 걸 뜻하지 않는다. 이는 문화적 자신감에서 나오는 것이다. 대개의 스포츠와 그 게임의 법칙은 거의 다 영미권에서 나왔다. 그런 운동경기를 잘 못하는 걸 부끄러워하지 않고, 그들을 닮으려고 애쓰지 않는 것뿐이다.

인도인은 옛날의 동독이나 체코처럼 운동기계와 비슷한 선수들이 이룬 업적을 부러워하지 않는다. 그래서 남을 이기거나 정복하려는 욕망, 메달 획득에 대한 집착과 파이팅이 부족하고 부재하다. 게다가 가지가 많은 민주주의 국가인 인도에서는 스포츠를 통해 하나의 목소리를 내는 것이 애초에 불가능하다. 정부가 스포츠에 큰돈을 들이거나 전력을 기울이다가는 호된 비판을 감수해야 한다.

내가 인도에서 오랫동안 생활하면서 느낀 점은 인도인이 싸움을 싫어한다는 것이다. 인도가 빠르게 경제성장을 기록하면서 약간 사정이 바뀌었으나 10년 전만 해도 인도의 거리에서 소리를 지르거나 멱살잡이를 하며 다투는 사람은 드물었다. 경제가 발전하면서 사람의 성격도 나쁜 쪽으로 발전하지만, 대개의 인도인은 지금도 물리적 부딪침에 소극적이다. 그런 그들이 운동을 못하는 것이 이상한가?

벵골의 지식인은 폭풍이 무서워서 갠지스 강에서 배를 타지 못한다.
밤에 오줌이 마려우면 아내나 여종을 데리고 변소에 간다.
그들은 자신의 그림자에도 소스라치게 놀란다.
이들이 싸우는 건 절대로 불가능하다.

인도를 지배한 영국인은 이렇게 인도인을 겁쟁이로 그렸다. 19세기 말에 서양에 힌두교를 알린 민족주의자 비베카난다 Vivekānanda는 이런 모욕적 발언을 듣고는 동포들에게 쇠고기를 먹고 근육을 키우자고 말했다. 힌두교 경전을 읽기보다 축구를 잘해야 신에게 가까이 갈 수 있다고도 주장했다. 서구 지배자를 이기려면 스포츠를 통해 강한 신체를 키우고 호전적인 문화를 길러야 한다는 뜻이었다. 그로부터 100년이 더 지났으나 오늘날에도 스포츠는 여전히 인도의 주류문화가 아니다.

국가로서의 인도도 싸움에 약했다. 지난 1000년간 인도가 겪은 가장 크고 가장 나쁜 결과를 낳은 5대 전쟁 중의 네개가 아프가니스탄의 이슬람 세력과 치른 전쟁이었다. 물론 패배자는 늘 인도였다. 16세기에 인더스 강을 넘어온 바부르 Bābur는 수도인 델리 부근에서 단 세시간 만에 인도의 지배권을 차지하고 무굴제국을 세웠다. 힌두스탄 평원을 방어하는 10만여명의 군인과 코끼리부대가 바부르가 가

저온 대포와 화승총의 '탕' 소리에 놀라서 우왕좌왕했기 때문이다.

문: 세상에는 산 자가 많은가, 죽은 자가 많은가?
답: 당연히 산 자가 많지요. 죽은 자는 아무것도 아니니까요.

문: 이 세상에서 가장 영리한 동물은 무엇인가?
답: 아직 사람들이 발견하지 못한 동물이겠지요.

문: 사람이 존엄성을 잃지 않고 살 만한 나이는 몇살인가?
답: 죽음이 삶보다 바람직해 보일 때까지가 아닐까요?

문: 삶과 죽음 중에서 어느 쪽이 강한가?
답: 물론 삶이지요. 삶이 많은 불행을 만드는 걸 보면 삶이 죽음보다 강한 것이 분명합니다.

동방원정길의 알렉산드로스는 인더스 강까지 진출했다. 그는 그때 치른 전쟁에서 포로로 잡은 브라만들에게 이런 문제를 내고 답을 맞히면 물러가겠으나 답이 시원찮으면 죽이겠노라고 협박했다. 그러나 문답을 주고받은 알렉산드로스는 세상의 이치를 통찰하는 훌륭한 답을 듣고도 브라만들을 교수형에 처했다. 세계의 정복자라고 불린 그는 브라만들을 죽인 이유를 나중에 이렇게 말했다.

전쟁과 죽음을 두려워하는 사람들만 보다가 처음으로 죽는 걸

겁내지 않는 사람들을 만났다. 나는 무력으로 사람의 마음을 살 수 없다는 걸 알았다. 나는 그것을 이해하지 못해서 그들을 죽였다.

죽음을 겁내지 않는 인도인이 겁쟁이는 아니다. 그러나 힘을 숭배하거나 강자가 지배하는 세상에선 힘을 쓰길 꺼려하는 사람이 겁쟁이가 된다. 많은 식민지를 거느린 근대의 영국도 인도인이 여성적이고 나약한 인종이라고 비웃었다. 한 영국인은 "겁쟁이가 수치로 여겨지지 않는 유일한 곳"이 인도라고 적었다. 이는 식민지시대 영국인이 만든 많은 작품과 보고서를 관통하는 일관된 관점이었다.

인도인은 약자가 아니라 싸움을 싫어했을 뿐이다. 인도에선 군국주의나 전쟁이 좋게 여겨지지 않았다. 인도에는 전쟁을 달갑지 않게 여기는 문화의 뿌리가 깊다. 고대문명의 발상지인 인더스문명에서는 전쟁이나 군사활동에 사용한 무기류가 나오지 않았다. 적의 공격에 대비하는 성채의 흔적도 없다. 인도인의 자기만족적인 표현을 그대로 옮기면, 인더스문명은 평화로운 문명이었다.

불교가 탄생하기 전에 나온 '베다의 끝'이라는 의미의『우파니샤드』*Upanisad* 도 전쟁이 모든 수단이 실패했을 때 취하는 마지막 카드라고 알려준다. 불교의 탄생과 비슷한 시기인 기원전 6세기경에 갠지스 강 중류에서 생겨난 자이나교의 기본적인 가르침은 '아힘사', 즉 비폭력이다. 역시 인도에서 태어난 힌두교와 시크교도 비폭력과 평화를 믿고 실천한다. 모든 점에서 비폭력, 즉 평화는 인도문화의 상수였다.

기원전 3세기에 구성된 불교설화『자타카』*Jātaka*에는 비폭력이 권력자에게 필요한 열가지 덕목에 들어간다. 통치자의 덕목은 누구에게도 해를 끼치지 않고 전쟁과 폭력을 피하며 살아 있는 생명을 죽이지 않고 평화를 증진하도록 노력하는 것이다. 이는 동서고금의 진리가 아닌가. 『자타카』에 나오는 콜리야족과 샤키아족의 이야기도 평화로운 해결방안이 유용하다는 걸 일러준다.

강을 사이에 두고 사이좋게 지내는 사돈지간인 두 부족은 어느해 가뭄이 들자 물을 두고 시비를 벌인다. 그곳에 도착한 싯다르타는 "물과 사람 중에서 어느 쪽이 더 중요한가요?"라고 묻는다. "물론 사람이 더 중요하지요"라고 대답한 그들에게 싯다르타는 "물싸움으로 사람을 죽이려는 것은 옳지 않아요. 전쟁은 원한을 낳고 원한은 다시 더 큰 전쟁을 부르거든요"라고 조언하여 두 부족의 전쟁을 막고 화해를 끌어낸다.

이것 외에도 인도에는 폭력의 위험성을 넌지시 알려주고 평화로운 문제해결을 장려하는 이야기들이 아주 많다. 사탕으로 해결할 수 있는 문제를 독을 써서 해결할 필요가 없다는 의미다. 전쟁은 평화보다 전쟁을 좋아하는 인간의 마음에서 비롯된다. 그러나 설사 이긴다 해도 발을 뻗고 잘 수 없는 것이 개인 간의 싸움이기에 갈등을 피하는 것이 상책이다. 국가 간의 전쟁도 피할 수 있으면 피하는 것이 좋다. 어느 쪽도 승리를 낙관할 수 없기 때문이다. 더구나 전쟁은 많은 사람을 죽거나 다치게 만든다. 피를 부르는 전쟁터에서 안락하게 죽은 사람은 한명도 없다.

고대부터 인도인은 열전熱戰보다 타협과 협상을 선호했다. 기원전 4세기의 전략가 차나키아의 저서 『아르타샤스트라』*Artha-śastra*에는 권

인도 국기와 간디 흉상 비폭력운동을 통해 인도 독립을 이끈 간디의 저력은 타협과 협상을 중시하는 인도문화의 전통에서 비롯된 것이다.

력에 이르는 네가지 방법이 나온다. 논리적 협상이나 타협, 뇌물이나 선물, 적진에 스파이 심기, 그리고 물리력을 쓰는 것이다. 주목할 것은 첫번째 방식이 타협과 협상이고 힘으로 해결하는 것이 마지막 방법이라는 점이다.

이런 문화에서 20세기 최대의 인물인 마하트마 간디가 나왔다. 말로 하는 협상과 타협은 간디가 남아프리카에서 변호사일 때 자주 썼던 방식이다. 19세기 말에 남아프리카에서 일한 간디는 법정에서 재판하기 전에 사건의 당사자들을 설득하여 중재하는 방식으로 유명해졌다. 그의 의뢰인은 싸우지 않고 화해하면서 비용과 시간, 감정의 앙금을 줄였다.

인도의 고전에는 중재를 통한 해결방식이 자주 나온다. '제5의 베다'로 불리는 『마하바라타』에는 전쟁을 하지 않으려는 주인공이 이렇게 말한다. "이쪽은 내가 설득할 테니 당신이 그쪽을 설득하시오!" 앞에서도 말한 것처럼, 『바가바드기타』에는 '하지 말라' 하고 강제하는 표현이 없다. 갖가지 상황의 장점과 단점을 언급하여 당사자가 스스로 결정을 내도록 이끄는 것이다.

힘을 믿는 사람은 세상을 맘대로 할 수 있다고 믿는다. 그러나 인

인도는 힘이 세다

간이 할 수 있는 건 많지 않다. 간디와는 다른 각도에서 보자면, 아무리 첨단과학이 발달해도 인간은 날씨조차 어쩌지 못한다. 기껏해야 날씨정보를 듣고 우산을 준비하고 외투를 껴입는 게 다다. 아무리 힘이 센 정부도 날씨나 계절을 바꿀 수는 없다. 봄에서 겨울로 바로 가게 하지도 못한다. 인도인은 이런 자연의 힘과 우주의 질서를 일상에서 받아들였다.

물론 세상은 단순하지 않다. 오늘날 인도인이 평화를 좋아한다고 믿는 사람은 이미 그들에게 진 것이나 다름없다. 밝은 가로등이 도둑의 적이듯이 맹목적인 믿음은 공격자의 적이 아닌가. 인도인은 그렇게 자신을 넘보는 침입자를 무장해제한다. 인도인이 평화적이고 무력으로 저항하지 않을 거라는 믿음, 상업적이거나 물질적이지 않을 거라는 환상이 머지않아 당신을 배반할 것이다. 인도에선 모든 것을 믿어도 한 줌의 의심은 여전히 움켜쥐는 것이 좋다.

자유,
모든 종류의 자유

인도 북쪽에 위치한 카슈미르는 무굴제국의 황제들이 여름궁전을 세울 정도로 풍광이 아름답다. 7세기에 이곳을 다스리던 한 힌두 왕이 힌두사원을 지으려고 성스러운 땅을 찾았다. 드디어 찾아낸 최적의 장소에는 신발을 만드는 가난한 남자의 오두막이 있었다. 관리들은 가난한 장인에게 집을 두고 떠나라고 압박했으나 그는 끝까지 버

텄다. 사실을 알게 된 왕은 다른 절터를 찾아보라고 지시하고 이렇게
말했다.

가난한 사람의 유일한 거처를 뺏어서 마련한 자리에 신성한
사원을 지을 수는 없다!

힘을 가진 왕이 신발을 만드는 힘없는 백성을 위해 큰 사업을 양보
하는 일은 동화에서나 가능하다. 그러나 인도에서는 소수를 위해 다
수의 이익을 포기하는 사례가 종종 일어난다. 우리나라의 포스코가
처한 경우도 비슷하다. 2005년 포스코는 인도의 동부지방에 120억 달
러를 투자하여 일관제철소를 세우겠다고 발표했다. 우리나라 기업의
해외투자 중에서 가장 규모가 큰 사업이었다. 인도로서도 그랬다.

그러나 7년이 지난 2012년까지 제철소의 부지매입은 끝나지 않았
다. 소수의 현지주민들이 포스코의 투자를 반대했기 때문이다. 제철
소가 들어설 부지의 원주민은 제철소를 위해 조상 대대로 이어온 생
활터전을 내놓지 않겠다고 저항했다. 그들은 약 450가구로 대규모
사업을 접을 만큼 많지 않다. 그러나 인도정부는 소수인 그들을 강제
로 몰아내지 않았다.

권위주의체제를 가진 국가라면 그렇게 7년을 기다리지 않았을 것
이다. 약자의 목소리에 귀를 기울이는 사람이 늘었다고 해도 아직은
다수의 논리와 국가의 이익이 더 중요한 것이 현실이다. 우리나라에
도 국익의 이름으로 포스코의 편을 들어줄 사람들이 많으리라. 세계
의 맨 앞자리를 향해 치닫는 중국이라면 어땠을까? 올림픽을 준비하

　　　　　　　　　　　　　　　　　　　　　　　　인도는 힘이 세다

면서 드러난 중국정부의 성향은 적어도 인도정부와는 다른 방향이었을 것임을 시사한다.

이와 비슷한 사례는 예전에도 있었다. 1980년대 나르마다 강 유역의 댐 건설이 수몰지구 주민들의 생존권을 위협하자 한 여성이 댐 건설을 반대하는 운동을 시작했다. 그는 환경론자들의 지지를 받으며 1991년 세계은행이 후원하는 댐 공사를 중지시켰고, 6년 뒤에는 댐의 높이를 6미터나 낮추는 조정안을 끌어내 자연과 부족민의 삶을 보호했다.

인도는 부유하지 않아도 민주주의체제를 잘 이끈다. 인도의 일간지에서 발견한 흥미로운 일화도 이런 민주적 성향을 알려준다.

1937년 11월, 영국의 지배를 받던 인도에서 일어난 일이다. 동부지방의 주요도시인 콜카타에서 발간하는 유수한 영자신문에 한 기고문이 실렸다. 글에는 인도 독립운동의 지도자이자 인도국민회의를 이끄는 네루에 대한 비판이 가득했다. 차나키아라는 이름의 기고자는 간디의 후계자인 네루 총재가 다른 사람에게 관용적이지 않고, 약자와 비효율적인 사람을 경멸한다고 적었다. 네루의 자만심이 도가 지나쳐서 조만간 스스로를 황제로 여길지도 모른다고 우려하고 그가 권력을 남용할 가능성이 있다는 말도 덧붙였다.

당시 인도국민회의는 오랜 반영투쟁의 결과로 얻은 지방의회 선거에서 일곱개 주에서 승리를 거두고 정권을 잡았다. 인도국민회의 총재인 네루가 전국을 누비면서 열성적으로 유세를 펴서 이룬 결과였다. 독자들은 그런 네루를 비판한 기고자가 누구인지 궁금해했다. 고대 현명한 재상의 이름인 차나키아라는 필명은 독자들에게 알려지지 않은 이름이었다.

나중에 드러난 바에 따르면 차나키아라는 필명으로 네루를 매섭게 비판한 기고자는 놀랍게도 네루 자신이었다. 그는 지방선거에서 승리를 거두고 권력을 잡자 정당인 인도국민회의와 그 대표인 자신을 타인의 눈으로 비판하여 성공과 자만을 경계하고, 독립을 향해 앞으로 나아가야 할 역사적 사명을 다시 다짐하려고 그 글을 투고한 것이다.

그런 네루가 독립한 뒤에 민주주의를 정착시킨 것은 당연한 귀결이다. 그는 다양한 인종이 뒤섞인 광대한 나라를 한데 묶고, 사회적 불평등을 줄일 수 있는 제도가 민주주의라고 확신했다. 영국이 인도에서 실천을 꺼린 보통선거를 곧바로 실시한 것은 그래서였다. 네루의 민주주의에 대한 신뢰는 보통사람을 믿고 존경한 데서 나왔다. 사상과 표현의 자유를 존중한 그는 의회민주제를 확립하고 사법부의 독립을 이루었다.

이런 정치적 경험과 문화적 풍토는 1970년대에도 드러났다. 네루의 딸인 인디라 간디^{Indira Gandhi} 총리가 긴급조치를 선포했을 때다. 하룻밤에 슬럼가를 제거하고, 인구문제를 해결한다며 불임시술을 강제한 간디의 아들은 권력남용과 부정부패 의혹을 받으며 여론의 뭇매를 맞고 있었다. 전국에서 비판여론이 거세지자 간디는 총선을 실시했다. 그러나 국민은 그를 심판하여 단기간에 독재정권을 끝내는 쾌거를 이뤘다. 인도인이 강압적 정부와 정책을 받아들이지 않는다는 걸 보여준 대표적 사례다.

인도의 민주주의는 경이롭다. 세계에서 가장 많은 인구를 이끌고 최대의 민주주의를 실천하기 때문이다. 인구는 중국이 더 많으나 중국은 민주주의체제가 아니므로 인도가 민주제도를 운영하는 지구상의 가장 큰 국가다. 인도는 지난 60년간 참정권과 언론자유를 보장하고 노동운동을 허용하는 등 민주주의의 요람인 서구세계에 못지않은 높은 수준의 민주제도를 운영했다.

몇년 전 영국의 시사주간지 『이코노미스트』는 인도의 총선을 기적 같은 일이라고 보도했다. 다소 오만한 표현이지만 그럴 만한 것이 2009년에 실시된 총선에 등록된 인도의 유권자가 7억 1500만여명이었기 때문이다. 이는 미국 인구의 두 배가 넘고, 미국 유권자의 다섯 배가 넘는 엄청난 규모다. 선거관리원이 650만여명인 지상 최대의 쇼는 4억 7000만여명이 투표하는 것으로 끝이 났다.

우월한 자도 열등한 자도 없다. 모두 형제들이다. 우리 모두 모든 사람의 이익을 추구하며 함께 발전해야 한다.

이것이 인도의 지향점이다. 개인이나 소수를 무시하지 않는 문화가 남아 있는 것이다. 인도는 고대부터 누구를 완전히 내몰거나 배척하지 않는 문화를 이어왔다. 어디에서 오든, 어떤 길로 오든 그들을 받아들이는 분위기가 그 근간이었다. 그래서 불교를 세운 고타마 붓다와 자이나교를 세운 마하비라Mahāvīra는 당시 그들이 반대한 브라만교로부터 아무런 배척이나 처벌을 받지 않았다. 여러 신을 믿는 힌두교가 자기 종교를 지키려고 새로운 종교를 적대시하지 않은 덕분이다.

힌두교에서도 크리슈나를 믿든지 라마Rama를 받들든지 이단이라고 꼬집거나 물리력을 써서 다투는 일이 없었다. 하나로서의 인도, 문명으로서의 인도는 신축적이고 관용적이었다. 오래전부터 사람과 사람, 사람과 자연, 사람과 동물 간의 우정과 평화를 염두에 두며 살았다. 환생을 믿는 그들은 윤회의 사슬에서 모든 동물이 과거 한때 자신의 모습일 수 있다고 여기고 함부로 대하지 않았다. 암소를 숭배하고 채식을 하는 관행도 비폭력을 설파하는 문화와 어어진다.

이 같은 전통을 가진 인도정부는 갈등을 피하는 데 뛰어나다. 인도연방의 주^州가 자꾸 느는 것은 국가가 물리력을 쓰지 않고 타협하기 때문이다. 1960년에서 2001년에 이르는 동안에 인도연방에는 기존의 18개 주에 17개의 새로운 주가 더해졌다. 중앙정부가 새로운 주를 요구하는 지방민의 입장을 이해해준 덕분이다. 분리주의자들이 무력으로 반정부투쟁을 벌인 지방도 많았다. 그래도 인도정부는 과거를 묻지 않고 그들을 끌어안고 새로운 주를 만들어 그들의 뜻대로 살게 해주었다. 이걸 본 여러 집단이 새로운 주를 요구하며 각지에서 싸우고 있다. 2013년에도 또 하나의 주가 늘었다.

지금도 동북부의 일곱개 주를 외국인이 방문하려면 까다로운 절차를 거쳐야 한다. 여러 부족집단이 분리주의를 내세우고 버마와 중국의 국경을 넘나들며 무장투쟁을 벌이기 때문이다. 내 경험으로는 한달 전에 방문신청서를 내야 하고, 그 허가서를 가지고도 입성이 쉽지 않았다. 2006년에 임팔공항에 내렸다가 서류미비라는 이유로 다음 비행기로 돌아가라는 냉정한 통고를 받은 적도 있다. 다행히 인도를 좀 아는 내가 그 지방 실력자의 연락처를 가져간 덕분에 무사히 들어갔으나 인도 안에 수많은 나라가 있다는 느낌이 강하게 들었다.

인도는 힘이 세다

인도의 신문과 잡지 세계 최대의 민주주의 국가인 인도를 지탱하는 힘은 언론의 자유에 있다. 거리 곳곳에서 신문과 이 신문을 읽는 사람들을 만날 수 있다.

인도는 세계에서 네번째로 큰 군대를 가지고 있고, 경찰력도 만만치 않다. 그러나 인도정부는 무력으로 분리주의운동을 진압하기보다 반대하는 그들의 입장을 받아들여 제도권에서 활동하게 하려고 협상하는 방식을 택한다. 인도는 본질적으로 갈등과 혼란을 싫어하고 모든 걸 인간과 세상의 공존이란 관점에서 판단하는 경향이 짙다. 그래서 잃는 것이 있어도 되도록 양보하고 타협한다.

요즘 인도에서 심야버스를 타고 고속도로를 달리면 장관을 목격할 수 있다. 드넓은 인도의 각 지방에 공급할 상품을 실은 대형트럭들의 긴 행렬을 만나는 것이다. 트럭의 번호판 주변에는 뒤에 오는 운전자를 향한 애교와 재치가 가득한 짧은 문장이 보인다. 트럭제조사의 이름이 들어간 영어 '헬로 타타!'나 힌디어 '지요 아우르 지네도(나도 살고 너도 살고)'가 그것이다. 여기에도 양보를 선호하는 인도인의 유머가 들어 있다.

우리는 초등학교에서 다수가 소수를 포용하고 끌어안고 가는 것이 민주주의라고 배웠다. 다수의 의견을 따르는 민주주의는 소수의 희생을 바탕으로 다수의 이익을 취하는 체제가 아니다. 그런 점에서 소수를 존중하고 타협하며 적과 친구를 다 끌어안는 관용적인 인도문화는 민주주의에 적합하다. 무엇이든 다 말하고 폭로할 수 있는 무제한급인 언론의 자유도 인도에서 민주주의가 선전하는 데 큰 역할을 한다.

언젠가 내 수업시간에 냈던 인도의 산수 문제를 여기에서 소개한다. 어느날 아버지가 소 11마리를 남기고 사망했다. 그는 세 아들에게 소를 다음과 같이 나눠준다는 유언을 남겼다. 큰아들은 재산의 2

 인도는 힘이 세다

분의 1, 둘째아들은 4분의 1, 막내아들은 6분의 1을 준다는 내용이었다. 세 아들은 머리를 맞대고 문제를 풀려고 애썼다. 소를 토막 내지 않고 평화적으로 나누는 방법은 무엇일까?

명민한 학생들은 수학적으로 문제를 잘 풀었다. 인도의 어린 학생들이 푸는 방법을 따라가보자. 세 아들은 먼저 이웃집에서 소 1마리를 빌려온다. 자, 이제 12마리가 되었다. 유언대로 큰아들은 그 2분의 1인 6마리, 둘째는 4분의 1인 3마리, 셋째는 6분의 1인 2마리를 나눠 갖는다. 6마리 + 3마리 + 2마리＝11마리, 이제 옆집에서 빌려온 소를 돌려주면 유산분배가 끝난다.

모든 것이 해피엔딩! 그러나 이 문제가 무슨 의미를 갖는지 생각해야 진정한 엔딩이다. 이 문제는 수학이 아니라 인문학이다. 인문학의 관점에서 두가지를 살펴보자. 우선 행복한 결말을 위해 소를 빌려주는 누군가가 있어야 한다는 점이다. 소를 빌려주는 이웃의 존재는 세상은 혼자 사는 곳이 아니라는 걸 일러준다. 다음은 더하기와 빼기를 제대로 모르는 옛날 인도의 무지렁이도 소를 토막 내지 않고 온전한 형태로 나누는 지혜를 가졌다는 점이다. 즉 그들은 칼잡이가 최선이 아니라는 걸 안다.

남의 것에

무심하다

내가 인도와 인연을 맺은 지 사반세기가 되었다. 그동안 인도인이 힌두교로 개종하라고 내게 권유한 적은 단 한번도 없다. 우리나라에서 길을 가다가도 몇번씩 자기의 종교를 믿으라고 권유하는 사람을 보는 것과 대비된다. 남에게 보이는 것보다 자신에게 충실하라고 가르치는 힌두교는 다른 사람에게 선교하지 않는다. 남에게 자기가 믿는 종교를 강권하는 것은 인도적이지 않다.

1800년대 말 민족주의적 힌두단체인 아리아 사마지^{Arya Samaj}가 기독교의 영향을 받아 선교를 하기까지 인도에는 아예 선교란 개념이 없었다. 믿음이 개인적인 것이기에 누구에게 강제로 권할 수 없다고 여기기 때문이다. 아리아 사마지의 선교도 이슬람교나 시크교로 개종한 힌두들을 다시 받아들이는 정도에 지나지 않았다. 그다지 큰 영향을 남기지 못한 아리아 사마지는 지금은 활동이 미미하고 그 영역이 북부지방에 한정된다.

힌두교는 개종을 권유하지 않아도 고대부터 지금까지 인도에서 늘 다수가 믿는 종교였다. 힌두교는 500년대에도 다수의 종교였고, 이슬람이 세력을 잡은 1400년대와 영국이 통치한 1800년대에도 대다수 인구의 종교였다. 2011년의 인구조사에서 힌두인구는 80퍼센트를 차지했다. 무슬림인구의 약진으로 10년 전보다 3퍼센트가량 줄었으나 압도적 다수라는 사실은 변함이 없다.

흔히 인도인은 힌두교를 시작도 없고 끝도 없는 종교라고 설명한다. 인간이 존재하는 한 힌두교가 존재한다는 뜻이다. 그들은 남에게 개종하라고 권하지 않을 뿐만 아니라 다른 종교로 개종하지도 않는다. 기독교가 남부지방에 도착한 지 2000년이 되었고 뽀르뚜갈과 영국은 물론 오늘날 우리나라까지 가세한 활발한 선교활동을 함에도 불구하고 현재 기독교인은 인구의 2~3퍼센트에 불과하다.

　오늘날 세계의 많은 기독교단체가 인도에서 선교활동을 벌인다. 그러나 내가 아는 한 개종한 인도인이 순도 100퍼센트 기독교인이 될 확률은 제로에 가깝다. 남부지방에는 '분유 기독교인'이라는 말이 있다. 돈과 생필품을 받기 위해 잠시 맘을 바꿔 기독교인이 된 사람을 일컫는다. 그들이 온전한 기독교인이 되는 건 그야말로 시간만 아는 비밀이다. 물론 인도를 오래 공부한 나는 정답을 은밀하게 머리에 담고 있다.

　힌두교도는 종교적으로 마시고 종교적으로 자며 종교적으로 걷고 종교적으로 결혼하며 종교적으로 옷을 입는다.

　출가한 비베카난다가 말한 것처럼 힌두교는 종교라기보다 삶의 방식으로 일컬어진다. 그래서 인도인은 힌두로 태어나고 힌두로 죽는 것을 당연시한다. 그들은 자신이 우주의 일부이고, 그래서 모든 것이 자기 안에 있다고 믿는다. 그밖의 것은 생각하지 않는다. 힌두교가 2000년 전에도 다수였고, 1000년 전에도 많은 사람이 믿은 건 삶을 자연현상처럼 여기는 입장과 무관하지 않다.

　인도에서 최초의 제국을 이룬 고대 마우리아의 황제 아소카는 스스로 불교로 개종하고 불교를 국교로 삼았다. 넓은 제국을 다스리기 위해 불교의 만민평등 사상이 필요했기 때문이다. 그렇다고 당대의 모든 백성이 불교로 개종한 건 아니었다. 아소카도 백성들의 개종을 강제하지 않았다. 불교로 개종한 사람은 소수였고, 그들의 후손은 이슬람이 등장하자 다시 이슬람교로 개종했다. 그래서 그들의 후손이 많이 사는 인도 동쪽의 방글라데시는 이슬람국가가 되었다.

힌두에게 개종은 쉽지 않다. 공격수가 부족해서가 아니라 힌두교를 믿는 사람들이 철벽수비를 자랑하기 때문이다. 영국이 인도를 지배할 때 서양 선교사들은 성서를 들고 전국을 다니며 복음을 전했다. 그러나 개종한 인도인은 드물었다. 아니, 거의 없었다. 갠지스 강 인근지방에서 활동한 한 여성 선교사는 18년 동안 매일 규방의 여성을 찾아다니며 전도했으나 단 한명의 개종자도 얻지 못했다.

누가 인도를 통치하고 있는가? (…) 인도인의 가슴을 단단히 옥죄고 있는 것은 정치나 외교가 아니다. 영국 군대가 가진 번쩍이는 총알이나 무서운 대포도 아니다. (…) 그 힘은 그리스도이다. 영국령 인도를 통치하는 것은 그리스도이지 영국정부가 아니다.

한 인도 개혁가가 이렇게 걱정할 정도로 영국이 후원하는 기독교의 선교는 강하게 추진되었다. 일부 영국인은 지옥의 나락에 떨어지게 될 수억의 인도인에게서 미신의 안개를 걷어내고 복음을 전해주는 것이 신의 뜻이자 자신들의 의무라고 생각했다. 특히 복음주의자들은 기독교가 전하는 빛과 진리가 미신과 악습으로 물든 야만적인 인도를 구원할 것이라고 믿었다. 그래도 인도인은 변심하지 않았다.

힌두교에는 순교나 지하드의 개념이 없다. 그러나 그들도 믿음을 지키려고 엄청난 대가를 치렀다. 인도에 등장한 이슬람 군인들은 구자라트의 부유한 힌두사원에 침입하여 사원을 지키려는 주민들을 마구 죽였다. 그들이 죽자 다른 주민들이 군사들의 앞을 막았고, 그들이 죽자 다른 사람들이 그 자리에 섰다. 빗자루와 몽둥이로 무장한 그들은 그렇게 몇 시간 동안 잘 훈련된 군인들을 저지했다.

주민들은 "제발, 신상만은 그대로 놓아두세요!"라고 외치며 군인들을 막아섰고, 신상의 안녕을 빌었다. 사제인 브라만들도 신상만 파괴하지 말라고 사정하면서 큰돈을 주겠다고 제안했다. 그러나 이슬람 군대는 수만명의 주민을 학살하고 해안가의 사원으로 진입했다. 한 아랍인 역사가는 주민들의 피로 인근의 바닷물이 붉게 물들었다고 적었다. 시체를 넘어 힌두사원에 들어간 군인들은 신상을 모조리 부수고 많은 재물을 약탈해갔다.

이슬람 지배자와 영국정부는 8세기간 인도에서 힘을 자랑했다. 두 종교의 선교활동도 강했다. 그러나 인도인의 개종은 적었다. 힌두들은 이슬람의 지배와 영국의 통치를 인정해도 그 종교를 받아들이진 않았다. 타국에서 온 지배자들은 개종을 위해 여러가지 당근을 내걸고 채찍을 휘둘렀다. 개종하는 사람에게는 돈과 선물을 주고 승진을 시키며 세속적 성공을 약속했다. 그럼에도 반응은 미적지근했다.

20세기의 인도는 가난한 제3세계의 대명사였다. 지금도 가난한 사람이 많은 편이다. 옛날에도 가난한 사람이 많았을 것이다. 그래도 그들은 자기 종교를 지키기 위해, 이슬람을 믿지 않는 사람에게 부과하는 인두세를 내고 차별을 받아들였다. 힌두들은 갠지스 강이나 힌두사원을 순례할 때도 세금을 냈다. 대체로 힌두에게 부과된 세금은 무슬림의 두 배였다. 그럼에도 그들은 믿음을 바꾸지 않았다.

이슬람이 지배하는 시대의 힌두는 말을 타거나 무기를 가질 수도

힌두교와 기독교의 공존　힌두교는 개종을 권유하지 않는다. 그저 모든 종교를 품을 뿐이다. 인도에서는 가톨릭의 마리아마저도 여신으로 숭배받고, 예수도 수많은 신 중의 하나일 뿐이다.

없었다. 술탄은 수확물의 50퍼센트를 세금으로 징수하여 힌두지주의 힘을 약화하는 방식을 썼다. 수지타산이 맞지 않자 많은 농민이 농사를 그만두었고, 가난이 사는 땅에 합류했다. 델리의 장인과 수공인, 상인들은 먹고살기 위해 이슬람으로 개종했다. 그들은 인두세가 면제되었으나 그렇지 않은 대다수 사람은 믿음을 지키는 대가로 기꺼이 세금을 냈다.

1857년 영국을 상대로 항쟁을 시작한 세포이들이 가장 먼저 공격한 사람이 기독교 선교사였던 것은 우연이 아니다. 델리에서도 선교사와 선교사의 딸이 반군의 첫 희생자가 되었다. 복음을 듣고 영어를 배운 인도인이 곧 갈색피부의 기독교인이 될 거라고 자신하던 영국은 큰 충격을 받았다. 그때부터 영국은 인도의 종교와 문화에 간섭하지 않았다. 미션스쿨에 대한 지원도 줄였다. 학교와 대학에서 서구교

인도는 힘이 세다

육과 영어수업은 계속했으나 인도인을 기독교인으로 만들겠다는 불가능한 야심은 접었다.

힌두교가 관용적이라는 표현은 이제 너무 자주 쓰여서 그 가치가 많이 소모된 느낌이다. 어쨌든 모든 것을 받아들이는 힌두교에서는 불교의 창시자인 고타마 붓다를 비슈누Viṣṇu 신의 여덟번째 화신으로 받아들인다. 이슬람의 알라와 기독교의 예수도 숭배한다. 여러가지 현실적인 이유로 기독교와 이슬람교로 개종한 힌두도 하루아침에 완벽한 기독교인이나 무슬림이 되진 않았다. 개종했어도 마을에서 카스트의 위계를 따르고 기존의 문화를 그대로 지켰다.

서쪽에는 알라가 있고 동쪽에는 라마 신이 있다.
자, 네 안을 보라. 네 깊은 곳에 알라와 라마 신이 있다.

중세의 시인 카비르Kabīr는 이렇게 말했다. 내가 보기에도 인도인의 마음에는 여러개의 방이 있다. 새로운 것을 쉽게 받아들이지 않지만 이미 안에 있던 방을 빼는 일도 드물다. 그렇게 하여 그들은 모순되거나 상반되는 것들을 다 안고 있다. 전문용어로 말하면 마음이 파편화하는 것이다. 그래도 그들은 여러가지 다른 것, 이질적인 것을 조화하는 적응력이 있다. "이것이냐, 저것이냐. 그것이 문제로다." 인도에서 이러한 햄릿의 고민은 없다. 굳이 하나를 고르지 않고 둘 다 가져도 되기 때문이다.

문화는

국경이 없다

인도가 고대부터 세계의 영적 스승이었다는 주장은 틀리지 않는다. 인도는 칼보다 문화의 힘을 가진 나라의 이미지를 지켜왔다. 옛날 불법佛法을 구하러 찾아간 중국의 승려 법현과 우리나라의 혜초慧超스님에서 오늘날 인도의 낯선 거리를 내다보며 인생의 의미를 되짚는 젊은이에 이르기까지 수많은 외국인이 보이지 않는 것의 힘과 의미를 배우려고 인도를 찾았다. 그들의 목표는 인도의 정복을 꿈꾼 왕이나 군인들과 달리 자신을 정복하는 것이었다.

바다 너머로 군대를 보내지 않은 인도의 평화적인 교류가 가장 깊은 자국을 남긴 건 인도와 지리적으로 가까운 동남아시아다. 발이 없는 문화가 더 멀리 간다는 말처럼 동남아시아에는 양측의 평화적 교류를 증명하는 유적과 유물이 많다. 흥미롭게도 세계에서 가장 큰 힌두사원과 불교사원이 인도가 아닌 이 지역에 있다.

1927년 동남아시아를 여행한 타고르Tagore가 "인도의 고대가 내 눈앞에 살아 돌아온 듯하다" 하고 감탄한 건 그래서였다. 『마하바라타』를 모두 외우는 왕과 힌두교의 신과 여신을 상세히 아는 무슬림 지배자를 만난 타고르는 발리의 무용과 그림자연극, 노래와 시 등 모든 예술이 대서사시에서 영향을 받았다고 적었다. 그는 그 기쁨을 "기록이 없는 아득한 옛날에 우리는 만났네, 그대와 나"로 시작하는 시로 남겼다. 나중에 총리가 될 젊은 네루에게 동양을 방문하라고도 권했다.

싱가포르 도심의 힌두사원 인도는 바다 건너에 군대를 보내지 않았음에도 동남아시아 각국에는 인도문화의 흔적이 곳곳에 배어 있다. 싱가포르 도심에서 만나는 힌두사원도 그중 하나다.

인도의 위대한 깨달음은 산과 사막을 가로질렀고, 영광스러운 그 문화가 저 먼 대륙에 미쳤으며 아시아에도 영구한 흔적을 남겼습니다.

동남아시아 사람도 국경과 바다를 건너온 인도문화를 인정했다. 인도네시아의 대통령을 지낸 수카르노Sukarno는 인도 신문에 기고한 글에서 "우리나라 사람의 혈관에는 인도인 조상의 피가 흐르고, 우리의 문화에는 인도의 영향이 짙게 배어 있다"라고 하며 인도와 동남아시아의 평화적 교류를 언급했다. 캄보디아의 앙코르와트도 인도문화의 영향을 받은 건축물인데, 대서사시 『라마야나』가 새겨진 부조가 많다. 캄보디아의 전 국왕 시아누크^{Sihanouk}는 인도와 동남아시아가 주고받은 문화교류를 이렇게 설명했다.

> 2000년 전에 배를 타고 온 첫번째 항해자인 인도의 브라만과 상인이 우리 조상에게 신을 알려주고 기술과 조직을 전해주었다. 우리에게 인도는 유럽과 서아시아에 영향을 준 그리스와 같다.

오늘날 인도를 찾는 우리나라 사람은 크게 두 부류로 나뉜다. "인도라면 절대로 다시 가고 싶지 않아요!"라고 고개를 젓는 사람과 "인도에 다시 한번 가고 싶어요!"라고 아련한 눈빛으로 그리워하는 사람이다. 인도를 공부하는 나는 후자에 들지만, 인도를 두번이나 보는 걸 사양하겠다는 사람들의 마음을 이해한다. 유럽대륙의 크기인 인도가 마냥 낭만적인 곳이 아니기 때문이다.

우리나라에서 나온 소설의 주인공들은 구원을 찾아 갑자기 인도로 떠난다. 이혼하고 잡지사를 그만둔 뒤에 술을 마시고 여관에서 자다가 벌떡 일어나 "인도로 가자!"고 맘먹고 떠난 남자도 있고, "허위적인 결혼생활을 탈피"하려고 인도로 향한 여자도 있다. 어떤 단편소설에는 직장을 내버리고 무작정 인도로 떠나는 사람도 나온다. 그들은 모두 위기와 절망의 순간에 구원을 얻으려고 인도로 향한다.

"인도에는 분명히 뭔가 있어요. 그게 뭔지 아직 꼬집어 말할 수는 없지만요. 나는 인도의 정신주의를 배우고 싶어요. 요가와 명상도요."

인도 여행 중에 내가 만난 헐렁한 옷차림의 미국 여성은 인도의 정신주의에 대한 기대감을 이렇게 표현했다. 그러나 인도에는 사탕이나 과일을 팔듯 구원과 깨달음을 내놓고 파는 가게가 없다. 그래도 많은 사람이 인도를 찾는다. 한 줌 물질이 아닌 보이지 않는 걸 찾아간다. 명품 가방이나 유명 화장품을 사러 인도에 가는 여행자는 없다. 문화가 아니라 물건을 사려는 사람들은 인도가 아니라 홍콩이나 싱가포르로 날아간다.

눈에 보이지 않는 것을 찾아서 인도에 간 가장 유명한 20세기 인물은 비틀스^{The Beatles}였다. 1968년 당시 지구상에서 가장 유명한 인물이던 영국의 4인조 밴드 비틀스가 요가와 명상을 배우려고 아내와 친구들을 데리고 갠지스 강을 찾았다. 그들의 여행을 다룬 뉴스가 전세계에 퍼지자 인도는 단박에 자유의 땅으로 떠올랐다. 정신주의의 요람이자 구원과 해방의 공간이 된 것이다.

비틀스는 초월명상으로 유명한 마헤시 요기^{Mahesh Yogi}의 아슈람에 3개월가량 머물면서 노래를 만들었다. 비틀스의 멤버 조지 해리슨^{George Harrison}이 만든 '노르웨이의 숲'은 인도의 악기 시타르를 사용한 첫 서구 록밴드의 음악이다. 서구의 팝문화와 인도의 신비주의를 연결한 비틀스의 음악이 인기를 끌면서 물질주의에 진력난 서구의 젊은이들이 인도에 눈을 돌리게 되었다. 세상은 그들을 히피라고 불렀다.

보이지 않는 것, 추상적인 걸 말하는 인도가 그들을 매혹했다. 대량생산과 대량소비가 미덕인 세상에 지친 히피들은 인도가 타락한 서양의 대안이라고 말했다. 그들에게 인도는 물질적으로는 덜 발전했으나 정신적으론 더 발전한 나라였다. 1960년대 후반에서 1970년대 초반까지 미국과 유럽의 젊은이들이 영혼의 나라인 인도에 몰려들었다.

당시 인도 총리는 인디라 간디였다. 두 아들을 둔 어머니인 인디라 간디는 인도 정신주의의 품에 안긴 영혼이 시린 히피들을 '인도의 자식들'이라고 하면서 받아들였다. 오는 자를 막지 않고 떠나는 자를 붙잡지 않는 것이 인도다. 거기에서 히피들은 서구사회가 옥죄던 자유를 욕심껏 누렸다.

영적으로 배고픈 히피에게 뭔가를 채워줄 인도의 구루는 많았다. 말쑥한 옷차림을 버리고 인도식의 헐렁한 옷차림을 한 서구의 젊은이들은 행복의 말씀을 전하는 구루를 찾았다. 구원과 해방을 얻기 위해 요가와 명상을 배우고 채식을 실천했다. 성자들이 운영하는 아슈람에 들어가거나 갠지스 강가에도 모여들었다.

그들이 구원을 얻었는지는 아무도 말해주지 않았다. 색이 하얗다고 다 우유가 아니듯이 인도에 있다고 다 구원을 얻은 건 아닐 것이다. 그래도 그들은 그렇게 살았다. 그들은 한순간 자유로웠으나 모두 진정한 자유를 얻었는지 알 수 없다. 자유란 잃을 것이 없는 그들을 위해 나온 말인지도 모른다. 빈둥거리는 그들에게서 돈을 빼내려고 열심히 산 사람은 오히려 인도인이었다.

인도에는 지금도 히피들의 자취가 여러 곳에 남아 있다. 그들보다 수십 년 뒤에 인도에 간 내가 보기에도 그 자취는 뚜렷했다. 뽀르뚜갈의 흔적이 밴 서해안의 고아는 무한자유를 그리는 젊은이들이 지금도 많이 찾는 땅이다. 해변에서는 값싼 마약에 취한 백인들을 손쉽게 볼 수 있다. 인간이 원초적 상태로 만나는 유명한 누드해변이 여기에 있다.

인도로 올 수 없는 사람들을 위해서는 인도인 구루들이 서구로 날

   인도는 힘이 세다

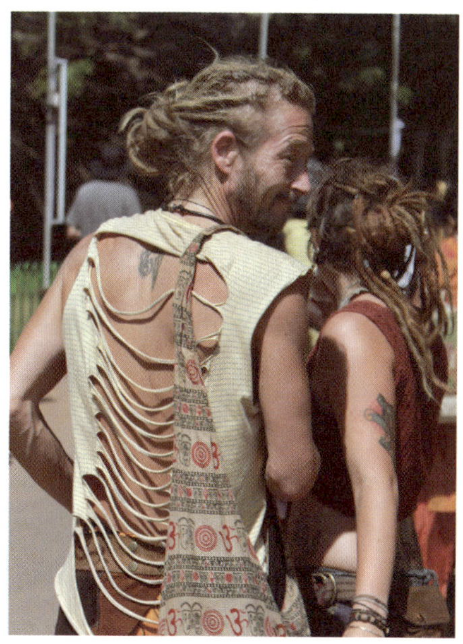

아갔다. 1960년대부터 미국과 유럽에서 정신주의라는 상품을 판 구루들은 큰돈과 명성을 얻었다. 그들은 물질문명의 바다에서 헤매는 서구인들에게 단맛을 입힌 알약처럼 달콤한 구원과 행복을 팔았다. 그들에게 인도는 힘들 때 돌아가고픈 고향과 같았다.

미국에서 가장 성공한 구루는 2012년에 많은 재산을 남기고 인도에서 사망한 마헤시 요기였다. 그가 가르치는 느린 요가와 단순한 방식의 명상은 빠른 현대문명에 지친 미국인에게 위안과 평안을 주며 많은 추종자를 낳았다. 비틀스가 그를 따른 덕분에 1970년대 중반에는 1년에 25만명이 초월명상을 배우려고 그의 아슈람을 찾았다.

비슷한 시기에 미국에 간 다른 인도인 구루들도 큰 명성과 열렬한 추종자들을 얻었다. 요가와 인도의 정신주의를 말한 그들은 그 대가로 부자가 되었다. 물질문명의 바다에서 갈 길을 잃은 서구인들의 등대가 된 덕분이었다. 특급호텔 맞먹는 집에서 살며 자가용제트기를 타고 여행한 그들은 신과 영혼을 믿고 말하는 인도가 낳은 영적 지도자였다.

오쇼 라즈니쉬 Osho Rajneesh 도 인도가 배출한 유명한 구루였다. 자유연애를 지향하는 서구 젊은이들의 열렬한 지지를 받은 그는 미국에서 큰 명성과 재물을 얻었다. 미국에서 추방당해 1980년대에 고국으로 돌아온 그의 아슈람에는 이름만 대면 알 만한 우리나라의 유명인들도 머물렀다. 오쇼가 세상을 떠난 오늘날에도 많은 추종자들이 그의 아슈람을 찾는다.

내가 인도의 현지 신문에서 만난 우리나라에 관한 뉴스에는 라즈니쉬의 책이 많이 팔리는 3대국가에 한국이 들어간다는 소식도 있다. 그의 책『배꼽』은 1990년대 초반 우리나라에서 수백만부가 팔렸다. 우리의 책이 인도에서 그렇게 팔린 적이 있던가? 어떤 인도인은 미국이 코카콜라와 컴퓨터를 만들어 수출할 때 인도는 잘사는 나라에 요가와 명상을 팔았다고 자랑한다.

오늘날 우리가 인도에 파는 것은 휴대폰이나 자동차 같은 물건이다. 그러면서 인도를 가난하고 후진한 나라라고 얕본다. 잘사는 우리가 인도에 수출하는 품목이란 눈에 보이는 것이 전부다. 물질은 변하고 언젠가는 망가진다. 그러나 인도가 우리에게 수출한 불교는 1000년이 넘게 살아 있다. 인도문화를 보려고 찾아가는 우리나라 사람은 많아도 한국의 깊은 문화를 보겠다고 찾아오는 인도인은 드물다. 그것이 인도문화의 힘이다.

  인도는 힘이 세다

팔로워를 먹고사는 정치인

눈 작고
입 큰 메기

눈이 작고 입이 큰 메기는 낮에는 바닥이나 돌 틈에 숨었다가 밤이 되면 먹이를 찾아 움직이는 야행성이다. 낚시에 잘 속는 메기를 잡는 데는 특별한 기술이 필요하지 않다. 성질이 급한 메기가 입질 없이 바로 미끼가 달린 바늘을 물고 늘어지기 때문이다.

세상에는 초짜 낚시꾼에게도 걸려드는 메기처럼 눈이 작고 입이 큰 사람이 아주 많다. 내가 공부하는 인도에도 입질 한번 하지 않고, 묻지도 따지지도 않고 로비스트가 던진 바늘을 꿀컥 삼키고 패가망신의 길을 걸은 정치인과 공직자들이 적지 않다. 비약적인 경제발전을 이루며 강대국을 지향하는 인도는 부정부패라는 점에서는 이미 강대국에 속한다.

어느날 미국, 러시아, 인도의 지도자가 신에게 물었다.

"언제 우리나라에서 부정부패가 사라질까요?"

신은 어두운 표정으로 러시아는 25년, 미국은 족히 100년이 걸려야 부정부패가 끝날 것이라고 대답했다.

"그럼 우리나라는요?" 인도 총리의 질문을 받은 신은 천천히 말을 이었다.

"글쎄, 내가 그때까지 살 수 있을까?"

인도의 이 우스개는 부정부패가 극심한 현실을 풍자한다. 인간의 욕심을 촘촘하게 짜 넣은 부정부패가 인도뿐 아니라 러시아와 미국에서도 보편적이라는 사실도 알려준다. 사람의 눈을 끌지 않는 황금이 없다지만 인간이 있는 곳에는 반드시 부정부패가 있는 것일까.

상대적 윤리와 상황에 따른 행동을 나무라지 않는 인도인은 부정에 대해서 큰 죄의식이 없다. 거액의 뇌물을 받거나 치졸한 비리로 감옥을 구경한 고관대작들의 소식은 더이상 뉴스가 아니다. 급히 먹는 밥이 체하듯 개혁하고 개방한 뒤 급속히 경제가 발전한 인도에는 특히 권력형 부정부패가 많다. 때로 누구를 위한 발전인지 묻고 싶을 정도다.

그럼에도 인도사회가 다행스러운 것은 옳지 않은 것에 '아니다'라고 말하는 사람도 많다는 데 있다. 몇해 전부터 시민사회가 본격적으로 반부패운동에 나선 것도 그렇다. 그때 마침 인도에 들른 나는 거리에서 벌어지는 농성과 릴레이 단식을 눈으로 지켜보았다. 시민들의 열화 같은 압박을 받은 정부가 곧 부패방지법을 강화하겠다고 약속하면서 해피엔드가 되는 듯했다. 그러나 좋은 세상이 쉬이 오진 않는 것일까? 정치인들이 고의로 입법을 지연하면서 시민들의 분노가 커져갔다.

인도에는 정치인을 비하하는 우스개가 많다. 정치인 중에 전과자가 많은 것도 특이사항이다. 그러면서도 신기한 것은 그런 정치인을 따르고 흠모하는 사람이 많다는 점이다. 가난하고 배우지 못한 사람들만 정치인을 지지하고 따르는 것이 아니다. 먹고살 만하고 어지간히 배운 사람들도 자기에게 이익이 있다면 윤리나 도덕이 엉망인 정치인들을 크게 비난하지 않는다.

최근엔 반부패운동을 이끌던 시민운동가들이 겉과 속이 다른 정치인에게 실망하여 직접 정계에 진출하겠다고 선언했다. 그들이 정치인이 되면 상황이 크게 달라질까? 아닐 것이다. 우리나라의 경우를 봐도 그렇게 되긴 어렵다. 배신을 상황에 따라 인정하는 인도에서 초심을 지키기란 더욱 어려울 것이다. 더구나 인도의 도덕적 상대주의는 부정부패를 낳기에 안성맞춤이다.

"저, 차 한잔 하실래요?"

여름이 길고 더운 인도에서 집이나 사무실을 방문하면 이런 소리를 자주 듣는다. 정치인과 관리들의 부패도 짜이chai와 빠니pani, 즉 차와 물에서 시작된다. "자, 물 한잔 하시지요." "저, 차나 한잔 하실래요?"는 연인들의 밀어가 아니라 대가를 바라는 사람이 무언가를 해줄 수 있는 권력자에게 뇌물로 유혹하는 말이다. 물 한잔을 대접하는 것은 좋은 관습이고, 그래서 부당거래의 의심을 줄일 수 있어서 애용된다.

인도에서 뇌물은 투자다. 뭔가를 얻기 위해 대접하는 걸 나쁘게 여기지 않는다. "열대의 강변에 살려면 악어와 친해져라"라는 인도의 속담은 현실적으로 내게 도움이 되는 자에게 투자하라는 뜻이다. 고대 마우리아의 정치가 차나키아(카우틸리아)는 우정도 이익이 있어야 지속된다고 간파했다.

인도의 부정부패는 역사가 길다. 1905년에 재발견된 차나키아가 쓴 『아르타샤스트라』에는 사람이 달디 단 벌꿀을 보고 손가락으로 찍어 먹지 않을 수 없듯이, 물속을 헤엄치는 물고기가 물을 먹지 않을 수 없듯이, 권력을 가진 자가 공적자금을 슬쩍하지 않을 수 없다는 말이 나온다. 차나키아는 나랏일을 하는 사람에게 뭔가 부탁할 일이 있다면 반드시 선물을 가지고 가야 한다고도 일러준다. 빈손이나 맨입으로 대가를 바라지 말라는 충고다.

인도의 한 유명작가의 말에 따르면 수도 델리에는 약 50만명의 노점상이 있고, 그들이 연간 1000억원이 넘는 돈을 이런저런 명목의 뇌물로 상납한다고 한다. 아직도 인허가정권의 오명을 완전히 벗지 못한 인도에서 지하경제가 전체 경제규모의 40퍼센트에 이른다는 지적도 나왔다. 티끌이 쌓여서 히말라야가 되고 물 한잔이 모여서 인도양이 된다는 걸 보여준다.

찬드라굽타Chandragupta 황제를 도와 제국을 번영으로 이끈 차나키아는 나라의 녹을 먹는 자들의 '횡령하는 법 40가지'도 알려준다. 거기에는 제시간에 갚지 않기, 물건을 셀 때 속이기, 무게와 부피 속이기, 날짜 늘리기, 납품가격 올리기 등이 포함된다. 오늘날 우리나라의 여러 기업에서 비자금을 마련하는 방식과 흡사하지 않은가. 차나키아는 카우틸리아Kauṭilya라는 다른 이름으로도 불리는데, 그 뜻이 배신인 것은 우연이 아닐지도 모르겠다.

고대부터 이런 처세법이 존재한 인도에는 '짬짜chamcha'들이 많다. 짬짜는 짬뽕과 짜장을 말하는 것이 아니라 아첨꾼, 아부를 잘하는 사람을 이른다. 우리의 사극에서 '사또!'를 외치며 달려오는 이방이나 간드러진 목소리로 '전하!'를 부르는 간신배와 비슷하다. 가난뱅이에게 아부하는 사람이 없듯이 권력을 가진 사람에게 진실을 말하는 사람이 드문 것은 인도나 우리나라나 비슷한 모양이다.

인도인의 아부는 이런 식이다. 어느날 왕이 총애하는 신하에게 정의와 금화 중에서 하나를 선택하라면 어느 것을 가지겠느냐고 물었다. 그러자 신하는 금화를 가지겠다고 대답했다. 정의를 고를 것이라고 여긴 왕은 실망하여 그 이유를 물었다. 신하는 이 나라에는 전하의 좋은 정치로 이미 정의가 실현되었기에 금화를 선택한 것이라고 대답하여 왕을 기쁘게 만들었다.

이처럼 말 한마디가 빵을 주고 빚을 탕감해준다. 인도에는 일하는 능력이 아니라 아첨하는 말이나 행동으로 의원과 장관이 되는 사람이 많다. 최근에 어떤 연방장관이 총리인 만모한 싱에게 "어머니와 같다"라고 속이 뻔히 보이는 발언을 해 많은 이의 비웃음을 산 적이 있다. 아첨이 권력에 이르는 지름길이 되어서는 안 되지만 아직 현실은 그렇지 않다.

상전 앞에서 두 손을 마주잡고 잘 비비는 짬짜의 처세술은 '짬짜기리'라고 불린다. 짬짜의 뜻은 숟가락이고 짬짜기리는 숟가락질이다. 아첨의 기술은 은유적이라기보다 직설적이다. 귀를 후빈 윗사람에게 "아주 시원하시겠어요"라고 말하듯이 상대가 분명하게 알아들을 수 있어야 한다. 때에 따라선 과장법을 남용할 필요도 있다. 복잡한 이야기 구조와 화려한 볼거리를 자랑하는 인도 특유의 영화장르인 마살라 영화에는 이런 아첨꾼이 반드시 한명은 등장한다.

인디아는 인디라, 인디라는 인디아!

인도에서 꼽는 최고의 아부는 아무래도 1970년대에 나온 이 말이 아닐까? 긴급조치를 선포하고 둘째아들의 권력남용을 방관하며 독재의 길을 걷던 인디라 간디 총리에게 측근들이 바친 교묘한 말이다. 인도에는 이런 예스맨이 많았고, 지금도 그렇다. 우리나라의 이방과 인도의 짬짜에게 필요한 최고의 덕목은 자나 깨나 이렇게 고민하는 것이다.

'사또는 내가 어떻게 하길 바랄까?'

나보다 남을 더 생각하는 이타적인 발언이지만 그 안에는 이기적인 동기가 숨어 있다. 때로 기생충이라는 말을 듣는 그들은 누구도 진리를 좋아하지 않는다는 것을 알기에 상전에게 진실을 말하지 않는다. 옛날 우리나라의 이방과 인도의 하층관리들은 같은 눈으로 현실을 바라본다. 즉 그들은 새로 부임한 사또나 장관은 왔다가 떠나가지만 자신들이 대를 이어 그 자리를 지킨다는 점을 잘 안다. 보통사람과 권력자를 잇는 중개인과 같은 그들의 덕목은 맹목적인 복종과 충성심이다. 그것이 짬짜들의 생존법이다. 그들이 역사를 이었다면 지나친 말인가?

팔로워는
나의 힘

나는 스마트폰이 없다. 새로운 것에 쉽게 맘을 내주지 않기에 2G 폰을 버리지 못한다. 아직 트위터를 어떻게 하는지, 그것이 정확하게 뭘 말하는지도 모른다. 그래도 우리나라에서 가장 많은 팔로워를 가진 사람들 중에 이외수 작가가 들어간다는 말은 들었다. 방문자가 많은 블로그의 주인장을 파워블로거라고 부르는 것도 알고 있다. 내가 이해하기에 그들은 어떤 의미에서든 힘, 즉 영향력을 가진다.

인도에서도 팔로워를 많이 가진 사람이 권력을 얻는다. 최근의 현상이 아니라 스마트폰이 나오기 훨씬 전부터 그랬다. 인도에서 최고의 인물은 그가 하는 것을 따라하는 사람, 즉 팔로워가 많은 사람이다. 인도에서는 무엇을 해야 좋을지 판단하기 어려울 때는 집단에서 가장 뛰어난 사람을 보고 그가 비슷한 상황에서 처신하는 대로 따라 하라는 말이 힘을 얻기 때문이다.

인도사회는 수직적이다. 사람이 평등하지 않고 세상도 평등하지 않다고 여긴다. 그래서 높은 사람과, 높은 사람을 높다고 인정하고 높게 만들어주는 낮은 사람들이 있다. 약자인 낮은 사람들은 살기 위해 강자를 따르고 받든다. 이를테면 대리는 과장, 과장은 팀장, 팀장은 사장의 팔로워다. 장관은 대통령, 학생은 교수의 팔로워가 되는 것이다. 사랑하는 사이에서는 더 좋아하는 사람이 팔로워다.

오늘날 인도에서 강자는 VIP와 그보다 더 중요한 VVIP다. 국가가 보호하고 특별히 관리하는 힘센 사람이다. 그들이 누리는 특권은 엄청나다. 내 박사학위 지도교수의 남편은 연방정부의 차관을 지냈는데, 연방총리 관저의 뒤편에 그의 관사가 있었다. 인도정부가 관리하는 VIP인 교수 댁을 방문할 때마다 내가 겪는 과정과 절차는 생각보다 까다로웠다. 민주주의를 실천하는 국가가 소수의 권력자를 과보호한다는 생각이 들었다.

인도의 카스트제도는 사람이 평등하지 않다고 전제한다. 그래서 청정한 브라만은 높고 부정한 불가촉천민은 낮다. 그런 제도를 수천 년간 지켜온 인도인들이 수직적인 위상에 취약한 것은 당연하다. 세상의 모든 존재가 평등하다고 믿지 않는 대다수의 민초들은 과잉경호를 받는 정치인과 고관대작의 권력을 부러워해도 그들을 미워하거나 적개심을 갖지 않는다.

인도문화에서 힘을 가진 자는 오점이 없는 사람이다. 그들은 힌두

　　　　　　　　　　　　　　　　　　　　　　인도는 힘이 세다

교에서 순수하다고 여기는 갠지스 강이나 힌두사원에서 영원을 두고 타는 성화와 같다. 브라만처럼 위대한 존재로도 여겨진다. 그래서 권력자의 팔로워들은 강자들의 자존심을 올려주고, 종종 손을 비비며 아부하는 것을 마다하지 않는다.

오늘날 인도에는 트위터를 하는 사람들이 많다. 유권자와 소통하려고 트위터를 시작한 정치인도 많이 생겼다. 당연히 트위터에 남긴 말로 낭패를 보는 사람도 생겨났다. 수백만명의 팔로워를 가진 한 정치인이 사생활과 공적 영역을 구분하지 못하다가 사임한 사건도 있었다. 그때 인도에 머물던 나의 눈을 사로잡은 신문의 헤드라인은 강렬했다.

트윗으로 흥한 자, 트윗으로 망하다.

그래도 팔로워는 늘어간다. 권력이 달콤하기에 권력자의 주변에는 꿀을 찾는 벌과 나비들이 맴돈다. 많은 신을 숭배하는 인도에서 정치인은 신처럼 추앙받는다. 정치인을 신으로 만드는 팔로워들은 자신이 지지하는 후보자가 선거에 이기도록 하기 위해 투표장에 간다. 카스트제도가 남아 있는 인도에서 평등하게 한 표를 던지는 선거는 팔로워가 충성을 다할 수 있는 좋은 기회다.

선거를 목전에 둔 정치인은 유권자가 신이라고 추켜세운다. 그들이 약자에게 허리를 숙이고 악어의 눈물을 흘리는 유일한 시간이 그때다. 정치인들은 팔로워인 유권자를 의식해서 대개는 양복을 입지 않고 전통복장을 지킨다. 그들이 가장 선호하는 복장은 손으로 짠 옷감으로 만든 옷과 숄이다. 신발도 구두가 아니라 맨발에 샌들이 정석이다. 유권자에게 이질감을 주지 않기 위해서다. 물론 돈과 힘을 가진 그들이 소박하게 살진 않는다. 호랑이가 아무리 온순해도 양처럼 살지 않는 것과 마찬가지다.

나는 6~7년 전에 총선을 제대로 지켜보기 위해 델리에서 멀지 않은 미러트라는 도시를 찾았다. 1857년 세포이항쟁이 시작되었던 곳이다. 내가 탄 시외버스는 불온한 외부인이 들어오는 걸 막는 바람에 도시의 외곽에서 멈췄다. 모든 승객이 거기에서 내려서 시내까지 걸어가야 했다. 내 눈에 비친 선거는 하나의 축제였다. 사람들은 좋은 옷을 차려입고 투표소에 나타났다. 한 여인이 내게 말했다.

"투표가 공짜인데 왜 안하겠어요?"

실리적인 발언이다. 그들은 공짜로 운명을 바꿀 수 있기에 한 표를 행사한다. 543명의 연방의원을 뽑는 2009년의 인도 총선에서 유권자는 7억명이 넘었다. 세계 최대의 민주주의를 실천하는 인도의 평균 투표율은 60퍼센트이고 선거는 공정하다. 하층카스트나 가난한 사람들은 자신의 한 표가 상층카스트나 부자의 한 표와 같은 가치를 가진다는 사실이 기껍다. 그래서 투표를 통해 유명정치인의 팔로워임을 자랑하는 데 스스럼이 없다.

인도에서 정치인의 팔로워가 많은 지역은 현대자동차가 진출한 남부의 타밀나두를 꼽을 수 있다. 정치인을 열렬하게 추종하는 진정한 팔로워의 땅이다. 그러나 땅이 기름지면 잡초도 잘 자라게 마련이다. 타밀나두에서는 지난 25년간 드라비다인의 영광을 되찾는다는 구호를 내건 두 정당의 지도자가 정권을 주고받는 평퐁정치가 반복

　　　　　　　　　　　　　　　　　　　　인도는 힘이 세다

되었다. 두 지도자는 모두 타밀인들이 좋아하는 영화계에 종사한 전력이 있다. 그런데 정권이 교체되는 이유는 늘 전임수상의 불 보듯 환한 부정부패 때문이었다.

2012년 현재 주州수상인 자야랄리타Jayalalita는 1991년 처음으로 주수상이 된 이래 세번째로 수상의 자리를 지키고 있다. 브라만 출신의 여성으로 낮은 계층이 다수인 땅에서 카리스마를 내뿜는다. 그러나 초기에 지방출장을 나가면서 500대의 승용차를 동반하고, 양아들을 장가 보내면서 40억원이 넘는 돈을 들여 언론의 빈축을 샀다. 그 결혼식에 참석하여 눈도장을 찍은 팔로워가 20만명이었다.

아첨꾼에 둘러싸인 그에겐 많은 선물이 쏟아졌다. 월급을 1달러만 받았으나 나중에 밝혀진 재산목록에는 어디서 생겼는지 모를 재물이 수북했다. 다이아몬드가 박힌 시계 96개, 역시 다이아몬드가 박힌 팔찌 400개, 외제구두 350켤레, 1만벌의 고급 사리가 들어 있었다. 주수상의 최측근이자 양아들의 친어머니인 한 여성은 5년간 400억원을 축재한 것으로 밝혀졌다.

경찰이 그를 부패혐의로 체포하자 팔로워들은 울며불며 막아섰다. 그를 엄마(타밀어로 암마)라고 부르는 팔로워들은 체포를 강행하면 온 도시가 피바다가 될 거라고 위협했다. 보석으로 풀려난 그는 나중에 정권을 잡았다가 다시 부패혐의로 감옥에 들어갔다. 그가 최고법원에서 확정판결을 받자 11명의 팔로워가 충격을 받고 자살했다. 여섯명이 분신하고 세명은 목을 맸으며 두명은 독을 마셨다.

그의 정치적 경쟁자인 남성 정치인도 부패혐의로 여러번 감옥을 들락거렸다. 그의 팔로워들도 자살을 이어갔다. 측근은 약 60명의 당

영화배우 출신의 주수상 라마찬드란 성자를 숭배하는 전통과 수직적 카스트제도가 남아 있는 인도사회에서는 팔로워가 정치적 자산이다. 2만 7000개의 팬클럽과 150만명의 열렬한 팔로워를 가진 라마찬드란의 당선은 이미 정해져 있는 것이었다.

원이 자살했다고 말했다. 흥미롭게도 양측의 팔로워들은 모두 순교자로 불린다. 두 사람보다 먼저 타밀나두의 주수상을 지낸 라마찬드란Ramachandran이 사망했을 때도 수많은 사람이 자살했다. 영화의 인기 ＝팔로워의 수＝정치인의 명성이라는 등식이 성립되는 기이한 땅이다.

정치인보다 팔로워가 많은 사람들은 영화배우들이다. 162편의 영화에 출연한 유명한 영화배우인 라마찬드란이 1977년에 주수상이 되었을 때, 그에게는 이미 2만 7000개의 팬클럽과 150만명의 열렬한 팔로워가 있었다. 당선은 떼어놓은 당상이었다. 라마찬드란이 말년에 신장병을 앓자 신장을 기부하겠다는 지원자가 쇄도한 이야기는 유명하다.

우리의 아이돌 가수나 프로야구 선수를 좋아하는 팬들은 그 기분

  인도는 힘이 세다

을 알겠지만 우리의 문화권에선 대체로 그들의 행동이 납득이 가지 않는다. 그러나 성자를 숭배하는 전통과 수직적 카스트제도가 남아 있는 인도사회에선 특이한 일이 아니다. 신문에는 넉넉지 않은 형편의 추종자들이 십시일반 돈을 들여 만든 정치지도자의 생일 축하 광고가 종종 나온다. 우리나라 아이돌 가수들의 팬클럽이 그들이 좋아하는 가수의 생일을 축하하는 방식과 비슷하다.

우리나라의 팬들이 유명연예인에게 '조공'이라는 이름의 선물을 보내듯이 인도 유명정치인의 팔로워들도 많은 것을 바친다. 생일을 맞은 한 여성정치인에게 30만 달러를 기부한 익명의 사나이도 있었다. 또다른 여성정치인의 생일상에는 10만개의 스위트(단것), 6000킬로그램의 꽃, 미니버스만한 생일케이크가 올려졌다. 그 정치인은 3만여명을 초대해 10만개의 케이크를 선물했다. 큰 나라에선 뭐든 이렇게 큼직하다.

인도의 유권자들이 어리석어 보이는가? 아니다. 그들은 단순하지 않다. 눈 먼 사랑을 하는 연인과 달리 유권자들은 뭔가 이득이 있어서 정치인을 지지하고 그들의 팔로워가 된다. 영화팬의 열화 같은 지지로 주수상이 된 라마찬드란은 인도 최초로 초등학생에게 무상급식을 실시했다. 포퓰리즘이라고 큰 비판을 받은 선구적인 그 정책은 오늘날 전국에서 시행되고 있다.

내가 인도에서 주목하는 변화의 하나는 유명정치인의 세습이다. 팔로워들이 정치인의 가족을 좋아하고 기쁨과 슬픔을 함께 나누면서 정치인의 아들과 아내, 딸과 사위의 정계진출을 지지한다. 2004년 4월 12일자 한 시사주간지는 세습정치의 사례가 전국에서 100건이 넘는다고 보도했다. 이런 현상은 거의 모든 지방에서 볼 수 있고, 점점 심해진다. 변하는 것이 다 좋은 것은 아니다.

가장 유명한 사례는 초대 총리를 지낸 네루 일가다. 그의 딸 인디라 간디와 그의 후손들이 오랫동안 인도 정계를 이끌었다. 인도인들이 네루와 간디라는 이름에서 향수를 느끼고 신뢰를 갖기 때문이다. 나는 유학기간에 그 대물림을 지켜보았다. 인디라 간디가 경호원에게 암살된 해에 유학한 나는 그의 맏아들인 라지브 간디^{Rajiv Gandhi}가 여당을 이끌다가 암살된 해에 공부를 마치고 귀국했다.

현재 인도에서 정치적으로 가장 힘이 있는 사람은 여당지도자인 쏘냐 간디^{Sonia Gandhi}다. 인디라 간디의 맏며느리인 이딸리아 출신의 그는 총리를 지낸 남편 라지브 간디가 암살된 뒤 정계에 나왔다. 그 뒤에는 그의 자식들이 정치 일선에 등장했다. 특히 아들인 라훌 간디^{Rahul Gandhi}는 오래전부터 미래의 어느날에 총리가 될 것이라는 기대를 받고 있다. 중앙정부의 간디 일가처럼 각 지방정부에도 대를 잇는 정치인 가족이 수두룩하다.

인도에서 대물림이 강한 것은 강자의 위상과 영향력을 존중하는

달리트의 영웅, 마야와티(왼쪽)와 암베드카르(오른쪽)   달리트 출신의 여성 마야와티는 델리대학을 나와 33세에 연방의원, 39세에 최대 주지방의 수상이 되었다. 그녀는 간디 이후 인도를 빛낸 10인에 뽑힌 달리트 출신의 정치인 암베드카르를 재조명하는 데도 큰 역할을 했다.

팔로워들이 그들을 계속 강자로 만들기 때문이다. 이런 현상은 이미지의 세계인 영화계에서 강하다. 유명배우의 아들과 딸이 대를 이어 영화계의 주인공이 되는 것이다. 가장 유명한 배우인 아미타브 바찬 Amitabh Bachchan 가족은 아들 아비쉐크 바찬 Abhishek Bachchan 과 미스월드 출신 며느리까지 영화계에 종사하는 대표적인 대물림 영화가족이다.

오늘날의 민주정치는 카스트에 대한 충성이 기초인 기존의 수직 사회를 더욱 단단하게 만든다. 민주주의는 본질적으로 다수의 의견을 따르는 제도다. 가장 많은 인구를 가진 카스트는 낮은 카스트인 수드라와 불가촉천민으로 불렸던 달리트다. 전자는 어림잡아 인구의 약 절반이고 후자는 17~18퍼센트를 차지한다. 인구의 다수인 그들은 자신들의 대표가 선거를 통해 정권을 잡도록 팔로워로서 최선을 다한다.

이러한 경향을 보여주는 대표적 사례가 인구가 2억에 가까운 최대의 주, 우타르프라데시에서 여러번 정권을 잡은 마야와티 Mayawati 다.

델리대학을 나와 33세에 연방의원이 된 그는 오늘날 낮은 계층의 우상이다. 최하층인 달리트가 누구 앞에서든 머리를 숙이지 않길 바란다고 말한 마야와티는 다섯차례나 선거에 승리하면서 권력자가 되었다. 다수인 낮은 계층이 보내는 수직적인 충성심, 즉 팔로잉이 그의 지속적인 성공 기반이었다.

1997년 어느날 주한 인도대사와 점심식사를 하는 도중에 달리트 출신의 미혼여성이 39세에 최대 주지방의 수상이 되었다는 소식을 전해들었다. 소식을 전해주던 교수 출신의 대사는 '혁명적'이라는 수식어를 썼다. 건물의 바닥을 닦거나 화장실을 청소할 운명을 가진 최하층 여성이 가부장적 인도사회의 가부장적 정계를 호령하게 되었으니 혁명이라는 말이 과하지 않았다.

초기의 마야와티는 상층카스트가 많은 언론과 정계의 흔들기에 시달렸다. 옷차림이 촌스럽다고 비웃음을 사는 건 양호한 편이었다. 젊은 여성인 그를 죽인다거나 성폭행을 하겠다는 위협도 받았다. 그래도 그는 자신과 같은 최하층 달리트를 위해 과감한 정책을 폈다. 요직에 그들을 임명하고 그 지도자인 암베드카르^{Ambedkar}의 기념공원을 주도 한복판에 만들었다. 그 옆에는 4미터가 넘는 자신의 동상도 세웠다.

2012년 여름 인도의 모 언론은 간디가 떠난 뒤 인도를 빛낸 10인을 뽑았다. 1억명이 1차 투표에 참여해 선정한 인물 중에는 정치인이 많았다. 가장 눈에 띄는 사람이 암베드카르였다. 인도의 헌법을 기초했으나 사회 최하층인 그의 이름은 1960~70년대까지 공적 영역에서 의도적으로 무시되었다. 마야와티의 저돌적인 정책과 실천이 그가 인도의 위대한 지도자로 자리매김하는 데 큰 역할을 했다.

2005년 극소수인 브라만들이 보호를 요청하며 주수상인 마야와티의 발등을 만졌다. 그것은 브라만이 옛날 왕에게 충성을 맹세하던 의식의 새로운 버전이었다. 종교적으로 최상층인 브라만이 살아남기 위해 달리트의 가장 낮은 신체부위인 발을 만지고 팔로워가 된 것이다. 투표를 통해 권력자가 된 마야와티는 고대의 왕이라도 된 듯이 으스대며 브라만을 보호하겠다고 약속했다.

마야와티가 왕이나 술탄이 되려고 하지 않고 다른 길을 갔다면 역사에 길이 남았을 것이다. 그러나 마야와티는 정치인의 가장 나쁜 길을 걸었다. 세계 5위에 해당하는 큰 인구를 가진 주지방의 운명을 쥔 마야와티의 재산은 2007년에 150억원이 넘었다. 이듬해에 그가 낸 재산세도 수많은 정치인 중에서 최고를 기록했다. 얼마 뒤에 권력을 내놓은 그는 100건이 넘는 부패혐의를 받았으나 정치권의 봐주기로 살아남았다. '혁명적'이라는 수식어가 붙은 그도 결국 눈이 작고 입이 큰 메기와 다르지 않았다.

하인들의
세상

2012년에 국내에서 방영한 영국드라마 「다운튼 애비」^{Downton Abbey}에는 1900년대 초반 백작의 집이 구체적으로 표현되어 있다. 그곳에는 일하는 사람이 수십명이다. 하인들의 세계에도 상하관계가 있고,

작은 이익을 두고 다툼도 잦아 매일 갖가지 드라마가 연출된다. 반면 그들이 받드는 아름다운 마나님과 딸들이 하는 일이란 숨쉬기 운동 밖에 없어 보인다. 우리나라의 사극에 나오는 대감이나 부자들도 삼 돌이와 사월이를 안마당과 뒷마당에 거느리고 편하게 살았다.

오늘날의 민주사회에서는 아무리 돈이 많은 부자라 할지라도 봉건시대처럼 사람을 마구 부릴 수 없는 게 현실이다. 우리나라의 부자들도 아랫사람을 수십명씩 거느리고 살지 않는다. 자동화된 세상에서 생활도우미가 덜 필요한 탓도 있겠지만, 남의 부림을 달갑지 않게 여기는 사람이 많아진 탓도 크다. 그래서 운전과 장보기를 직접 하는 부자들이 생겼고, 집안일을 돕는 사람의 상당수가 중국이나 동남아시아에서 온다.

인도인 부자들은 지금도 하인이라고 불리는 많은 사람을 둔다는 점에서 세계의 다른 부자들과 다르다. 사실 하인이라는 말은 민주사회에서 쓰기에 거북한 명칭이다. 그러나 인도에서는 지금도 그들을 서번트servant라고 부르기에 나도 여기에서 그냥 그 호칭을 따른다. 인도 부자들의 집에는 지금도 요리사와 정원사, 운전기사와 청소부, 유모와 침모 등 많은 하인이 있다. 대개 하인의 수가 가족보다 많다. 오늘날 인도에서 최고의 부자인 무케시 암바니Mukesh Ambani의 173미터 높이의 대저택에는 여섯명의 가족을 위해 일하는 사람이 600명이 넘는다고 한다.

부자는 물론 중산층도 운전기사나 청소부 등 한두명의 일하는 사람을 두고 있다. 내 인도인 친구들은 나이가 지긋해도 음식을 만들 줄을 모른다. 빨래는 물론이고 아침에 일어나서 자고 난 침대를 정리

　　　　　　　　　　　　　　　　　　　　　　　인도는 힘이 세다

한 적도 없다. 어렸을 때부터 하인들이 그런 일을 해주었기 때문이
다. 인도에서 생활한 초기에 나는 바닥을 쓸고 닦고 빨래와 청소 같
은 허드렛일을 스스로 했다. 내가 그들에게 하층신분을 의심받는다
는 걸 깨달은 것은 어느정도 시간이 흐른 뒤였다.

계획도시 뉴델리에 있는 장관과 연방의원, 고급공무원의 넓은 관
사에는 집안일을 돌보는 하인 가족의 거처가 딸려 있다. 그들이 사는
작은 집은 대개 대문이나 담에서 가깝다. 지역이나 기관에 따라 다소
다르지만 정부가 돈을 대는 대학이나 관공서에서 허드렛일을 하는
사람들도 하인 거처라고 부르는 연립주택과 비슷한 건물에 모여 산
다. 그곳은 대개 인구가 많고 복잡하다.

인도에 사는 외국인들이 값싸게 인도인 하인을 부리는 즐거움을
말하는 것을 여러번 들었다. 예전에 만난 우리나라의 한 여성외교관
은 하인들을 둔 인도에서 애를 하나 더 낳을 계획이라고 말했고, 실
천에 옮겼다. 인도에 잠시 머무는 우리나라의 비즈니스맨이나 외교
관의 집에도 일하는 사람이 많다. 이들 운전기사와 청소부 그리고 부
엌일이나 아이를 돌보는 유모들은 성실하다.

편한 것을 좋아하는 건 인간의 본성이다. 식민지 인도에서 떠나는
많은 영국인이 하인들을 두고 가는 점을 가장 아쉬워한 건 그래서다.
백인 지배자의 거처에는 인도 하인이 아주 많았다. 존 스튜어트 밀
_{John Stuart Mill}은 남편과 아내의 관계를 주인과 하인의 관계라고 말했다.
같은 시대에 지배하는 영국인과 지배를 받는 인도인의 관계도 주인
과 하인이었다. 노벨문학상을 받은 키플링은 인도에서 살던 어린 시
절에 하인들에게 둘러싸여서 자랐다.

윌리엄 데이비스의 「신사의 초상」 인도에 온 영국신사들은 누구나 값싸게 인도인 하인을 부릴 수 있었다. 인도인 하인들은 주인의 곁에서 한시도 떨어지지 않으며, 주인이 내릴 다음 명령을 기다리는 충직한 사람들이었다. 식민지 인도를 떠나는 영국인은 이들을 두고 떠나는 걸 가장 아쉬워했다.

인도에 살던 주인공 마리가 부모를 잃고 하루아침에 고아가 되는 내용을 담은 프랜시스 버넷Frances Burnett의 소설 『비밀의 화원』The Secret Garden에도 하인에게 의지한 백인들의 삶이 고스란히 드러난다.

인도인 유모는 밤사이에 병이 들어서 바로 죽었기 때문에 하인들은 오두막에서 울고 있었다. 다음날이 오기 전에 세 명의 하인이 더 죽었다. 나머지 하인들은 겁에 질려서 달아났다.

이름 없이 맡은 일에 따라서 그저 정원사, 요리사, 식모, 청소부, 집사, 유모로 불린 하인들에게 둘러싸여 뒹구는 영국인의 생활은 글자 그대로 무위도식이었다. 제1차 세계대전이 나기 전 델리의 총독관저에는 1000명이 넘는 하인이 살았고, 총독이 여행할 때에는 200명의 하인이 뒤를 따랐다. 뉴델리에 세워진 1930년대 총독관저에도 2000명의 하인이 일했다.

백인 여자들은 언어장벽과 인종적 편견에 사로잡혀 인도인과 소통하지 않고 대개 집안에서 유모와 하인들만 상대했다. 영문학에 종종 등장하는 인도인 유모들은 보채는 아이를 팔에 안고 자장가를 불러주고 아이를 데리고 산책을 나갔다. 충직한 그들은 마님의 몸종을 겸하는 경우가 많았다. 영국 여성은 집에서 부리는 인도인 하인을 아둔하고 미신에 사로잡혀 있다거나 정직하지 못하다고 평가했고, 그들의 이미지는 점차 인도인 전체를 아우르게 되었다.

인도 하인의 장점은 그때나 지금이나 충성심이다. 앞에서도 말했듯이 팔로워의 기본도 수직적인 충성심이다. 인도를 배경으로 한 외국소설에는 영국인을 주인으로 모시는 인도 하인이 자주 등장한다. 그중 하나인 「람딘의 출세」The Rise of Ramdin에는 설거지를 담당하는 하인 람딘이 나온다. 그는 맛이 없는 음식을 만든 하인을 창고에 가둬두라고 한 후 출장을 떠난 주인의 명령을 지키느라고 동료가 창고에

서 굶어죽게 내버려둔다. 영국인의 집에서 설거지를 하며 평생을 보
낸 아버지가 일러준 하인의 의무를 지킨 그는 죄의식이 전혀 없다.

만약, 주인나리가 내게 아무 잘못이 없는데도 때리면 어떻게
해요?

때리면 맞아. 무엇보다 도망치면 안 돼. 외국 놈들은 모두 개와
개자식이지만, 용감하단 말이야. 그래서 용감한 사람을 좋아하
지. 까짓 매 맞는 거야 암것도 아니잖아. 내가 언젠가 근무한 대
령의 집에선 글쎄 때리는 대신에 벌로 무슨 알약인가 주는데, 그
게 더 힘들더라. (…) 이건 꼭 기억해둬. 절대로 캐묻지 말고 주인
의 명령을 따를 것, 다른 하인들과 절대로 싸우지 말 것, 몰래 돈
을 꼬불치지 말 것! 알았지?

성실한 람딘의 후예들은 오늘날에도 어디에서든 볼 수 있다. "거짓
말을 하면 사탕을 얻고 진실을 말하면 목숨을 잃는다"라는 걸 배우
고 익힌 그들은 어디선가 마징가제트처럼 나타나 무슨 일이 생긴 주
인을 돕는 만능해결사다. 진정한 능력자인 그들은 물건을 지고 나르
고 뭔가를 만들고 바닥을 닦고 마당을 쓸며 장을 본다. 그야말로 불
가능을 가능하게 만드는 사람들이다.
　때로 짐처럼 주인의 여행도 따라간다. 델리에서 기차를 타고 남부
로 향하다가 화장실 부근의 좁은 바닥에 쭈그린 채 잠든 한 남자를
본 적이 있다. 여행하는 주인을 수행하는 하인이었다. 주인이 제대로

　　　　　　　　　　　　　　　　　　　　　인도는 힘이 세다

된 좌석을 사주지 않아서 긴 시간을 바닥에서 몸을 웅크린 채 여행하는 중이었다. 비인도적인 행동이지만 알고 보면 인생 도처에 그런 불평등이 존재한다.

힘이 중심인 인도에서 그 정도는 약과다. 근대 자료를 보면 감옥에 수감된 주인들은 수발을 들어주고 음식을 만들어줄 하인을 데려갔다. 카스트에 따라 음식에 대한 금기가 많은 수감자를 고려해 감옥에서의 개인 취사를 허용했기 때문이다. 죄 없는 하인들이 감옥에서 빵을 굽고 커리를 끓여야 했던 것이다. 검소함의 상징인 간디조차도 영국인 총독과 회담할 때 총독관저에 요리사를 데려갔다.

인도에는 "세상에는 명령하는 사람과 명령받는 사람이 있다"라는 속담이 있다. 사람은 누구나 명령하는 사람이고 싶은 게 인지상정이다. 하지만 현실은 명령을 받는 사람이 대다수다. 풍선처럼 인구가 늘어가는 인도에서 제대로 배우지 못하고 적당한 일자리를 찾지 못한 사람들이 찾을 수 있는 일이란 남의 팔로워가 되어 몸으로 때우는 것뿐이다. 하인은 낮은 사람이란 뜻이 아닌가.

아무리 발전하고 변화해도 명령하는 사람과 명령받는 사람은 언제나 존재한다. 시내에 문을 연 유명 레스토랑 주변에서는 아이를 안거나 업은 유모와 운전기사들이 대기하는 모습을 쉽게 찾을 수 있다. 대개 마른 몸매와 검은 피부를 가진 그들은 주인이 나올 때까지 긴 시간을 기다린다. 때로 가족의 일원으로 대접받기도 하지만, 대체로 자신이 하고픈 대로 할 수 없는 그들은 무엇이든 할 수 있는 사람들의 팔로워다. 가난한 사람이 많은 인도에는 그런 사람이 여전히 많다.

2000년 2월 인도 영자신문에는 사비타가 장례식을 치렀다는 기사가 실렸다. 대학을 졸업한 후 대학직원으로 근무하는 사비타가 진짜로 죽은 건 아니었다. 직장동료인 불가촉천민 남자와 결혼을 하는 브라만인 그녀가 카스트를 잃고 영적으로 죽었다는 의미로 장례식을 치른 것이다. 사비타의 아버지와 남자 형제들은 머리를 삭발하고 사비타의 영혼을 위해 정중하게 의식을 마쳤다. 그런 뒤에 사비타는 가족의 축복을 받으며 사랑하는 남자와 결혼했다.

만물에 영원한 것이 없다고 가르친 인도에서 카스트제도가 드디어 변화의 물결을 타는 것일까? 아니다. 고대 『리그베다』에 처음으로 언급된 이래 수천년간 변하지 않고 필요악으로 여겨진 카스트제도는 실은 늘 변화를 거듭해왔다. 바깥세계가 만든 '불변의 인도'라는 오래된 이미지를 무색하게 만들 만큼 변화의 바람과 현재에 대한 배반의 움직임이 이즈음 한층 가속화되는 것도 사실이다. 책에서 보는 고대의 카스트제도와 오늘날 작동하는 카스트제도는 다르다.

수직적인 인도사회의 특성은 카스트제도에서 잘 드러난다. 머리와 발의 기능이 다르듯이 사람마다 능력의 차이가 있다고 여기는 인도에서 상층인 브라만과 하층인 수드라는 평등하지 않다. 모든 인간이 전생의 업에 따라 다른 모습으로 환생한다고 믿는 인도인에게 사회적 불평등은 자연현상처럼 당연하다. 그래서 오늘날에도 배운 사람들은 공적으로는 카스트제도를 비판해도 개인적으로는 어느정도 받

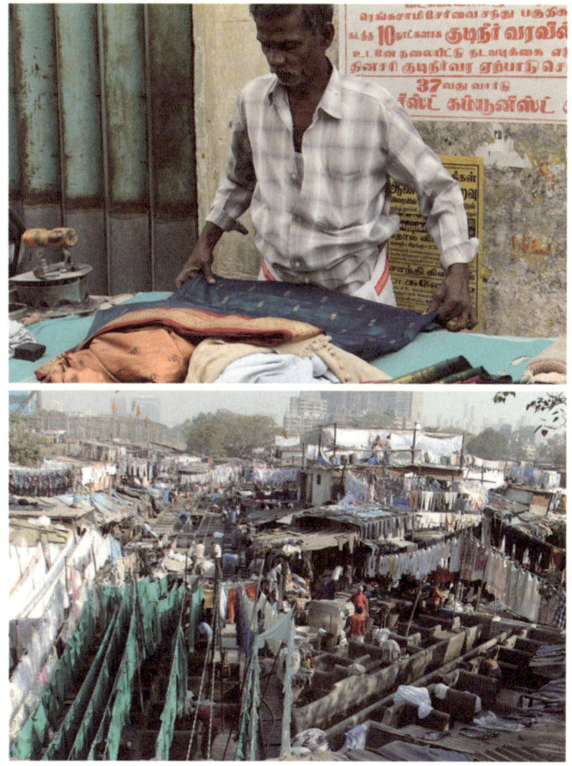

다림질하는 카스트의 인도인(위)과 빨래하는 카스트가 모인 도비가트(아래)
카스트제도하에서는 사람마다 능력의 차이가 있다고 여긴다. 상층인 브라만
과 하층인 수드라는 평등하지 않고, 불가촉천민 사이에서도 하는 일에 따라 위
계가 정해진다.

아들인다.

그들의 논리는 모든 사람이 태어나는 순간에 카스트가 결정되고 죽을 때까지 바뀌지 않는다는 것이다. 돈을 벌거나 사회적으로 성공했다고 멋대로 카스트를 위로 올릴 순 없다. 인도와 오랜 인연을 맺었다고 한국인인 내가 맘대로 카스트를 가질 수도 없다. 공부를 많이

하고 지식이 많다고 영국인이 브라만이 되는 것도 아니다. 힌두교가 선교를 하지 않는 이유는 여기에도 있다. 인도에서 나와 같은 외국인은 이론적으로 아웃카스트, 즉 카스트가 없는 불가촉천민이다.

카스트는 힌두교를 믿고 따르는 사람만 갖는 신분이다. 그래서 인도에서 힌두교를 거부하고 다른 종교를 세우거나 새로운 믿음을 주장한 사람들은 모두 카스트를 부정했다. 고대 인도에서 탄생한 불교와 자이나교, 15세기에 서북지방에서 힌두교와 이슬람교를 절충하여 생긴 시크교는 모두 카스트를 인정하지 않는다. 인도를 지배한 이슬람 세력과 영국도 형제애와 자유와 평등을 내세웠으나 카스트제도는 그대로 두었다.

흥미로운 것은 불평등을 거부한 불교와 자이나교를 믿는 사람들이 옛날이나 지금이나 인도에서 늘 소수에 불과하다는 점이다. 아무리 모든 인간이 평등하다고 강조해도 거기에 끌리지 않는 인도인이 많다는 뜻이다. 더구나 불교와 자이나교는 인도에서 금세 존재감을 잃었고, 자이나교도들은 대개 카스트제도의 바이샤계층으로 흡수되었다. 내가 보기에 카스트제도를 비판하는 국내외의 사람들은 이 사실에 주목하지 않는다.

근대 서구의 이성이나 평등의 개념으로 카스트의 전통을 다 재단할 순 없다. 순기능이 없다면 카스트제도는 아주 오래전에 사라졌을 것이다. 앞서 살펴본 것처럼 수직사회에서 팔로워들은 '갑'에게서 어느정도의 보호를 받게 마련이다. 카스트제도의 원리는 모든 사람이 저마다 제 능력과 수준에 맞는 일을 하면서 사회의 한 축을 구성하는 것이다. 인도는 대학을 나와서 '펜대'를 굴리는 사람만 인정하는 사회가 아니라 건물과 다리를 건설하고 농사와 청소를 맡는 사람까지 인정하는 사회인 것이다. 물론 카스트와 연계되는 직업에는 귀천이 있다.

동일한 카스트를 가진 사람들은 가족에 이어 두번째로 중요한 집단이다. 그래서 근대에 이르러 여러 카스트들은 협회를 만들어서 수재들을 학교에 보내거나 후원사업을 펼치며 그들의 성공을 도왔다. 외국에 정착한 이민자들이 성공한 뒤에 가족을 부르고 그 다음에 같은 카스트의 사람들을 초청하여 집단을 이루는 것도 같은 카스트끼리 수평적으로 연대감을 가졌다는 걸 알려준다. 그렇게 하여 먼 이국에서도 '우리들의 카스트'는 지속될 수 있었다.

힌두들은 태어나면서 브라만, 크샤트리아, 바이샤, 수드라 등 네개의 카스트에 속한다. 출생으로 정해지는 카스트를 수직으로 나누는 기준에는 신 앞에서 개인의 몸이 청정한가, 아닌가의 구분이 들어간다. 카스트제도는 브라만이 중심인 계층질서로 당연히 수직구조의 맨 위에 브라만이 있다. 옛날에는 힌두경전을 읽고 사제의 업무를 맡은 그들이 가장 청정하다고 여겨졌기 때문이다. 카스트를 가진 이 네 계층은 다소간의 차이는 있어도 큰 차별과 불평등을 겪지 않는다.

문제는 카스트가 없는 사람들, 즉 아웃카스트들이다. 배설물이나 오물 혹은 더러운 옷을 취급하는 사람, 시체운반을 담당하는 사람 등 불결한 일에 종사하는 사람들이 여기에 속한다. 그들은 만성적으로 부정을 탔다고 여겨져 수직적인 구조의 맨 아래쪽을 차지했다. 상층 카스트는 종교적인 청정을 유지하려고 부정이 탔다고 간주된 그들과 접촉하는 것을 꺼렸고, 그래서 그들은 불가촉천민이라고 불렸다.

카스트를 가진 사람들은 부정을 타지 않으려고 같은 카스트끼리 결혼하고 같은 카스트끼리 밥을 먹는 관습을 지키며 제도를 지켜왔다.

디테일이 강한 인도에서 낮은 카스트의 사람들은 더 낮은 카스트의 사람들과 자신들을 구분하며, 자신들이 상대적으로 높다고 간주한다. 내가 델리에서 빨래를 부탁한 청소부 아줌마는 자신이 빨래하는 카스트가 아니라며 그런 일은 자기보다 낮은 세탁부가 한다고 골을 냈다. 청소를 한다고 다 같은 청소부가 아니다. 개인의 집을 청소하는 사람은 공중화장실을 청소하는 사람보다 자신이 더 청정하다고 우긴다.

"길 한쪽으로 걸어야지, 이 천민망나니야!"

갑자기 고함소리가 들렸다.

"야, 돼지 같은 놈! 왜 이쪽으로 온다고 미리 말하지 않았어! 네놈이 나를 건드려서 부정이 탔어! 이 더러운 놈! 집에 가서 목욕하고 정화를 해야 되잖아. 이 옷은 오늘 아침에 새로 입고 나온 건데. 재수 옴 붙었네."

바카는 어찌해야 될지 몰랐다. 아무 소리도 들리지도 않고 아무 감각도 느낄 수가 없었다. 온몸이 마비된 듯하였다.

"개돼지 같은 놈! 왜 네놈이 온다고 미리 소리치지 않았어!"

남자는 바카와 눈이 마주치자 버럭 소리를 질렀다.

"야 이 짐승아! 네가 내 몸에 닿으면 안 되는 걸 몰라?"

바카는 무언가 말을 하려고 입을 벌렸으나 한마디도 나오지 않았다. 그는 사죄하려고 본능적으로 두 손을 모았다

인용문은 1920년대 나온 인도 작가 아난드Anand의 소설『불가촉천민』의 한 대목이다. 20세기 전반에도 일부 지방에서 그들은 방울을 달고 다녔다. 방울소리를 들은 상층카스트들은 그와 몸이 닿지 않도록 미리 피했다. 옷소매가 스치지 않도록 그들에게 알몸으로 나다니게 만든 지방도 있었다. 앞서 예로 든 사비타의 이야기가 보여주듯이 배운 사람이 늘고 사회가 발전하고 복잡해지면서 카스트제도는 오늘날 이런 극단적인 관습을 거의 다 벗어버렸다.

카스트제도는 인도인의 의식에 큰 영향을 주었다. 그래서 사람을 수직적으로 보는 것, 즉 높고 낮은 위상으로 보는 관점이 남았다. 인도인은 모든 사람이 다 같지 않고, 능력과 재능이 다르다고 믿는다. 평등을 믿는 기독교인이나 이슬람교인도 완전 평등을 따르는 것이 아니다. 브라만이었다가 개종한 기독교인이 낮은 카스트에서 개종한 기독교인보다 위상이 높고, 중동지방에서 이주한 무슬림의 후손이 힌두였다가 개종한 무슬림보다 높다고 생각하는 것도 그 영향이다.

카스트가 무어든 모두 다 환영하니 다시 오세요.
마음에 들지 않으면 우리에게 말하고 마음에 들면 다른 사람에게 말하세요.

이는 1990년대 서해안의 대도시 한 식당 벽에 쓰인 글이다. 오늘날에는 카스트제도가 약화되면서 능력에 따라 대우하는 경향으로 변해간다. 정부가 위에서 제도적으로 조성한 긍정적인 차별제도가 위력을 발휘한 결과다. 독립한 인도정부는 불가촉천민이 새로운 나라에서 인간의 존엄성과 자기 목소리를 낼 수 있도록 특별제도를 만들었다. 그들은 정부의 특혜를 받아서 관직과 의원직, 교육기관의 입학정원과 교직의 일정한 비율을 할당받는다. 그래서 최하층이 영재들이 모인 인도공과대학IIT 같은 대학에도 들어간다.

불가촉천민으로 알려진 사회 최하층은 간디가 붙여준 하리잔(신의 자식)이라는 이름을 거부하고 스스로 달리트(억압받는 사람들)라고 부른다. 지난 60년 동안 교사나 공무원이 되어 사회적 상승이동을 이룬 달리트 중산층이 생겨났다. 일부는 상층카스트가 독점하던 의사와 엔지니어가 되었고, 일부는 연방장관과 연방의원이 되어 권력을 행사했다. 달리트 출신의 대통령은 물론, 대법원장과 대학총장도 등장했다.

지방에서 정권을 잡고 2억에 가까운 인구의 운명을 쥔 수상도 나왔다. 앞에서 나온 마야와티가 그 주인공이다. 다수결의 원칙을 따르는 민주주의가 카스트의 변화를 재촉했다. 지난 몇십년간 인구의 16~17퍼센트를 유지한 달리트는 지역에 따라 다르긴 해도 대체로 다수의 이점을 누렸다. 마야와티는 달리트와 하층카스트의 지지를 끌어내며 정치적으로 성공가도를 달렸다.

요즈음에는 부와 권력이 없어도 달리트들이 도시에서 큰 사회적 배척을 받진 않는다. 자신감과 상대적 박탈감을 가진 달리트들이 평등을 외치며 거리로 뛰쳐나와 집합적 행동을 벌여서 정부를 긴장하게 만드는 일이 적지 않다. 2002년에는 달리트 출신인 한 소녀가 자신을 성폭행한 범인을 무죄로 선고한 판사를 향해 가장 더럽다고 여

생존을 위해 거리에 나온 브라만 변화가 모든 이에게 행복을 보장하진 않는다. 현대문명의 거친 풍랑을 헤쳐나가지 못한 브라만은 생존을 위해 거리에서 좌판을 벌일 수밖에 없다.

겨지는 슬리퍼를 집어던진 일도 생겼다. 이렇게 견고한 벽에 하나둘씩 균열이 생기며 변화가 일어나고 있다.

그러나 운명을 넘어 부와 권력을 얻은 사람이 있으면 세파에 휩쓸려 품격이 떨어진 사람도 있게 마련이다. 베다를 읽던 고상한 브라만들이 델리의 공중화장실에서 더러운 일에 종사하는 것도 그렇다. 더 나은 삶을 찾아 시골에서 상경한 가난하고 배우지 못한 브라만들이 현대문명의 거친 바람을 헤치기란 쉽지 않기 때문이다. 그래서 그들은 기차역에서 여행객의 무거운 짐을 나르고 거리에서 릭샤를 끌며 녹록지 않은 삶을 잇고 있다.

변화가 모든 이에게 행복을 보장하진 않는다. 특혜제도를 이용하는 달리트들은 경제력을 가진 소수이고, 농촌의 대다수 달리트들은 여전히 차별과 금기의 세상에 묶여 있다. 달리트와 낮은 카스트에 대한 특별임용제로 상대적 차별과 박탈감을 느끼는 상층카스트들이 민주체제에서 자신들이 소수라는 사실을 절감하며 불행을 느끼는 것도 주목할 만한 변화다. 브라만은 인구의 약 5퍼센트, 크샤트리아와 바이샤도 각각 10퍼센트를 넘지 않기에 의회민주제에서 불리한 입장이다.

그리하여 달리트가 누리는 특별혜택을 받으려고 스스로 불가촉천민으로 격을 낮추는 사람들도 나타났다. 굴욕은 잠깐이지만 실리는 수십년을 가기 때문이다. 몇년 전에 라자스탄의 한 수드라 집단은 대법원의 판결을 받아 당당하게 달리트가 되었다. 정부가 달리트에게 주는 혜택을 받기 위해 수직사회의 최하층을 자처한 것이다. 무엇이든 가능한 인도에는 하층카스트와 달리트를 증명하는 가짜신분증과 증명서도 구할 수 있다.

2005년에는 상대적으로 덜 발전한 동부의 오리사지방에서 상층카스트들이 다니는 대학에 입학한 달리트 여성이 자전거를 타고 다닌다고 위협받는 일이 일어났다. 사람들은 낮은 계층인 그가 자전거를 두고 걸어 다니지 않으면 사회적인 배척을 하겠다고 으름장을 놓았다. 사회적 지평이 좁고 서로가 잘 아는 농촌에선 아직 카스트제도가 이렇게 힘을 발휘한다. 그러나 대도시는 이제 카스트를 거의 의식하지 않고 살아갈 수 있을 정도로 변했다

카스트제도가 느슨해지는 건 술의 소비량이 느는 것으로도 알 수 있다. 인도에 서구문화가 퍼지면서 술 마시는 젊은이들도 증가추세

                                        인도는 힘이 세다

다. 이는 특히 지난 10년간 도드라진 현상이다. 이제 전면금주를 실시하는 지방은 구자라트 등 세개 주에 불과하다. 술 마시는 사람을 자주 노출하는 언론의 영향과 소득이 늘어난 젊은 계층이 늘어나는 것이 주요 원인이고, 오랫동안 금주를 고수하던 상층카스트들이 점차 술을 권하게 된 것도 변화를 촉발했다.

지극히 평등지향적인 우리나라의 사람들은 인도의 카스트제도를 비판하면서도 '우리 사회'의 수직구조와 차별제도는 주목하지 않는다. 우리나라에도 학력카스트, 돈 중심의 카스트, 출신지에 따른 카스트가 명명백백하게 존재하지 않는가. 굳이 구분하면 우리 안의 카스트는 은밀히 진행되고 인도의 카스트는 제도로서 작동하는 점이 다르다. 인도의 카스트가 약화되는 반면에 우리 안의 카스트가 강해지는 것도 또다른 차이다.

불평등이
평등보다 강하다?

짧은 기간에 근대화를 이룬 우리나라 사람들의 역동성은 기독교 선교에서도 드러난다. 레바논에 여행을 갔다가 로마의 유적지에서 우리나라의 대학생 선교단을 만난 적이 있다. 그들은 그곳이 이슬람의 나라라든가 유네스코가 지정한 세계문화유산이라는 사실을 개의치 않고 우렁차게 찬송가를 불렀다. 다행히 우리 일행 중 연장자가 다가가 타일렀더니 하나둘씩 그 자리를 빠져나갔다.

오늘날 인도에서도 비슷한 형태의 신심이 발견된다. 인도의 여기저기에서 세종대왕이 만든 한글이 '불신지옥'이라는 이름으로 내 눈에 들어오는 것이다. 공식어가 20개가 넘는 인도에서 그 글자를 읽을 수 있는 사람이 있을 리 만무하지만, 그런 식으로 자기 존재를 드러내는 사람들이 적지 않다. 그렇게 할 정도로 기독교가 미약한 종교도 아니다. 그런 선교에도 불구하고 힌두들이 개종할 가능성은 매우 낮다.

인도 남부에는 예수의 12제자 중의 한명인 성 토마스^{Thomas}가 서기 54년에 왔다는 증거가 남아 있다. 토마스가 왔을 당시에 개종한 인도인은 주로 브라만과 상층카스트인 '나이르'였다. 시리아기독교인으로 불리는 그들은 하층카스트나 다른 집단과 소통하지 않고 지난 2000년간 그들만의 기독교를 지켜왔다. 더이상의 기독교인을 만들려고 애쓰지 않은 그들은 누구에게도 전도를 하지 않았다. 유럽에서는 그들에 대해 궁금하게 여겼다.

우린 기독교인과 향신료를 찾아왔어요.

1497년 인도 서해안에 도착한 뽀르뚜갈의 바스꾸 다가마^{Vasco da Gama}는 처음 본 사람에게 이렇게 말했다. 그의 일행은 힌두사원을 성당으로 오해하고 거기서 기도를 올렸다. 현지인이 받드는 천연두 여신을 마리아상이라고 여기고 무릎을 꿇은 것이다. 그들이 성당이라고 여긴 건물 벽에 그려진 여러 성자들, 특히 다섯개의 팔을 가진 성자는 아마도 힌두 신이었을 것이다. 인도의 기독교가 힌두교를 닮아갈 조짐은 여기에서도 드러났다.

 인도는 예수의 12제자 중의 한명인 토마스가 서기 54년에 왔다는 증거가 남아 있을 만큼 기독교의 역사가 깊다. 서남부해안, 특히 고아지방에는 뽀르뚜갈이 가져온 가톨릭의 흔적이 진하게 남아 있다.

인도 서남부해안, 특히 고아지방에는 뽀르뚜갈이 가져온 가톨릭의 흔적이 진하게 남아 있다. 경외감을 주는 웅장하면서도 아름다운 성당도 많다. 인도에서는 프로테스탄트와 가톨릭을 구별하지 않고 모두 기독교라고 부르는데, 2011년에 나온 인구조사에서 기독교인은 총인구의 2.3퍼센트를 차지했다. 그들 중의 다수는 역사가 오랜 가톨릭교도다.

인도의 기독교는 절대적 인구는 많지 않아도 사회공헌도는 크다. 특히 문맹퇴치와 여성교육을 증진하는 데 역할이 적지 않았다. 가톨릭대학을 비롯해 수많은 미션스쿨과 기독교 계통의 대학들이 엘리트를 키웠다. 내가 다닌 델리대학에서도 기독교단체가 세운 세인트스티븐스칼리지가 가장 우수하다는 평을 받는다. 물론 이들 교육기관에 재학하는 학생은 거의 다 힌두들이다. 정부가 선교교육을 금지하는 터라 교육을 통해 앞으로 개종자가 늘어날 가능성은 제로다.

오늘날에도 평등을 지향하는 기독교는 불평등한 카스트제도에 영향을 받는다. 남부지방의 기독교인은 어느 카스트에서 기독교로 개종했느냐에 따라서 '나다르 기독교인' '까마 기독교인' '레디 기독교인' 등 힌두로서의 카스트를 앞에 붙인 채 기독교인이 된다. 최하층인 달리트는 '달리트 기독교인'으로 불린다. 개종한 뒤에도 수세기 동안 이어져온 카스트의 억압, 편견, 위계가 계속되는 것이다.

사랑과 평등의 기독교로 개종한 달리트가 여전히 '달리트 기독교인'으로 여겨지는 인도에서, 특히 상층카스트 출신의 신도가 많은 교회나 성당에서 하층카스트 출신이 성직자가 되거나 동등한 대우를 받는 경우는 드물다.

힌두교에서 맨 위를 차지하는 브라만이 다른 종교로 개종할 가능성은 지금도 낮다. 순수한 그들에게 외국인은 부정을 탄 사람들로 동급이 아니기 때문이다. 물론 오늘날의 브라만은 외국인과 손을 잡고밥을 같이 먹으며 때로 믿음까지 바꾼다.

오늘날 인도에는 많은 선교사들이 암약한다. 암약이라는 단어가나쁜 느낌을 풍기지만, 현재 인도에서 모든 종교의 선교활동이 불법이라서 그런 표현을 썼다. 종교로 인해 파키스탄과 갈라진 쓰라린 경험을 가진 인도정부는 모든 종교를 평등하게 대하는 정책을 채택하고, 그래서 종교 간의 갈등을 야기할지도 모를 선교활동을 금지하고있다. 이른바 세속주의를 표방하는 것이다.

외국의 종교단체들은 인도에서 선교활동을 은밀하게 진행한다. 인도에서 활동하는 내가 아는 우리나라의 선교사들도 많다. 인도정부는 선교사들의 불법적인 선교활동을 모르진 않으나 문제가 생기지

     인도는 힘이 세다

않는 한 모른 척하는 입장이다. 내가 잘 아는 인도인 교수도 한국인 강사가 교내에서 선교활동을 펴는 걸 잘 알지만 모른 척한다고 말했다. 물론 모른 척하는 것과 모르는 것은 다르다.

인도를 찾는 사람들이 알아야 할 것은 인도문화를 존중하진 않더라도 만만하게 봐서는 안 된다는 점이다. 수많은 이방의 종교가 왔어도 변하지 않은 건 인도인의 믿음이다. 인도인이 오히려 이방의 강자인 이슬람교와 기독교에 영향을 주었다는 점도 기억해야 한다. 이슬람교와 기독교를 앞세운 역사가 1000년간 이어졌어도 카스트제도는 지금도 남아 있다.

오늘날 카스트의 금기는 점점 약해진다. 그러나 그 영향은 기독교에 배어 있다. 힌두들이 같은 카스트끼리 결혼하듯이 기독교인의 결혼에도 그들이 예전에 가졌던 카스트가 고려사항이다. 내가 아는 타밀지방의 브라만은 가톨릭으로 개종했으나 같은 브라만 출신의 여성과 결혼했다. 가톨릭교도끼리 결혼을 하더라도 상층카스트에서 개종한 사람이 낮은 카스트에서 개종한 사람과 결혼하는 일은 드문 편이다.

카스트를 바탕으로 일어나는 차별은 교회나 성당에서도 여전하다. 하층카스트 출신의 신자는 땅에 앉고 상층카스트 출신의 기독교인이 의자나 벤치에 앉는 것도 관행이다. 하층카스트 출신의 기독교인에게 별도의 출입구를 쓰게 하거나 세례를 다른 장소에서 받게 하는 것도 그렇다. 최하층 출신으로 기독교인이 된 사람들은 다른 기독교인이 쓰는 화장터와 공동묘지를 사용하지 못한다. 카스트 앞에만 서면 평등사상이 작아지는 것이다.

힌두사당처럼 꾸민 길가의 가톨릭성소 인도에 들어온 가톨릭은 인도문화에 동화되었다. 성모마리아가 힌두 여신처럼 숭배되기도 하고, 채식 식당을 운영하고 요가와 명상을 가르치는 성당도 드물지 않다.

가톨릭의 본산인 고아지방에 처음 갔을 때가 생각난다. 가톨릭의 숭배방식이 힌두와 닮아서 매우 놀란 기억이 생생하다. 그곳의 가톨릭교도는 힌두처럼 손을 모으고 인사하고 꽃과 화환을 교회에 바친다. 힌두 여신에게 숭배하듯 성모마리아에게 헌물하고 노래하며 소원을 빈다. 크리스마스도 힌두 축제처럼 요란한 불꽃놀이가 뒤따르고, 디왈리 축제와 비슷하게 단것을 나눠먹으며 축하한다. 성당에서 채식 식당을 운영하고 요가와 명상을 가르치는 곳도 드물지 않다.

기독교로 개종한 브라만은 대개 이름을 바꾸지 않고 브라만의 성을 그대로 쓴다. 인도 기독교인이 개종하기 전의 카스트를 잊지 않고 힌두의 관습과 의식을 따르는 것도 이상한 일이 아니다. 브라만 출신의 기독교인은 힌두 브라만처럼 성스러운 실을 몸에 두른다. 기독교로 개종한 여성들도 힌두 여성처럼 이마에 카스트를 표시하고 기혼을 상징하는 목걸이를 목에 건다.

첸나이에서 내가 우연히 본 가톨릭교도의 결혼식은 큰 틀에서는 힌두의 결혼식과 달랐다. 신랑은 전통복장을 한 힌두 신랑과 달리 양복을 입었고, 결혼식의 주례도 브라만이 아니라 성직자가 맡았다. 신부는 흰 사리를 입고 머리에 베일을 얹었으나 손목이나 목에 건 장신구는 힌두 여성과 비슷했다. 공식적으로는 불법이지만, 결혼지참금을 주고받는 관행도 힌두의 방식과 별반 다르지 않을 것이다.

인도에 쳐들어온 박트리아인, 그리스인, 페르시아인, 인도 스키타이족, 튀르크족, 훈족은 제 나라로 돌아가지 않고 눌러앉았으나 인도에 흡수되어 정체성을 다 잃었다. 만민평등을 믿는 인도의 이슬람들이 서로를 카스트로 구분하는 것도 힌두 카스트제도의 영향이다. 카스트제도를 부정한 불교와 자이나교의 신도들이 또다른 집단을 이루어 카스트제도에 편입된 것도 주목할 점이다.

기독교로 개종한 인도인도 이와 다르지 않다. 기독교인이 되어도 힌두로서의 삶이 끝나지 않는다. 카스트의 정체성이 기독교인으로서의 정체성보다 강하기 때문인데, 이는 문화적으로는 힌두이면서 종교로는 기독교인이라는 혼합된 의식의 소산이다. 힌두교에서 기독교로 개종한 기독교인이 소지하는 경계의 모호함과 복잡한 정체성은 누구든, 어떤 집단이든 수용하는 놀라운 통합성과 융통성을 자랑하는 카스트제도의 속성을 알려준다.

개미도 황금을 파먹는다

금이
숨겨진 나라

인도가 가난하다고 생각하는가? 아니다. 인도는 가난한 나라가 아니라 가난한 사람이 많은 나라다. 인구가 많으니 당연하다. 인도가 다른 나라와 크게 다른 점 중의 하나는 고대부터 황금을 좋아하는 사람이 유난히 많았다는 점이다. 황금은 공장에서 대량으로 생산할 수 없고, 그래서 사람을 우주에 보내는 오늘날에도 가격이 높다. 바로 그 점이 사람들로 하여금 금을 욕망하게 만들었다. 한동안 빈곤의 대명사이던 인도가 가난한 나라가 아니라고 하면 믿지 않을 사람이 많을 것이다.

1945년 미국의 한 잡지는 세계에서 최고의 부자를 인도 하이데라바드^{Hyderabad} 왕국의 지배자라고 적었다. 그의 재산은 당대의 가치로

10조원, 2012년의 이건희 회장의 재산과 비슷했다. 그중에서 184캐럿짜리 다이아몬드를 포함하는 금은보석이 1조원이었다. 그의 왕궁에는 1만여명의 하인이 일했고, 샹들리에의 먼지를 터는 하인만 38명이나 될 정도로 호화로웠다. 1991년 후손이 런던의 경매시장에 내놓은 6500만 달러의 37가지 보석은 해외에 유출되는 것을 막으려고 인도정부가 구입했다.

아득한 고대에도 이런 부자가 살았다. 2600년 전 한 상인이 불교교단의 설법장소를 만들기 위해 코살라^{Kosala}왕국의 왕자에게 숲을 팔라고 부탁했다. 왕자는 거절하는 의미로 만일 숲 전체에 황금을 간다면 팔겠다고 대답했다. 그러자 상인은 곧 수레에 황금을 가득 싣고 와서 거침없이 바닥에 깔았다. 이에 놀라고 감동한 왕자가 상인과 협력하여 설법장소뿐 아니라 불교사원을 세웠다. 그곳이 바로 기원정사祇園精舍였다. 이 일화에는 종교적 필요에 따라 과장이 섞였겠으나 적어도 금세 황금을 수레로 실어올 수 있을 만한 부자가 있었다는 걸 보여준다.

오늘날도 비슷하다. 2012년 말 현재 세계에서 가장 부유한 구단주는 영국이나 미국이 아니라 인도 뭄바이에 있다. 미국의 경제주간지 『포브스』는 세계에서 가장 돈이 많은 구단주가 인도프리미어리그에서 크리킷 팀 인디안스를 운영하는 무케시 암바니라고 보도했다. 순자산이 무려 25조원인 그는 600명의 직원이 일하는 1만평이 훨씬 넘는 대저택에 살고 있다. 10억 달러의 돈을 들인 그의 집은 무굴제국의 왕궁이 부럽지 않을 정도다. 부자 순위에서도 2010년에 세계에서 4위, 아시아에서 1위를 차지했다.

   인도는 힘이 세다

무케시 암바니의 대저택, 안틸라 황금의 나라 인도에는 고대부터 상상을 초월하는 부자들이 살았다. 오늘날 인도를 대표하는 부자인 무케시 암바니는 10억 달러의 돈을 들인 저택을 소유하고 있다. 그의 대저택 안틸라는 27층 높이에 방만 6000개다. 1만평이 넘는 내부에는 가정병원, 소형극장 등 각종 편의시설이 갖춰져 있다.

인도에 세계적 부자가 몇명 있다는 것이 곧 인도의 국력을 말해주진 않는다고 생각할 것이다. 그렇다면 이건 어떤가? 1497년 인도 서해안의 작은 도시국가 캘리컷^{Calicut}(현 지명은 코지코드^{Kozhikode})에 도착한 바스꾸 다가마는 왕에게 뽀르뚜갈에서 가져온 선물을 바쳤다. 빨간 모자와 꿀, 구리로 만든 대야와 산호목걸이였다. 이사벨^{Isabel} 여왕이 파견한 바스꾸 다가마의 선물을 보고 금은을 좋아하는 힌두 왕은 실망감을 감추지 않았다. 인도인들은 가난한 상인보다 못한 선물을 바친 그가 왕을 모욕했다고 여겼다. 『중국의 과학과 문명』^{Science and Civilisation in China}을 쓴 조지프 니덤^{Joseph Needham}은 이 상황에 대해 다음과 같이 적었다.

동양과 서양의 격차는 1498년에 일어난 바스꾸 다가마의 첫

캘리컷 방문으로 여실히 증명되었다. 그는 옷감, 모자, 설탕, 오일 등의 여러가지 물건을 캘리컷의 왕에게 보여주었다. (…) 왕은 그것을 보고 웃음을 터뜨렸다.

아직도 의혹을 거두지 않는 독자들을 위해 다른 각도로 설명해보자. 해마다 세계에서 거래되는 금의 20~30퍼센트를 사들이는 금의 최대 소비국 인도는 2005년에도 700톤을 샀고, 2011년에도 969톤을 수입하여 역대 최고치를 기록했다. 전문가들은 인류가 이제까지 발견하고 캐낸 금의 8퍼센트 이상을 인도가 소유하고 있으며, 2만 5000톤에서 3만 톤의 금이 은행과 개인의 이름으로 인도에 비장된 것으로 추정한다. 물론 금의 사재기가 인도의 미래를 위협한다고 주장하는 학자들도 많다.

결혼 시즌과 축제 기간이 겹치는 10월부터 금의 소비가 상승곡선을 그리는데, 금의 60~70퍼센트가 농촌에서 거래된다. 아직 인구의 70퍼센트가 농촌에 살고 있는 인도에서 황금은 최고의 유동자산으로 여겨지고, 그래서 풍년이 들면 농촌지역의 금에 대한 수요가 대폭 늘어난다. 가난한 농민도 금을 좋아하는 점에서는 부자와 다르지 않았다. 다만 부자들보다 적게 가질 뿐이다. 세계대공황으로 농산물가격이 하락하자 인도 농민들은 생존을 위해 숨겼던 금을 하나둘씩 시장에 내다 팔았다. 그 양이 얼마나 많았던지 세계 금시세에 영향을 주었다.

농민들이 숨겼던 금은 패물의 형태였다. 인도에서는 지금도 소비되는 금의 70~80퍼센트가 목걸이와 반지 등 장신구를 만드는 데 �

　　　　　　　　　　　　　　　　　　　　인도는 힘이 세다

인다. 100년 전에는 남자들도 장신구로 치장했기 때문에 이에 대한 수요가 높았다. 영국 지배자들이 남자가 여자처럼 패물로 꾸미는 건 남성답지 않다고 야유하는 바람에 인도 남성들이 서서히 장신구를 쓰지 않게 되었다. 그 대신에 여성들은 남성의 사랑을 받기 위해 더욱 패물로 치장하는 문화를 따라갔다.

힌두들은 영원불멸을 상징하는 황금을 종교적으로 신성하게 여긴다. 아이의 명명식命名式, 결혼식, 각종 종교적 의식과 연관된 금 장신구는 일찍이 인더스문명의 유적에서도 발견되었다. 신성한 금을 세공하는 사람은 존경을 받고, 신심 깊은 힌두라면 금 장신구 하나쯤은 몸에 지녀왔다. 자기 몸무게를 달아서 그만큼의 금을 신에게 바치는 의식을 가지고 있던 인도에서 금은 지금도 누구나 사랑하는 귀금속이다.

인도인의 금에 대한 사랑은 역사가 오래고 깊다. 인도에는 12세기부터 힌두사원을 황금으로 장식했고, 이러한 성향은 다른 종교사원에도 영향을 주었다. 가장 부유한 남부의 티루파티 힌두사원은 21세기에 들어서 원형과 문화적 가치를 훼손하면서 사원 외벽을 황금으로 장식했다. 요즘도 금사를 넣어 짠 옷감, 금가루가 들어간 약재와 미백화장품이 인기를 끌고 황금의 신비한 치유를 믿는 각종 민간신앙이 생생하게 지속된다.

인도인은 옛날에도 지금처럼 황금을 사들였다. 로마의 한 역사가는 매년 인도가 자기들의 금을 다 가져간다고 우려하는 내용의 기록을 남겼다. 인도는 고대부터 후추와 생강 같은 향신료와 옷감을 팔고 그 대금으로 외국의 금을 받았다. 남해안에서 로마의 금화가 발견되

어 이런 기록을 뒷받침해준다. 무굴시대에 인도를 여행한 프랑스의 베르니에Bernier도 인도가 지구상의 모든 금을 빨아들인다고 적었다. 이런 우려는 지금도 나온다.

인도는 힘이 세다

오늘날에도 인도인은 돈이 생길 때마다 금을 사들인다. 남부지방 사람들이 금을 더 좋아하는 경향이고, 특히 지난 수십년간 두바이 등 중동지방에 많은 노동자를 보낸 케랄라의 주민들이 금을 많이 구입한다. 노동자들이 고향으로 보낸 돈이 금의 폭발적인 수요를 가져온 것이다. 현재 광고방송의 절반이 금에 관한 광고인 이 지방에는 금을 다루는 합법적인 가게가 5000개가 넘는다.

사들인 황금은 어딘가에 묻혔다. 은행이 없던 시절에는 금은보화가 재산을 보관하고 축적하는 유일한 방법이었다. 보관이 아니라 은닉에 가깝다. 예전 사람들은 자신의 재산을 언제든 확인할 수 있는 가깝고 안전한 곳에 두고 싶어했다. 얼마 전 미국에서는 인도인이 금을 집에 많이 둔다는 정보를 얻은 도둑들이 인도인의 집을 노린다는 보도가 나왔다. 최근에는 금을 가장 안전한 투자라고 보는 관점이 줄었으나 반짝이는 황금에 대한 인도인의 사랑은 열렬하다.

전통은 쉽게 사라지지 않는다. 최근까지도 지배자들은 황금을 선호했다. 20세기 후반에 서부지방 자이푸르의 한 왕궁 계단에서는 그곳을 다스리던 전前 왕이 숨겨놓은 1톤가량의 황금이 발견되었다. 국세청의 직원들은 그 이웃인 메와르Mewar 왕국의 왕궁 계단에서도 230킬로그램의 황금을 찾아냈다. 1996년에는 경찰이 남부지방의 주州수상을 지낸 인물의 저택을 급습하여 다이아몬드가 박힌 400개의 금팔찌(40킬로그램)를 찾아냈다. 이처럼 인도에선 다이아몬드가 아니라 황금이 영원하다.

기원전 5세기에 살았던 그리스의 헤로도토스Herodotos는 세상에서 가장 먼저 인도의 황금을 말한 사람이다. 그는 『역사』Historiae에서 인도의 넓은 사막에는 황금이 가득하다고 적었다. 지구의 동쪽 끝에 있는 그곳에는 여우만 한 개미가 금을 파먹으며, 굴을 판 개미가 더위를 피해 잠시 숨는 시간을 이용하여 사람들이 금을 채취한다고도 기록했다. 이후 인도 서쪽에 있는 수많은 나라와 집단이 인도의 황금에 눈독을 들였다. 가장 먼저 행동에 옮긴 사람은 세계의 정복자라고 불린 알렉산드로스였다.

인더스 강을 건너는 데 실패한 알렉산드로스는 인도의 황금을 얻는 데도 실패했다. 그럼에도 그는 서구의 영웅이 되었다. 중세 유럽의 작가들은 알렉산드로스의 용맹함을 노래했다. 이때 나온 알렉산드로스에 관한 시와 노래가 200가지가 넘는다고 한다. 흥미로운 것은 주인공 알렉산드로스를 묘사하면서 드러난 인도의 모습이다. 인도는 엄청난 부를 가진 지구상의 천국이었다.

인도의 황금은 서구에서 전설이 되었다. 고대에서 근대에 이르기까지 수많은 나라가 그 황금을 찾으려고 인도에 왔다. 튀르크와 페르시아, 아랍과 아프가니스탄 등 다양한 이슬람 세력이 인도를 정복하고 많은 재물과 보화를 약탈했다. 근대에는 영국과 프랑스 등 서구 세력들이 바다를 통해 인도를 노렸다. 그들을 움직인 건 인도가 가진 막대한 부와 재물을 가지려는 그들의 욕망이었다.

최초로 인도의 황금과 부를 약탈한 이슬람 세력은 가즈니의 술탄이었다. 술탄 마흐무드Mahmud는 왕권을 잡은 27년간 17차례에 걸쳐 인도에 침입했다. 그에게 가장 많은 소득을 안겨준 16번째의 침략과 약탈은 황금신상이 1000여개나 있다고 소문난 서해안의 힌두사원이 대상이었다. 마흐무드가 그곳에서 약탈한 금이 8톤에 달한다는 믿지

                                                  인도는 힘이 세다

못할 기록이 남아 있다. 인도인이 기록을 남기지 않아서 정확한 약탈 규모를 파악하긴 어렵다. 알려진 건 대개 이슬람 역사가들이 남긴 기록이라 팔이 안으로 굽는다는 걸 감안해야 한다.

> 마흐무드가 힌두스탄의 번영을 철저히 망가뜨렸다. 힌두들은 사방으로 흩어지는 먼지 부스러기와 같았다.

이는 수학자 알비루니al-Bīrunī의 말이다. 마흐무드의 원정에 동행한 그는 당대의 북부인도에 대한 소중한 기록을 남겼다. 인도에서 무자비한 방법으로 노획한 황금과 재물로 아름답게 꾸민 가즈니의 수도는 당시 세계화한 도시로 문화와 예술의 중심지였다. 인도-사라센 문화라는 새로운 양식으로 세워진 마흐무드의 왕궁에는 400명의 문인이 머물렀고, 유명한 페르시아의 시인 피르다우시Firdawsi도 그중 한 명이었다.

몇년 전에 출간한 『인도에 미치다』란 책에서 나는 외국의 인도에 대한 침략과 약탈이 마흐무드가 왔다간 뒤로 거의 200년마다 일어났다고 적었다. 인도인은 굴욕적인 패배의 상처를 치유하고 다시 악착스럽게 부를 모아서 국경을 넘어온 또다른 침입자에게 황금을 약탈당하는 역사를 반복했다. 그러나 인도는 지속적으로 침입자에게 패배하고 파괴와 약탈을 당했으나 늘 살아남아 오늘에 이르렀다.

> 우리는 금과 보석이 가득한 그 땅을 정복해야 합니다.

몽골의 타라가이, 칭기즈 칸의 후예를 자처한 티무르, 무굴제국을 세운 바부르도 마흐무드 술탄이 수천 바리의 금은보석을 싣고 귀국해 부자가 되었다는 사실을 듣고 그 뒤를 따랐다. 티무르가 인도에서 가져간 부와 금은보화는 넓은 인도가 가진 부의 극히 일부였으나 절대적 가치는 엄청났다. 인도에서 귀국한 티무르의 곳간은 다른 나라의 사신들에게 무게가 3킬로그램인 보석가방을 선물할 정도로 풍족했다. 그는 수도인 사마르칸트에 인도에서 가져간 부로 수많은 모스크를 세웠다.

1526년 무굴제국을 세운 바부르도 전설처럼 전해지는 인도의 황금에 대해 들었다. 19년이나 인도를 정복할 꿈을 키운 그는 티무르가 인도에서 약탈한 값진 물건과 엄청난 재물을 잘 알았다. 그가 세운 무굴제국이 세계에서 가장 부유한 나라였다가 기울던 무렵에 인도에 침입한 페르시아의 황제도 300년 동안 축적된 제국의 부를 단번

　　　　　　　　　　　　인도는 힘이 세다

에 차지했다. 인도에서 많은 재물을 약탈한 그는 고국으로 귀환한 뒤에 온 나라에 3년간 세금을 면제해주었다.

인도에서 번영을 이룬 무굴제국의 부는 17세기 유럽에서 하나의 전설이었다. 그래서 그들은 인도의 황금을 찾아서 배를 보냈다. 영국과 프랑스 등 수많은 유럽의 나라가 동인도회사를 차리고 인도와 교역했다. 당시 영국 동인도회사의 경쟁자가 20척의 배를 가진 자이나 상인 가푸르였다는 점이 흥미롭다. 경쟁국을 물리치고 결국 인도의 패권을 장악한 영국인은 인도에 왔다가 정착한 무굴인과 달리 돈을 벌면 언제든 고향으로 돌아갈 사람들이었다. 그들은 엄청난 부를 배에 실어서 해외로 빼내갔다. 200년간 체계적인 약탈이 이어졌다.

OECD의 자료를 보면, 인도는 1세기에서 18세기까지 세계 GDP의 20퍼센트 이상을 차지한 거대경제권이었다. 그런 인도가 영국의 지배를 받으며 가난해졌다. 2001년에 나온 앵거스 매디슨Angus Maddison의 『세계경제』The World Economy는 두 나라의 만남 이후에 역전된 경제를 수치로 보여주었다. 1700년 세계 GDP의 24.4퍼센트를 차지하며 번성을 구가한 인도는 영국이 전성기를 누린 1870년엔 그 비율이 12.2퍼센트로 줄었다. 반면에 영국 GDP의 비율은 2.8퍼센트에서 9.1퍼센트로 3배가량 늘어났다. 영국이 떠난 직후인 1952년엔 인도의 GDP가 세계의 3.8퍼센트에 지나지 않았다.

인도가 독립할 때까지 식민통치의 폐해는 잘 드러나지 않았다. 이후에 인도가 제3세계 빈곤국의 대명사가 된 건 그들이 무능해서가 아니었다. 국민소득이 낮고 문맹자가 많은 것도 오롯이 인도의 탓이 아니었다. 식민통치의 아픈 그림자가 강하게 드리운 50년을 잘

넘긴 인도는 오늘날 옛날의 잠재력을 드러내며 승승장구하고 있다. 1900~47년에 국민소득 증가율이 연 1퍼센트가 채 되지 않을 정도로 제자리걸음이던 인도 경제는 본격적으로 홀로 선 1991~2011년의 20년 동안 눈부시게 성장하며 경제대국으로 다시 떠오르고 있다.

돈 벌기의
달인들

인도가 고대부터 다른 나라에 뒤지지 않는 한가지는 상인의 역동성이다. 오늘날 중국과 여러 면에서 비교되는 인도가 갖는 상대적 장점의 하나도 기업가정신의 현존이다. 사업은 자기가 가진 것을 필요한 사람에게 파는 것이 아니라 자신이 갖지 않은 것을 그걸 필요로 하지 않는 사람에게 파는 것이라는 말이 있다. 인도인이야말로 어떤 역경에서도 물러서지 않는다. 고대부터 상업과 무역을 장려하고 상인에게 자율권을 주었던 전통이 이런 정신을 키웠다.

넓은 인도에서 상업활동은 늘 활발했다. 특히 해외무역이 많은 수익을 냈다. 대륙의 3면이 바다라 7000킬로미터의 긴 해안선을 가진 인도에서 상인은 아득한 옛날부터 바다의 이용법을 잘 알았다. 대양을 호수처럼 여기고 활동한 그들은 동남아시아에서 서아시아와 이집트는 물론, 중앙아시아를 넘어 중국에 이르기까지 종횡무진이었다. 15세기 중개무역으로 유명했던 동남아시아의 믈라카에 가장 많은 배를 보낸 나라도 인도였다.

　　　　　　　　　　　　　　　　인도는 힘이 세다

멀고 먼 남쪽 나라 푸른 바다 물속에

깊게 잠기어 있는 수없이 많은 보물들은

루비며 산호며, 빛나는 그 섬에는

사람의 얼굴을 한 인어가 살고

언제나 부르는 노래, 아름다운 그 소리에

고운 새들은 춤을 춘다

그 노래 들으면 불로장수하는

멀고 먼 남쪽 나라

이는 러시아에 전해지던 해양의 전설을 소재로 만든, 러시아의 음악가 림스끼꼬르사꼬쁘Rimskii-Korsakov의 오페라 「삿꼬」Sadko에 나오는 '인도의 노래'다. 삿꼬가 같이 항해할 사람을 모으고 외국 사정을 알기 위해 외국 상인들의 이야기를 들을 때 한 인도 상인이 자기 나라를 자랑하는 대목이다. 바다를 건너는 인도인이 도처에서 활동했던 걸 알 수 있다. 쇄국정책을 쓴 지배자가 한번도 등장하지 않은 인도에는 바다가 늘 열려 있었다.

2013년 1월에 동아프리카의 에티오피아에 갔다가 거기에서도 인도 상인의 흔적을 보았다. 향신료가 넉넉하게 들어간 커리와 눈에 익은 각종 빵이 인도음식과 유사했다. 인도양 무역의 주요상품인 다양한 향신료와 인도산 면직물을 걸프지역과 홍해로 전파한 주역이 인도인이었으니 놀랄 일이 아니다. 에티오피아인을 인도와 중동지방에 노예로 팔거나 에티오피아에 정착해서 돈을 번 사람들도 그들이었

일리야 레삔의 「삿꼬」

타타가 세운 인도 최초의 호텔 타지마할　장사와 무역에 대한 수천년의 노하우를 가진 인도의 상인카스트는 대를 이어 돈을 모아 오늘에 이르렀다. 특히 서해안지방에서는 오늘날 인도 대기업 집단을 이룬 대표적인 기업가들이 배출되었다.

다. 그 조상이 바스꾸 다가마가 인도양을 가로질러 인도의 캘리컷에 도착할 때 뱃머리를 인도하였다.

현재 인도 대그룹의 창업자는 거의 다 상인 출신이다. 인도에서 상인이 언급되는 것은 3500년 전부터이니 역사만큼 오래되었다. 수천년의 노하우를 가진 상인카스트(바이샤)들이 대를 이어 장사와 무역을 통해 돈을 모아 오늘에 이르렀다. 오늘날 타타, 비를라, 고엔카, 달미아, 고드레지 같은 대기업 집단은 신드 상인, 구자라트 상인, 파르시 상인 등 고대부터 바다를 통해 부를 축적한 서해안지방의 상인들이 세웠다. 그래서 창업자의 성씨가 그룹의 이름이 되었다.

1991년 인도가 경제자유화로 방향을 선회한 뒤 돈을 번 신흥 억만장자도 다 상인 출신이다. 지난 20년간 인도에는 새로운 발상과 창조력을 바탕으로 부를 일군 사람이 많다. 인도에서 가장 많이 보이는 간판 중의 하나는 휴대폰 광고인 에어텔이다. 그 주인공인 바티에어텔, 우리나라 쌍용차를 인수한 마힌드라, 가전업체인 비디오콘과 IT 써비스 기업인 위프로도 다 상인카스트가 세워 성공을 거둔 기업이다. 연전의 기록을 보면, 뭄바이증시의 상장기업 중에서 수드라 출신이 만든 회사는 단 한개였다.

전통의 힘이 무섭다는 걸 알 수 있다. 독립한 뒤에 인도가 오랫동안 채택한 사회주의형 경제가 인도인의 정신구조나 문화적 전통과 잘 맞지 않았을 거라는 생각도 든다. 인도를 보면 "사람이 자기가 하고 싶은 것을 하고 누구도 왜 그러느냐고 묻지 않는 지구상의 유일한 곳"이라는 영국의 작가 키플링의 말이 생각난다. 키플링의 동기가 순수하진 않았어도 인도에 모든 종류의 자유가 있다는 그의 말엔 나도 전적으로 동의한다. 오늘날의 자유경쟁체제는 강제하지 않는 인도전통에 잘 맞는다.

개인의 능력을 인정하는 인도에선 대기업뿐 아니라 소규모의 인도 상인도 대를 이어 돈을 벌었다. 다른 일을 하다가 "장사나 할까?" 해서 선택한 것이 아니라 사업이나 장사는 상인카스트에 속하는 사람들의 신성한 의무이자 천직이었다. 전통적인 가치관에 따르면, 왕이나 전쟁터에서 싸우는 크샤트리아에게는 용기가 중요하지만, 상인이나 무역업자에게 용기보다는 돈을 잘 버는 것이 최선이었다. 어떤 힌두경전에는 이런 말이 나온다.

브라만의 힘은 지식, 크샤트리아의 힘은 군대, 바이샤의 힘은 돈.

          인도는 힘이 세다

1790년 자이나 상인이 기울어가는 무굴제국의 왕궁 앞에 연 과자
점이 현재까지 성업 중인 것도 전통의 힘이다. 우리나라에서 정조 임
금이 승하하기 10년 전에 문을 연 셈이다. 황제를 태운 코끼리가 그
앞에 멈춰서 단것을 줄 때까지 움직이지 않았을 정도로 맛이 특별했
던 가게는 지금도 그때처럼 같은 재료와 같은 방식으로 단것을 만들
어 고객을 사로잡는다. 나도 몇번 들른 적이 있는 아주 오래된 이 가
게가 앞으로도 계속되길 바라는 건 나만의 바람이 아닐 것이다.

흥미로운 것은 경제가 번창하면서 상인이 늘어가는 점이다. 예전
에는 상인카스트에 속하는 사람만 상업과 무역업에 종사했으나 오
늘날의 자본주의 사회에선 누구나 장사를 하고 사업을 벌이기 때문
이다. 2010년 현재 일하는 인구의 60퍼센트가 자영업자이고, 직장인
은 40퍼센트에 불과한 나라가 인도다. 정기적으로 임금을 받는 노동
자의 비율이 16퍼센트도 되지 않는다. 많은 인구가 모든 걸 다 가진
대기업에 삶과 미래를 의지하는 우리나라와는 다른 구조다.

인도에는 인간이 상상할 수 있는 온갖 돈벌이가 다 있다. 거리의
모래에도 사금이 있다고 살피는 그들은 어떤 악조건에서도 돈을 벌
방법을 생각한다. 천리 길도 한 걸음부터 시작하듯이 사업의 출발은
노점상이다. 약 1000만명이 노점상이라는데, 델리와 뭄바이 등 대도
시에는 별의별 노점이 다 있다. 우리나라의 노점상처럼 그들 중의 상
당수는 알짜부자다. 역설적으로 말한다면 맘대로 돈을 버는 자유와
오지 않은 미래를 개발하는 사람이 많은 셈이다.

지금 인도에서 가장 돈이 많은 기업집단 릴라이언스를 창업한 암
바니도 17세에 중동지방의 주유소에서 일하며 종자돈을 모아 20세기

후반에 대그룹을 일군 신화적 인물이다. 1950년대 무역회사와 섬유산업을 시작한 그는 화학, 가스, 전력, 텔레콤으로 사업을 다각화하여 오늘에 이르렀다. 정경유착을 통해 성공했다는 비판을 받았으나 단기간에 맨손에서 최대 재벌로 성장하며 인도경제의 주역이 되었다.

인도 상인은 예로부터 돈에 악착같다는 유대 상인에게 뒤지지 않을 정도로 유명했다. 그들은 이익이 나면 기꺼이 정복자의 편을 들었다. 정경유착이라는 이름이 나오기 훨씬 전부터 인도에서는 돈과 권력이 동행했다. 그래서 상인이 활발하게 활동한 각 지방의 상업과 무역은 왕국의 교체기에도 쇠퇴하지 않았다. 영국의 첫 근거지인 벵골 지방의 상인은 상업적인 이익을 바라고 처음부터 영국을 지지했다. 불안한 역사를 보낸 인도에서 그들이 믿을 것은 돈뿐이었을까?

돈의 위력은 언제 어디서나 컸다. 무굴제국의 아우랑제브^{Aurangzeb} 황제는 인생의 절반을 남부지방을 치기 위해 전쟁터에서 보냈다. 전비가 부족한 그는 부유한 구자라트 상인을 불러 돈을 빌려달라고 청했다가 거절당했다. 아우랑제브가 죽은 뒤 제국은 끝을 향해 치달았다. 영국의 연금을 받는 처지가 된 무굴제국의 마지막 황제도 아들의 결혼식을 치르려고 상인들에게 돈을 빌렸다. 재력이 없는 왕은 권력도 잃게 마련이었다.

인도 상인은 영국의 식민지가 되었어도 약자가 아니었다. 1800년대 중반에 델리에 살던 영국인은 거의 다 고리대금업을 하는 인도 상인에게 빚을 졌다. 힌두교와 자이나교를 믿는 상인들은 12퍼센트의 높은 이자를 받고 백인들에게 돈을 빌려주었다. 타국에서 외롭게 지낸 영국인은 씀씀이가 커서 빚으로 살았고, 그 가운데 일부는 파산

　　　　　　　　인도는 힘이 세다

했다. 다른 지역도 비슷했다. 빚을 진 사람들이 빚쟁이에게 큰소리를 치기란 쉽지 않았으리라.

영국이 자본주의를 소개하면서 진정한 상인의 세상이 되었다. 새로 부와 위상을 얻은 사람들은 힌두 상인과 자이나 상인들이었다. 오랜 이슬람시대에 몸을 낮추고 차별을 감수하며 살았던 그들은 영국이 오자 능력을 펼치며 존재감을 과시했다. 델리의 상인들은 고리로 돈을 빌려주고 담보로 잡은 무굴 귀족의 대저택과 정원을 넘겨받아 재산을 불렸다. 그들은 무굴시대의 귀족처럼 시인과 화가를 후원하고 음악과 교육을 증진하는 데 돈을 썼다. 19세기 후반에는 지도자를 양성하기 위해 델리에 힌두대학을 세웠다.

인도 상인의 돈 버는 수법은 남달랐다. 그들은 위험할수록 수익이 많다는 점을 알았다. 1857년 델리는 영국 통치에 저항하는 인도인 반군과 세포이의 수중에 있었다. 수세에 몰린 영국군은 도시의 외곽으로 밀려났고, 보급품이 오지 않아서 위기에 처했다. 이때 상인들은 그들에게 물자와 먹을 것을 몰래 팔아서 큰 이익을 거뒀다. 얼마 뒤에 전력을 보강한 영국은 세포이와 반군을 누르고 델리를 다시 장악했다.

세포이항쟁이 진압된 뒤에 등장한 델리의 신흥세력은 힌두 상인이었다. 가장 소득세를 많이 낸 힌두 상인 춘더르 말은 우리나라의 비단장수 왕서방처럼 옷감을 팔아서 큰돈을 벌었다. 그는 세상이 바뀐 걸 보여주듯이 무굴의 왕비가 세운 이슬람사원을 사들였다. 보석상과 은행 등 도시에 번듯한 가게를 가진 힌두 상인과 그들과 경쟁한 자이나 상인은 무슬림 귀족이 살던 중심가의 고급주택을 거의 다 사들였다.

앞에서 말했듯이 인도의 영국인은 권력을 가졌으나 금력을 다 가지진 못했다. 영국이 지배해도 인도 상인의 활약은 줄지 않았다. 제1차 세계대전이 일어난 1914년에서 제2차 세계대전이 끝난 1945년까지, 즉 양차대전 기간에 인도 내수시장의 70퍼센트는 인도 상인이 장악했다. 자신감을 얻은 인도가 독립을 향해 나아간 것과 달리 반영운동이 거세지고 이익이 줄어든 영국은 고국으로 돌아가는 길을 모색했다.

영국의 끝은 좋지 않았다. 인도가 독립할 무렵에 영국은 인도에 13억 파운드의 빚을 졌다. 당시 구매율로 환산하면 큰 금액이었다. 영국이 제2차 세계대전을 치르느라고 인도에서 돈을 빌렸기 때문이다. 간디가 이끄는 독립운동이 거세지면서 영국은 식민지 인도의 곳간에서 돈과 물품을 맘대로 꺼낼 수가 없었다. 그리하여 영국은 이집트와 싱가포르에서 벌어진 전쟁에 인도의 군대를 보내면서도, 연합군의 전쟁비용을 다 영국의 빚으로 계산해서 전쟁이 끝난 뒤에 갚기로 했다.

제2차 세계대전을 승리로 이끌었으나 배급제를 실시하며 경제적 어려움을 겪던 영국은 1947년 인도를 떠나면서 빚을 탕감해달라고 요청했다가 단박에 거절당했다. 인도의 부수상 파텔Patel은 빚을 갚는 것이 영국의 신성한 의무라고 대답하여 굴욕감을 안겼다. 오랜 식민 통치를 받아 빈곤한 나라가 된 인도는 이후 그 빚을 요긴하게 받아썼다. 영국의 빚은 인도가 영국에서 수입하는 물품대금에서 차감되었다. 영국은 스털링의 평가절하로 빚을 크게 줄였고, 2008년에 드디어

72파운드의 남은 빚을 갚았다.

역설을 좋아하는 역사는 종종 한때의 승자를 패자로 만든다. 영국은 인도인이 어린아이나 여성처럼 홀로 설 수 없고 그래서 가부장적인 문명국의 지배를 받아야 한다고 오랫동안 주장했다. 그들이 떠나고 60년이 지난 오늘날 인도는 홀로 설 수 있을 뿐 아니라 영국보다 더 잘살 수 있다는 걸 만방에 보여주고 있다. 마지막 빚을 받아낸 인도는 이제 1800년대 중반에 뺏어간 세계 최고最古의 다이아몬드 코이누르를 내놓으라고 영국을 압박하고 있다.

인도 최대의 쇼,

결혼식

1990년대까지 인도의 부자들은 사치와 과소비를 자제하는 분위기를 지켰다. 대저택에 사는 부자들도 진수성찬과 거리가 먼 소박한 식생활을 따랐다. 욕망을 억제하거나 극복하는 것을 미덕으로 여기는 문화적 전통과 20세기 전반에 간디가 가르친 근검절약과 소박한 생활방식이 영향을 미친 덕분이었다. 그래서 인도의 빠른 변화와 발전을 기대하는 사람들은 간디가 죽어야 나라가 산다고 주장했다.

이제 인도는 그때와 달라졌다. 이 책의 앞에서 나는 구비전통과 말을 잘하는 인도인에 대해서 이야기했다. 그러나 이제 인도는 좋은 말씀을 듣기보다 눈에 보이는 물질을 믿는 사회가 되었다. 지속적인 경제성장으로 부를 거머쥔 계층이 소비를 미덕으로 여기기 때문이다.

간디가 오늘날의 대도시를 본다면 개탄할 정도로 소비주의를 신봉하는 계층이 생겼다. 대체로 젊은 그들은 소비를 통해 자신을 드러내고 세상의 주목을 받는 걸 욕망한다.

수도가 있는 델리지방을 보자. 이슬람 귀족이 누리던 페르시아 양식의 고전적이면서 세련된 고급문화는 이제 완전히 실용적인 펀자브문화로 바뀌었다. '토마토케첩 문화'라고 불리는 펀자브문화는 특급호텔의 커피숍을 애용하고 성대한 결혼식을 거행하는 모습을 보여주는데, 이 때문에 천민자본주의적 문화라는 비판을 받는다. 그 주인공인 펀자브 사람들은 목소리가 크고 먹성이 좋은 역동적인 사람들로 오늘의 인도를 이끄는 데 한몫을 했다.

2005년 델리에서 발행되는 한 영자신문은 델리를 세계적인 도시로 만들자는 캠페인을 벌였다. "델리여, 가자!"라는 이름의 캠페인은 수도를 두바이와 싱가포르와 같은 국제도시로 만들려는 야망을 담았다. 여기에는 뉴델리 중심지의 퇴락한 건물을 문화유산으로 만들고, 무굴제국의 중심지였던 지역을 문화유산의 도시로 바꾸려는 운동이 포함되었다. 이러한 운동은 경제성장의 열매를 따고 새로운 생활방식에 관심을 가진 신흥중산층의 욕망과 닿아 있다.

돈을 과시하는 그들의 문화가 오늘날 대도시 소비주의의 선구자였다. 이제 일부 중산층의 행태는 꼴불견이라는 악평을 받으며 전염병처럼 전국으로 퍼진다. 2012년 아잔타석굴이 있는 중소도시 아우랑가바드의 주민은 한꺼번에 메르세데스벤츠를 140대나 구입하여 세간을 놀라게 했다. 아직 피자헛이나 맥도날드의 매장이 없는, 서구화하지 않은 이 도시의 신흥부자들이 고급승용차를 대량으로 사들

   인도는 힘이 세다

인 목적은 자신들이 낙후하지 않았다는 걸 세상에 보여주기 위해서였다.

넉넉하게 산정하면 인도의 중산층과 부유층은 3억명가량이다. 우리나라 인구의 여섯 배다. 거기에 매년 4000~5000만명의 신흥중산층이 가진 것이 돈뿐인 대열에 편입된다고 한다. 대형쇼핑몰과 해외에서 쇼핑을 즐기는 그들은 이제 아르마니와 프라다 같은 글로벌시장의 프리미엄 상품을 구매하는 큰손들이다. 벤츠나 아우디 등 고급승용차를 타는 사람도 늘었고, 골프를 치고 와인을 마시며 해외여행을 하는 사람도 많다.

부와 자신을 과시하기 위한 인도 최대의 쇼는 아무래도 호화결혼식을 꼽아야 할 것이다. 눈을 끌지 않는 황금이 없듯이 요란하지 않은 인도의 결혼식은 없다. 그러지 않아도 본인의 역량보다 화려하고 성대하게 치르던 결혼식이 요새 '더 크게, 더 많이, 더 사치하게'를 외치며 더욱 조직적으로 거행된다. 웨딩플래너가 전성기를 누리고 유명 디자이너가 만든 의상과 장신구가 유행이 되었다.

대도시의 결혼식이 축제나 영화처럼 화려해지는 이유는 거액의 결혼지참금을 준비하고, 결혼식에 많은 돈을 들여 부와 위상을 자랑할 수 있는 부유한 계층이 많아진 덕분이다. 결혼비용을 물 쓰듯이, 낙엽을 쓸듯이 쓴 어떤 부자는 모든 하객에게 다이아몬드를 선물한 적도 있다. 최근의 한 부자는 신랑에게 헬리콥터를 선물하고 신랑 가족에게 약 57억원어치의 혼수를 보내서 많은 이를 놀라게 했다.

이러한 트렌드는 구자라트 출신의 철강왕 미타르가 2004년 딸을 결혼하면서 선보였다. 세계에서 손꼽히는 부자이자 영국 런던에서

인도 기독교인의 결혼식 인도에서는 아무리 약소하게 치러진 결혼식이라고 해도 신부의 몸에 황금이 빠지지 않는다. 거액의 결혼지참금부터 화려한 피로연까지, 언제나 본인의 역량보다 성대하고 화려하게 결혼식을 치른다.

가장 비싼 집을 가진 미타르 회장이 큰딸의 결혼식에서 보인 호사로움은 그때까지 인도인이 알던 결혼에 대한 상상력을 전부 뛰어넘었다. 프랑스의 성에서 5일간 이어진 결혼피로연에는 볼리우드의 유명 영화배우들을 포함하여 1000여 명의 저명인사들이 대거 참석했다. 결혼비용은 어림잡아 600억 원이 넘는 것으로 알려졌다.

결혼은 인도인의 인생에서 가장 중요한 사건이다. 결혼을 하고 지옥에서 조상을 구원할 아들을 낳아야만 의무가 끝난다고 여기는 그들은 정교한 의식과 다채로운 행사가 곁들여진 결혼문화를 지켜왔다. 예로부터 결혼식은 많은 사람을 초대하여 대접하는 바람에 엄청난 비용이 들었다. 딸을 시집보내면 기둥뿌리가 빠진다는 말은 인도

인도는 힘이 세다

의 경우에 맞는 말이었다. 오늘날 신흥부자들의 결혼식에 참석하는 하객은 1만여명을 훌쩍 넘기고, 제공되는 음식이 100가지에 달하는 경우도 많다.

영국 지배자들이 인도가 가난하게 된 원인이 결혼에 과도하게 돈을 쓰기 때문이라고 비난할 정도로 인도인은 결혼에 돈을 많이 들인다. 인도에서 19세기부터 사회개혁의 첫번째 대상으로 지목된 것이 과도한 혼수였다. 결혼지참금과 혼수는 인도가 경제발전을 본격적으로 시작한 지난 20년간 한층 규모가 커졌다. 요즘 연간 25조원이 넘는 결혼시장이 해마다 20퍼센트가 넘는 고성장을 기록하고 있다.

인도에는 1950년대 초반까지 전국에 수백개의 크고 작은 왕국이 있었다. 지금도 그들이 살던 왕궁에서는 그들이 누린 호화로운 생활방식이 드러난다. 21세기의 부자들은 돈으로 잠시 그때의 왕과 왕비처럼 결혼할 수 있다. 세기의 결혼이라는 이름이 붙은 왕실의 결혼처럼 호화로운 결혼식이 늘어가는 추세다. 이러한 결혼에는 금은보화 같은 전통적인 결혼예물과 전자제품에서 가구와 생활용품에 이르는 글로벌 고가브랜드에 대한 강한 구매력이 따라간다.

그러나 물질문명이 도드라지는 오늘날의 결혼은 동화 속의 왕자와 공주의 로맨틱한 결혼과 달리 비즈니스에 가깝다. 상술에 뛰어난 인도인이니만큼 결혼장사를 잘하는 것이다. 신부가 신랑의 집에 혼수뿐 아니라 지참금을 주는 관습도 여전하다. 지방과 카스트에 따라 차이는 있으나 대체로 직업과 학력에 따라 신랑의 등급이 매겨지고 지참금의 액수가 정해져 있다. 많이 배운 사람이 많아져도 돈을 번 사람들도 많아지기에 인도에서 이러한 악습이 지속된다.

아직도 결혼시장의 대세남인 행정고시 합격자는 약 10억까지 지참금을 받는 것으로 알려졌다. 요즘엔 엔지니어와 다국적기업에 다니는 사람들도 인기다. 신랑의 위상에 따라 달라지는 지참금은 본래 신랑보다 신랑의 가족에게 주는 선물이었으나 오늘날에는 신부 측의 돈과 위상을 과시하는 수단이 되고 말았다. 신부의 부모가 유능한 신랑감을 재력으로 사는 셈이다. 아들에게 많은 돈을 투자했거나 딸에게 지참금을 많이 준 부모들이 본전을 찾기 위해 지참금에 관심이 높다. 은행에서 대부를 받는 사람들의 80퍼센트가 지참금을 마련하기 위해서라는 보도가 연전에 나왔다.

예전에는 결혼식이 여러 날 지속되었으나 요즘은 바쁜 세상이라 대개 하루나 이틀이면 끝난다. 커다란 천막을 세우고 망고나무와 바나나나무로 입구를 장식한 결혼식장은 이제 점점 특급호텔이나 화려한 예식장으로 바뀌는 추세다. 요즘의 진짜 부자들은 점점 다 똑같아지는 화려한 결혼식을 천박하다고 여기고 고급스러운 취향이 드러나도록 차별화하는 데 더 많은 돈을 들인다. 엄청난 양의 패물을 주고받는 그들이 황금보다 다이아몬드를 선호하는 것도 차별화의 일환이다.

교양이나 문화보다 돈이 중요한 세상이다. 옛것이 다 좋고 새것이 다 천박한 건 아니지만 소비주의를 부추기는 미디어의 영향으로 국적불명의 결혼식이 늘어가는 것이 현실이다. 신흥부자들이 결혼에 들이는 소비는 지나치지만 어느 사회든 대문밖에는 빈곤과 비참한 현실이 비틀거려도 안쪽은 다른 빛깔의 세상이 이어지게 마련이다. 빈부의 격차가 인도에만 있는 것도 아니고, 부와 위상을 과시하는 부

          인도는 힘이 세다

자들의 화려한 결혼식이 대세가 된 것도 아니다

그러나 물질적 발전이 사회적 정의나 내적 풍요를 수반하지 않는 건 인도도 예외가 아니다. 부자들이 코끼리를 몰듯이 돈을 몰아서 결혼식을 치르는 이상한 문화가 점점 몸집을 키우는 인도에서 결혼지참금과 혼수로 인해 한 시간마다 어디선가 한명의 여성이 죽어가는 끔찍한 현실도 냉엄하다. 2010년에도 그로 인한 사망자가 8000명이 넘었다. 언제 어디서나 금은 반짝이지만 반짝이는 인도의 금이 다 좋은 건 아니다.

황금보다
값진 두뇌

이번에는 황금이 아닌 19금의 이야기로 시작한다. 어느날 한 쌍의 연인이 침대에서 뒹굴다가 남자가 실수로 여자의 진주목걸이를 끊어트렸다. 여자가 흩어지는 진주알의 6분의 1을 반사적으로 움켜잡았고, 남자도 재빨리 10분의 1을 손으로 받았다. 하지만 진주알의 3분의 1은 땅바닥에 떨어졌고, 5분의 1은 침대에 흩어졌다. 다행히 여섯 개는 아직 줄에 매달려 있다. 자, 목걸이에 달렸던 진주알은 본래 몇 개였을까?

이는 12세기 인도의 수학자 바스카라 2세^{Bhāskara II}가 딸에게 수학을 가르치며 냈던 문제다. 이런 인물을 낸 인도인은 수학 분야에서 두각을 나타냈다. 그들이 세계에 준 선물 목록에는 '0'을 포함한 아라비아 숫자가 들어간다. 오늘날 아라비아 숫자가 없는 세상은 상상할 수조차 없으며, 극단적으로 말하면 과학기술의 발전도 생각할 수 없다. 컴퓨터나 휴대폰에서 잠시도 눈을 떼지 못하는 사람들은 수학에 뛰어난 재능을 가진 인도인에게 고마워해야 마땅하다.

고대부터 오늘날에 이르기까지 돈 잘 버는 상인을 많이 배출한 구자라트에서 나온 4세기의 기록에는 0이 처음으로 등장한다. 유럽이 0을 쓴 것은 이보다 한참 뒤다. 산스크리트어로 공空과 무無를 뜻하는 0은 인도의 종교와 철학과 깊은 관련이 있다. 0은 어떤 수에 더하거나 빼도 그 가치가 변하지 않는다. 0을 수의 왼쪽에 붙이면 아무것도 아니지만, 수의 오른 쪽에 붙이면 그 수가 10배, 100배, 1000배로 늘어난다. 발상이 놀랍지 않은가.

몇년 전 우리나라에서는 인도의 학생들처럼 19단을 외우는 것이 유행이었다. 인도가 기술정보 분야에서 두각을 나타내는 것이 19단까지 줄줄 외우고 수학을 중요시하는 교육에서 비롯되었다고 알려진 뒤였다. 양은냄비로 비유되는 우리나라의 언론은 한동안 인도의 19단을 자주 다뤘다. 한 유명언론사는 19단이 적힌 책받침을 학생들에게 나눠주기도 했다. 『19단의 비밀』이라는 책도 나왔다.

인도인은 19단만 외우지 않는다. 1에서 100까지의 수도 다 다르기 때문에 모두 외워야만 일상에서 쓸 수 있다. 예외가 없는 규칙이 없다지만 적어도 여기에는 다르게 적용할 수 있는 일정한 규칙이 없다. 그냥, 무조건 외워야 한다. 예를 들면 10은 '다스das'이나 11에서 19를 세는 수는 모두 다스와 관련이 없다. 20은 '비스bis'지만 21에서 29까지도 다 다른 이름이다. 내가 가장 헷갈린 수는 빠찌스pacchees(25), 빠

　　　　　　　　　　　　　　　인도는 힘이 세다

짜스^{pachaas}(50)였다. 물론 나는 아직도 100까지 다 세지 못한다.

이것만 봐도 인도인이 똑똑하다는 걸 알 수 있다. 그들의 우수성은 인더스문명에서 일찍이 증명되었다. 뛰어난 도시계획과 주택건축, 배수제도를 가진 인더스의 도시는 당대 주민들이 우수한 과학기술을 소지했음을 드러냈다. 중세에 인도에 갔던 무슬림 수학자 알비루니도 그들이 명석하다고 적었다. 그는 인도의 수학자와 천문학자의 능력이 출중하다고 칭송했고, 과학과 기술력도 우수하다고 기록했다. 그는 특히 저수지를 건설하는 인도의 기술에 감탄했다.

인도인은 조선술에도 뛰어나서 인더스문명에 그 흔적을 남겼다. 인더스 강까지 왔던 알렉산드로스가 고향으로 돌아갈 때 이용한 배도 인도인이 만들었다. 근대에는 파르시 상인이 조선업에 두각을 나타냈다. 1736년 영국 동인도회사와 첫 계약한 파르시 상인 와디아는 이후 100년간 약 100척의 전함을 영국 해군에 인도했다. 인도인이 영국의 제국주의를 지지한 셈이다. 나폴레옹과 맞서 싸운 영국의 전함, 넬슨 제독이 탄 군함도 와디아 일가가 만들었다. 1842년 아편전쟁에 이긴 영국과 진 중국은 와디아가 만든 배에서 남경조약을 맺었다.

고대의 브라만은 신에게 제사를 지낼 장소와 길일을 찾기 위해 천체의 움직임을 살피고, 제단을 차리기 위해 계산법을 썼다. 『리그베다』에는 1년을 12달, 1달을 30일로 나누고, 5년마다 윤달을 끼워넣는 방법이 보인다. 5세기의 천문학자이며 수학자인 아리아바타^{Āryabhāta}는 지동설을 주장했다. 코페르니쿠스^{Copernicus}보다 1000년이 앞섰다. 무한대를 사유하고 파이^π와 대수를 발견한 사람들도 고대의 인도인이었다.

고대 인도의 수학자 아리아바타(왼쪽)와 타고르(오른쪽) 코페르니쿠스보다 1000년이나 앞서 지동설을 주장한 아리아바타의 후예들은 오늘날 전세계 과학계와 IT산업을 주름잡고 있다. 노벨문학상을 받은 타고르처럼 과학 분야에서 노벨상을 받은 인도인도 여럿이다.

오늘날의 브라만이 우수하다는 사실은 서구세계가 인정하고 있다. 노벨문학상을 받은 타고르처럼 과학 분야에서 노벨상을 받은 인도인도 여럿이다. 라만효과를 발견하여 1930년 물리학상을 받은 찬드라세카라 벵카타 라만Chandrasekhara Venkata Raman, 수브라마니안 찬드라세카르Subrahmanyan Chandrasekhar, 벤카트라만 라마크리슈난Venkatraman Ramakrishnan이 그들이다. 발음하기가 어렵고 다 비슷하게 보이는 이름을 가진 이들 과학자는 모두 타밀지방 출신의 브라만이다.

타밀 출신 브라만만큼 머리가 좋은 편자브 출신의 '카트리'(크샤트리아)도 소개한다. 현재 인구가 약 250만인 그들은 IT산업에서 맹활약 중이다. 펜티엄칩을 개발한 비노드 담Vinod Dham, 핫메일을 시작한 사비르 바티야Sabeer Bhatia, 선마이크로시스템스을 창시한 비노드 코슬라Vinod Khosla가 카트리다. 현재 인도의 경제발전을 이끄는 만모한 싱 총리, 1991년 인도에 경제자유화를 시작한 구지랄Guzral 전 총리도 카

인도는 힘이 세다

트리에 속한다.

오늘날 델리에서 볼 수 있는 굽타시대에 만들어진 높이 7미터, 둘레 1미터가 넘는 원형철주는 인도인의 뛰어난 기술력을 보여준다. 11세기에 비하르에서 델리로 옮겨져 비바람과 뜨거운 햇볕을 받으며 1500년간 견딘 철주는 조금도 녹이 슬지 않아서 과학자들의 연구 대상이 되었다. 철의 순도는 99.7퍼센트라고 밝혀졌는데 많은 학자들이 애썼으나 현대의 기술로도 철의 제조법을 분명하게 밝혀내진 못했다.

철에 대한 이야기가 나왔으니 하나 더 소개한다. 현재 인도에서 최대의 재벌그룹은 '타타'다. 타타의 창업자는 영국이 다스리던 20세기 초반에 방직공장에서 번 돈으로 제철산업을 시작했다. 나라의 앞날을 내다본 한 개인이 국내의 자본과 기술을 바탕으로 제철산업을 일군 것이다. 제1차 세계대전 당시에 서부전선을 굴러다닌 연합군의 탱크, 제2차 세계대전에서 연합군이 사용한 덤덤탄이 모두 타타의 제품이었다.

아, 이쯤에서 앞에서 낸 문제의 답을 말하는 것이 좋겠다. 여인의 목걸이에 달린 진주는 모두 30개였다. 인도 수학자의 어린 딸은 금세 정답을 내놓았으나 여러분은 어땠는지 모르겠다. 이런 재미있는 산수놀이가 알려주는 건 인도의 문명이 하루아침에 만들어지지 않았다는 것이다.

명석한 인도인은 쉴 때도 머리를 쓰며 놀았던 모양이다. 우주의 광대함과 복합성을 담은 체스는 4000년 전부터 즐긴 것으로 추정되는 인도인의 놀이다. 6세기에 갠지스 평원에 살던 한 시인이 체스 판을 언급한 기록이 있다. 전해지는 체스의 기원은 이렇다. 옛날 인도의 한 왕이 페르시아의 왕에게 사신을 파견했다. 인도의 놀이를 가져간 신하는 "저와 이 게임을 벌여서 지면 우리나라에 공물을 바쳐야 합니다"라고 말했다. 다행히 페르시아의 왕이 이겼고, 그때부터 그 놀이가 널리 퍼졌다. 그래서 체스가 이란에서 시작되었다고 주장하는 학자도 있다.

그 놀이는 아라비아를 거쳐서 서양에 전해져 체스라고 불렸다. 페르시아어로 왕(샤)이라는 뜻이다. 그래서인지 체스에는 인도의 산스크리트어, 페르시아어, 불어, 영어가 섞여 있다. 체스는 두 명의 경기자가 말을 규칙에 따라 움직여 싸우는 두뇌게임이다. 지금 세계 여러 나라에서 즐기는 체스는 매년 국제대회가 치러지고 있으며, 명석한 인도인이 종종 챔피언에 오른다. 2012년 현재 세계챔피언인 비스와나단Viswanathan은 우리나라의 아이돌 스타 못지않은 큰 인기를 누리고 있다.

내가 궁금한 것은 경쟁의식이 유달리 치열한 우리나라에서 머리가 좋아지고 학습에 효과가 있다는 약은 불티나게 팔리면서, 정신력을 기르는 데 더없이 좋은 체스를 즐기는 사람이 적다는 점이다.

"자, 장 받아라!"

여름날 느티나무 아래서 장기를 두는 노인의 모습은 한때 우리나라의 익숙한 풍경이었다. 동양의 장기도 서양에 전해진 체스처럼 인도에서 나왔다는 설이 유력하다. 인도에서 승려들이 세속적인 욕망과 싸우려는 본능을 누르며 구도생활을 하는 틈틈이 즐긴 놀이가 중국에 전해졌다가 우리나라까지 오게 되었다는 것이다.

 인도는 힘이 세다

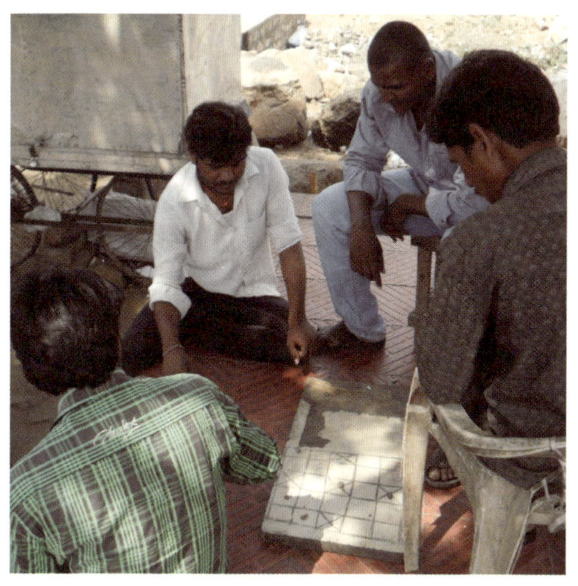

머리를 쓰며 노는 인도인 불교와 요가 외에도 인도인이 전세계에 수출한 품목은 여럿이다. 대표적인 두뇌게임인 서양의 체스와 동양의 장기도 인도에서 비롯된 것이다.

모든 전쟁은 군대와 화력이 더 좋은 쪽이 승리하게 마련이지만 장기는 같은 조건을 가진 양 진영이 머리를 써서 승부를 결정한다는 점이 특별하다. 서양의 장기와 동양의 장기는 모두 몸이 아니라 머리와 시간을 쓰는 놀이라는 점에서 인도의 문화적 특성을 드러낸다.

2장에서 본 것처럼 인도는 올림픽 같은 국제경기에서 두각을 보이지 못한다. 인구대국에 걸맞지 않은 초라한 성적을 거둬서 국제적인 비웃음을 자초한다. 그런 인도가 만들어서 동쪽과 서쪽으로 수출한 게임이 다 두뇌를 쓰는 놀이라는 점은 의미심장하다. 축구와 야구 등 몸으로 하는 역동적인 놀이를 만들어 수출한 서구문명과 달리 머리를 쓰는 인도의 놀이는 우주와 보이지 않는 걸 상상하는 문화권에서 나옴 직한 게임이다.

　오늘날에는 지난 세기와 달리 눈에 보이는 누런 금만 재산으로 치지 않는다. 젊은 인도인의 명석한 두뇌를 바탕으로 정보산업과 소프트웨어산업 같은 인도의 지식산업이 세계를 움직이고 있는 것만 봐도 그렇다. 미국이 인도에서 수입한 가장 가치있는 품목이 인도인의 두뇌라는 이야기가 미국 내에서 공공연하게 나오는 실정이다. 이제부터 세상은 강한 군대가 아니라 강한 두뇌를 가진 나라가 주도할지도 모른다. 그렇다면 수천년간 황금두뇌를 자랑한 인도가 유리할 것이다.

　　인도는 힘이 세다

그래서 기록하지 않았다

시간은 늘
우리 편

16세기 서부지방에 있던 힌두왕국 메와르는 이슬람 군대에 패배했다. 왕이 도망하자 군인들과 여인들은 굴욕을 견디기보다 명예롭게 자살하는 편을 택했다. 대장장이 부족인 가디로하르족은 왕이 수도를 탈환하면 돌아오겠다고 맹세하고 도시를 떠났다. 귀환할 때까지 거처를 만들거나 밤에 불을 밝히지 않으며 침대에서 편히 자지 않겠다고 왕에게 서약한 그들이었다. 왕의 고통과 왕국의 슬픈 운명을 나눈다는 의미였다.

왕은 그 땅으로 돌아오지 못했다. 그래서 가디로하르족은 서약을 지키며 400년 동안 유랑했다. 네루 총리가 그들을 가슴 아프게 여겨서 정착하기를 권했다. 그러나 그들은 곧 떠돌이 생활을 재개했다.

인도의 집시 인도에는 400년 전에 왕과 한 약속을 지키기 위해 떠도는 집시들이 여전히 존재한다. 그들의 삶에 연민을 느낀 네루가 정착하기를 권했지만 그들은 떠돌이 생활을 버리지 않았다.

지금도 그들은 농기구를 고치고 막노동을 하며 우차를 타고 무리지어 떠돈다. 도시의 변두리에 임시천막을 치고, 우기에는 먹을 것을 구하기 쉬운 곳에서 보낸다.

나는 뿌리가 강해서 뿌리 없이 유랑하는 그들을 두어번 정도 스쳐 지나갔다. 변화를 강조하고 방금 전의 약속도 속절없이 깨는 세상에서 약속을 지키며 떠도는 그들을 생각하면 가슴이 먹먹하다. 진정한 약속을 보여준 그들은 400년을 하루처럼 여기는 인도인의 남다른 시간관을 알려준다. 사람은 시간을 기다리지만 시간은 사람을 기다리지 않고 흘러간다는 것도 알 수 있다.

시간이 좀먹느냐는 듯이 넉넉하게 쓰는 사람을 자주 보는 나라가 인도다. 갠지스 평원을 지나가다가 들른 러크나우에서도 그랬다. 인구가 2억에 가까운 최대 지방의 수도인 그곳은 인도 정치의 중심지다. 마침 돈이 떨어져서 환전하러 국영은행에 갔더니 담당직원이 출근하기 전이었다. 시계가 12시 반을 가리킬 때 다시 창구로 갔으나 담당자는 나오지 않았다. 나는 돈을 바꾸기 위해 하루를 여기에서 더 묵어야 하느냐고 따졌다.

"이 도시에는 볼 것이 아주 많아요."

이런 엉뚱한 답이 날아왔다. 6년 뒤에 다시 가보니 사정이 좀 나아졌으나 그들의 시간은 여전히 느리고 여유로웠다. 무엇보다 오전일과가 늦게 시작되는 점이 그대로였다. 연방의 수도인 델리에서도 하루가 느리게 움직이지만, 러크나우 같은 지방도시가 훨씬 느리고 더딘 것이 현실이다. 먹을거리를 파는 가게를 빼면 지방도시는 대개 11시가 넘어야 일과를 시작한다.

남부지방에서는 단체관람하는 어린 학생들을 여름날 땡볕에 한 시간을 기다리게 한 뒤 느지막이 문을 여는 박물관도 보았다. 그렇다고 해서 누구도 불평하거나 따지지 않았다. 그런 관행을 참을 수 없던 그 지방의 주(州)수상은 모든 공무원에게 출근카드를 기록하라고 지시했다. 그때 가장 불평을 털어놓은 사람들은 그가 임명한 장관들이었다. 그들이 바로 정오가 가까워서 어슬렁어슬렁 출근했다가 오후 2시 정도에 가방을 챙기던 당사자였기 때문이다.

"미친개와 영국인만 정오의 햇살 아래 움직인다"라는 속담을 가진 인도에서 일은 느지막하게 시작된다. 옛날의 왕은 해가 중천에 뜨고 연꽃이 핀 뒤에야 공식접견실에 나타났다. 그런 문화를 이어받은 오늘날 관리들의 출근이 마냥 늦어지는 것은 그다지 놀랍지 않다. 그들은 "나는 늦었어, 나는 늦었어!"라고 중얼거리며 출근하지만, 서두르거나 뛰어가지 않는다. 조급해 보이지도 않는다. 11시에 출근해서 차를 마시고 신문을 보다가 점심을 먹고 졸다가 4시면 퇴근을 준비하는 공무원의 하루는 널리 알려진 우스개다.

스스로 역동적이라고 여긴 근대의 서양인은 이런 인도인을 게으르고 나태하다고 여겼다. 어떤 인류학자는 서양인이 그냥 서 있지 않고 무엇이든 한다면, 아무것도 하지 않고 그냥 서 있는 사람이 동양인이라고 전자를 비교우위에 놓았다. 그때부터 지금까지 인도인은 느리고 게으른 사람으로 여겨진다. 그렇게 게으르기 때문에 가난하다는 이상한 신화도 생겨났다.

그러나 인도인을 게으르다고 말한 영국 관리들의 근무시간은 오전 9시에서 정오까지 세 시간에 불과했다. 나머지 시간은 술을 마시고 도박을 했고 시간이 남으면 또다시 술을 마시고 도박을 했다. 무더운 델리에서 하루에 세 시간만 일한 메카페 통감도 방갈로의 베란다에서 많은 시간을 보냈다. 1820년대에 20대의 나이로 델리의 통감을 두번이나 지낸 그가 "인도인은 역겹고 따라서 힘으로 다스려야 한다"라고 주장한 건 그대로 믿을 수가 없다.

나중에 영국에 이주했다가 죽은 한 인도인 작가도 이런 입장을 받아들였다. 그는 호메로스^{Homeros}의 『오디세이아』^{Odysseia}에 나오는 마녀의 이름을 따서 모국을 '키르케의 대륙'이라고 불렀다. 마녀가 마술을 걸어서 만나는 남자들을 모두 돼지로 바꾸는 것처럼 더운 날씨와 인도인이 먹는 되직한 음식이 그들을 돼지처럼 나태하고 활력이

 인도는 힘이 세다

없는 사람으로 만든다는 것이다. 그런 그도 여유를 즐긴 사람이었다.

노동자勞動者를 근로자勤勞者라고 부르고, 시간을 금으로 여기는 세상에서 자란 내가 인도에서 맞닥뜨리는 어려움의 절반은 덜 움직이는 사람, 시간을 넉넉하게 쓰는 사람들과 겪는 문제다. 어느해 중부지방 하이데라바드에 머물 때도 그랬다. 새해를 맞아 집에 연하장을 보내기 위해 찾은 인도에서 다섯번째로 큰 도시의 우체국에서 겪은 정교한 6단계 써비스제도를 소개한다.

① 연하장이 든 봉투를 들고 무게를 다는 직원에게 다가가 무게를 단 뒤 ② 연하장의 무게를 보고 내 봉투에 붙여야 할 우표의 가격을 써주는 직원을 거쳤다. ③ 다음 직원에게 적힌 대로 우표 값을 주고 ④ 그 옆의 직원에게서 우표를 받았다. 여기서 잠시 심호흡이 필요했다. ⑤ 그걸 들고 옆 건물로 이동해 직원이 우표 위에 '탕' 하고 찍어주는 스탬프를 받고 ⑥ 그 다음 직원에게 그 연하장을 접수했다.

당시 외부손님은 두명뿐이었다. 많은 사람에게 일자리를 주려는 정부의 정책으로 일하는 사람보다 일이 없어 노는 사람이 더 많은 사무실에서 홍차를 마시며 시간을 죽이던 직원들은 소일거리를 찾았다는 듯이 나를 넘겨다보았다. 1월이었으나 남부지방의 날씨가 더운 데다가 그런 일을 겪으니 몸이 더 덥게 여겨졌다. 유일한 위안은 그 연하장이 4일 만에 서울에 도착했다는 소식을 들은 일주일 뒤에 찾아왔다.

인도인이 다 느린 건 아니다. 그러나 윤회와 환생을 믿는 인도인이 시간을 넉넉하게 쓰는 건 분명하다. 한번 흘러간 시간이 다시 돌아오지 않는다고 믿는 다른 문화권과 달리 떠난 시간이 다시 돌아온다고

하인들의 자전거 인도인이 다 느린 건 아니다. 영국이 인도를 지배하던 당시에 인도인 하층 공무원들은 자전거를 타고 관공서로 출퇴근을 했다. 뉴델리 국회의사당이 문을 열기 5분 전에는 그들이 타고 온 자전거가 장관을 연출했다.

믿는 그들이 덜 급한 것도 사실이다. 유한한 세상에 사는 사람들이 한정된 시간에 무언가 이루려고 서두르는 것과 달리 시작과 끝이 없는 세상에 사는 인도인은 비교적 여유로울 수가 있다.

"잠자는 사람은 죄를 짓지 않는다"라는 속담이 있다. 그러나 시간을 아끼고 근면을 미덕으로 여기는 사회, 생산성에 높은 점수를 주는 나라에서라면 낮잠은 죄를 짓는 행동이다. 그래서 낮잠은 선진국과 개발도상국을 나누는 기준이 된다. 인도에서 죄의식을 느끼지 않고 매일 낮잠을 잤던 나는 귀국하면서 낮잠이 없는 일상으로 되돌아왔다. 변화와 발전이 곳곳에 스며들어도 인도는 아직 우리나라와 달리 한가하다.

세계에서 가장 빠른 인터넷과 휴대폰을 애용하는 우리들은 행복이 속도에서 나오지 않는다는 걸 이미 알고 있다. 시간을 아껴서 어디에 쓸 것인가. 그런 점에서 시간의 흐름에 덜 연연해하고 시간에 덜 쫓기는 인도인의 삶의 방식을 배우는 것도 좋다. '더 빨리, 더 높이, 더 힘차게'나 '앞으로, 앞으로'를 외치며 강해지려고만 하기보다 절제와 느림의 미학을 배우고 때로 제자리걸음을 할 필요가 있다.

인도는 힘이 세다

느림의 철학자로 알려진 삐에르 쌍소^{Pierre Sansot}는 느리게 생활하고 그것에 죄의식을 느끼지 않는 사람이 많은 사회가 건강하다고 말했다. 그런 점에서 보면 인도는 매우 건강하고 안정된 사회다. 인도인은 빠른 시간에 모든 것을 뒤엎는 혁명보다 점진적인 개선과 진화를 좋아한다. 오늘날 델리와 벵갈루루 등 일부 대도시에는 빠른 삶을 추구하는 사람들이 등장했으나 전반적인 인도인의 시간은 아직 더디고 느린 편이다.

'그럼에도'라는 단어를 좋아하는 사람이 꽤 있다. 나도 그렇다. 어려운 상황에도, 나쁜 조건에도 지속적인 불행을 통해 생존의 기술을 터득하는 사람들이 좋아서이다. 인도역사를 공부하면서 아주 많은 '그럼에도'를 보게 되었다. 우기가 제때 오지 않아 더위가 폭군처럼 무자비해도, 영국이 200년 통치하고 이슬람이 6세기를 정복하고 지배했어도, 그럼에도 인도는 사라지지 않고 살아남았다. 그 이유는 오직 하나, 기다리고 참았기 때문이다.

인도를 정복한 무슬림은 힌두사원을 파괴하고 그 자리에 모스크를 세웠다. 인도를 정복했으니 인도인의 정신을 정복한다는 의미였다. 그러나 이슬람 세력은 힌두사원의 돌과 벽돌은 부수었으나 인도인의 마음속에 든 그 무엇은 부수지 못했다. 허약한 겁쟁이라고 굴욕을 주어도 그들의 마음을 무력으로 얻을 순 없었다. 어려움 속에서도 속을 바꾸지 않은 인도인은 오랜 이국의 지배를 받고도 문화와 전통을 잃지 않았다.

인도인은 영국의 지배나 이슬람의 통치를 홍수나 가뭄처럼 때가 되면 지나가는 자연재해로 여겼다. 그래서 참고 견뎠다. 자그마치

800년을 참고 견뎠다. 참는 것이 그들이 가진 유일한 무기였다. 참을 수 있을 만큼 참다가 본질이 위협당한다고 여겨지면 그때 행동했다. 지금도 인도인을 만만하게 보는 외국인이 많다. 그러나 함부로 대하다가는 언제 치명적인 역공을 받을지 모를 일이다.

백인이 탄 열차 칸을 부드러운 눈길로 쳐다보는 인도인을 단 한 명도 본 적이 없다. 아, 그 눈빛을 어떻게 표현할 수 있단 말인가?

1857년 북부지방에서 일어난 세포이항쟁이 그랬다. 영국의 정복과 지배를 견디던 인도인은 자신들의 종교와 문화가 야만과 미신으로 공격받자 일어섰다. 당시 인도를 여행한 영국인은 인도인의 적대감을 가슴 아프게 적었다. 온순하다고 생각한 인도인의 질긴 투쟁을 14개월이나 겪은 영국 지배자는 그때 큰 충격을 받았다. 영국의 진압작전이 무자비하게 진행된 건 그 반동이었다. 많은 사람이 죽고 모든 것이 파괴되었다. 당시 유명한 시인은 풍비박산이 난 델리를 보고 이렇게 적었다.

사람은 희망으로 사는데 우리는 살 희망이 없다.

책을 통해서만 인도를 배우는 건 아니다. 나는 인도인의 참을성을 20년이 넘게 지켜보았다. 특히 철도여행을 하다가 맞닥뜨리는 기약 없는 멈춤에 대응하는 그들을 살필 기회가 많았다. 모든 일이 다 생기는 인도에서는 반갑지 않은 기차 연착을 자주 겪을 수 있다. 여덟

세월을 기다리듯 버스를 기다리는 사람들 인도에서는 열차도 버스도 제시간에 만나기 어렵다. 버스가 내일 온다고 해도 그들은 개의치 않고 수다를 떨거나 책을 읽으며 한자리를 지킬 것이다.

시간을 여행한 뒤에 멈춰선 열차에서 여섯 시간이나 갇힌 적이 있는 나는 열한 시간을 달리다 선 기차에서 아홉 시간을 기다리며 평상심을 지킨 경험도 생생하게 기억한다.

그때마다 승객들은 그 누구도 따지거나 항의하지 않았다. 그렇게 예기치 않은 일이 생기는 것이 인생이란 듯이 상황에 적응했다. 아이들은 책을 읽고 여인들은 계속 이야기를 나눴으며 남자들은 일어나 기지개를 폈다. 곧 장사꾼들이 먹을 것을 들고 나타나 열차 안을 누비며 팔았다. 날은 뜨겁고 에어컨이 꺼진 열차 안은 한층 더 뜨거웠으나 그들은 그 긴 시간을 잘 참고 잘 기다렸다.

인도인은 모든 것이 지나갈 때까지 견딜 수밖에 없다는 걸 잘 안다. 그들은 폭군처럼 무서운 더위를 참고, 200년마다 인더스 강을 넘어온 외국의 침략과 약탈을 견뎠다. 사실 달리다가 멈춘 열차에서 개인이 할 수 있는 건 아무것도 없다. 그저 열차가 다시 움직이길 기다리는 것뿐. 그리고 이왕에 기다리는 그 시간을 덜 찡그리며 보내야 하는 것을 그들은 안다. 그것이 만만치 않은 세상에서 살아남는 그들만의 생존법이다.

**다만 조금
느릴 뿐**

오래전에 내가 탄 비행기가 착륙을 준비할 때 한 인도인이 짐을 양손에 들고 비상구 앞에 서 있는 것이 보였다. 먼저 내리려고 출입구에서 기다리는 우리나라의 지하철 승객처럼 그 남자도 몸과 마음이 급했던 모양이었다. 승무원의 제지를 받고 안타까운 얼굴로 제자리로 돌아간, 머리에 터번을 한 그는 느리게 움직이는 인도인 중에서 가장 역동적이라고 불리는 시크(교도)였다.

인도에서 식민제국을 운영한 영국인은 씩씩한 시크들을 사랑하고 나약한 힌두들을 얕보았다. 힌두들이 "뛰는 것보다 걷는 게 낫다. 서 있는 것보다 앉아 있는 것이 좋다. 그러나 그중에서도 누워 있는 것이 최고"라고 여긴다고 한껏 비웃었다. 그러나 시간이 흐른 뒤에 빠르게 움직인 영국이 인도를 떠났고 느린 힌두가 다수인 인도가 남아서 역사를 이었다.

인도인의 필법을 빌리면, 이긴 자가 살아남는 것이 아니라 살아남은 자가 이긴 자다. 인도는 몽골인, 페르시아인, 아프가니스탄인, 아랍인 등 수많은 이민족의 침입을 받고 패하는 역사를 수없이 되풀이했다. 역사에서 뭔가를 배우지 않아서 역사가 되풀이된 것이라고 말할 수도 있다. 그러나 시간이 지나면 정복자는 사라졌고, 정복된 인도인만 인도아대륙에 남았다.

역사를 남기지 않았다고 낮춰 볼 수는 없다. 어쩌면 인도인은 그 참혹한 패배와 정복의 역사를 기록하고 기억하기보다 무시하고 잊어버리고 싶었을지도 모른다. 역사가 좀더 나은 내일을 위해 투쟁한 과거의 집합적 기억이라면, 기록하지 않은 그들은 과거보다 살아갈 미래를 보고 침묵을 선택했을 것이다. 그래서 왕은 죽고 왕조는 망해도 문명은 남아서 오늘에 이르렀다.

(인도인은) 자기들의 국가 같은 국가는 이 세상에 없으며 왕, 종교, 과학, 지식, 인종 모든 면에서 자신들이 세계 최고라고 믿는다.

11세기의 알비루니는 이렇게 적었다. 인도문명은 자기 문화가 최고라고 믿는 사람들에 의해 안정적으로 이어졌다. 다르게 표현하면 인도인은 문화적으로 대청소를 하지 않았다. 즉 왕조가 바뀌거나 이방인에게 정복돼도 자기 문화를 다 버리지 않고 한쪽에 남겨두었다. 그리하여 과거와 현재, 선과 악, 정글의 법칙과 평화로운 공존처럼 서로 다른 가치와 사상이 인도의 집안에 남았다.

인더스문명에서 보이는 요가 자세와 옷차림을 오늘날 인도의 공

1688년 외국 여행기에 등장한 요가 고대의 요가 수행자와 같은 동작을 하는 인도인을 오늘날 거리에서 만날 확률은 100퍼센트다.

원과 거리에서도 볼 수 있다. 기원전 6세기경 불교와 비슷한 시기에 탄생한 자이나교는 이념과 수행방법이 2500년이 넘는 오늘날까지 변하지 않고 이어진다. 다른 종교와 달리 종파도 없다. 이슬람교와 기독교를 믿는 나라의 지배를 받았는데도 그렇다. 빨리 변하지 않으면 낙오되는 것으로 여기는 오늘날에도 인도인은 그 본질을 쉽사리 바꾸지 않는다.

자이나교에 대한 이야기가 나왔으니 한가지만 덧붙인다. 자이나교에는 단식을 통해 죽음을 맞이하는 '산타라'라는 의식이 있다. 이는 부정적인 사유로 죽는 자살과 달리 삶의 목적을 다했다고 여긴 사람이 단식을 선택해 서서히 평화롭게 죽는 것이다. 기원전 3세기에 이에 관한 기록이 처음으로 등장한 인도에는 2004년에도 매년 200명이 넘는 사람이 이런 방식으로 생을 끝낸다는 보도가 나와 열띤 논쟁이 벌어졌다. 그 누구도 주목하지 않는 가운데 아주 오랫동안 이런 문화

인도는 힘이 세다

가 이어진 것이다.

자기 문화를 믿는 인도는 국경을 넘어온 다른 세계의 문화를 거부하지 않았다. 중세의 이슬람문명과 근대의 서구문명을 받아들인 인도는 특히 고전음악과 건축, 음식과 의복에서 큰 영향을 받았다. 다만 인도인의 방식이 특이한 것은 이방의 문화를 무조건 받아들이지 않는다는 점이다. 이방의 문화에 압도되거나 동화되는 것이 아니라 이방의 것을 번역하고 고치거나 조정하여 썼다. 그 과정은 긴 시간이 걸렸다.

왕은 늘 자신을 골탕 먹이는 머리가 좋은 한 신하에게 사형을 선고했다. 그 말을 들은 신하는 눈물을 글썽였다.

"늦었어. 이젠 울어도 소용없어." 왕은 냉정하게 말했다.

"죽는 게 두려워서 우는 것이 아닙니다. 제가 죽으면 말에게 나는 법을 가르치던 저만의 비법이 영원히 묻히는 것이 안타까워 그럽니다."

귀가 솔깃해진 왕은 말에게 나는 법을 가르치는 데 얼마의 시간이 필요하냐고 물었다. 영리한 신하는 "2년 정도 걸립니다"라고 대답했다.

많은 사람이 왕을 속이고 2년의 집행유예를 얻어 풀려난 신하를 걱정했다. 2년이 지나면 어떻게 하려느냐고도 물었다. 그러자 신하가 빙긋 웃으며 말했다.

"2년이란 시간을 벌었어요. 그동안에 무슨 일이 일어날지 누가 알겠어요? 왕께서 돌아가실 수도 있고, 내가 죽을지도 모르지요.

어쩜, 말이 죽을 수도 있겠네요."

이 이야기의 신하처럼 인도인은 시간을 버는 일에 익숙하다. 느지막이 문을 여는 관공서, 돈 버는 일에 관심이 없다는 듯이 해가 지자마자 문을 닫는 가게들, 느리게 이어지는 각종 공사, 좋은 게 좋은 거라는 느슨한 태도는 '시時테크'를 운운하는 성격이 급한 우리나라 사람들에게 당혹감과 좌절감을 준다. 아직도 인도에선 노동과 삶이 하나인 산업사회의 시간개념이 뿌리를 내리지 못했다.

시간을 끄는 일에 미담이 숨어 있을 때도 많다. 러크나우에 있는 아름다운 이슬람 건축물은 기근이 한창일 때 빈민구제를 위해 세워졌다. 공사기간을 연장하여 백성들의 기근을 해결하고픈 지배자는 노동자들이 돌아간 밤이면 낮에 끝낸 공사를 절반쯤 부수도록 지시했다. 공사는 늘 그저 그런 상태를 유지했고, 덕분에 그만큼 백성들에게 더 많은 일자리를 제공할 수 있었다. 결국 건물공사는 질질 끌다가 11년 뒤에 완공되었다.

분명한 것이 많지 않은 인도에서 시간은 애매하고 모호하다. 힌디어로 내일과 어제는 같은 단어다. 몇주 후, 조만간이란 단어처럼 부정확하게 시간을 표현하는 것도 다반사다. 하지만 인도문화의 힘은 분명하지 않고, 느리게 움직이고, 오래 기다리는 데서 나온다. 외국의 지배를 참고 견디며 역사를 이어온 그들의 시간에 대한 생각은 대체로 '짤따해chalta hai'다. 즉 별 문제가 없다는 것이다.

뉴델리의 대통령궁을 마주한 우아한 아치형 누각을 두고 벌이는 인도인의 논쟁은 인도인의 시간관념을 이해할 수 있는 대표적인 예

 인도는 힘이 세다

다. 누각에는 원래 영국 왕의 흉상이 세워져 있었다. 인도가 독립한 뒤에 왕의 흉상은 철거되어 숲에 버려지고 누각은 비게 되었다. 정부는 그 자리에 독립을 일군 간디의 흉상을 세우려고 했다. 그러나 간디의 우상화에 반대하는 사람, 누각을 비워두는 것이 영국의 퇴장을 상징한다고 주장하는 사람들이 반대를 했다. 60년이 지난 지금도 결론을 내지 못한 채 누각은 비어 있다. 역시 '짤따해'다.

속전속결이 핵심인 스포츠에서 좋은 성적을 거두지 못하는 인도인은 물리적으로는 느려도 영적인 측면에서는 생산적이다. 작가나 예술가처럼 문화를 생산하는 사람들은 빠르게 움직이지 않는다. 빠른 걸음에서 좋은 생각이 나오긴 어렵다. 그래서일까, 인도인은 눈에 보이는 결과나 당장의 이익을 내는 분야보다 긴 사유와 오랜 과정이 필요한 분야에서 두각을 보였다. 불교, 힌두교, 자이나교, 시크교 같은 여러 종교가 탄생한 인도에는 철학과 수학에서도 뛰어난 업적을 낸 사람이 많다.

인도가 고성장을 이루면서 대도시 인도인의 시간은 점점 빨라진다. 남부의 대도시 뱅갈루루의 출근시간대에 거리에 서면 우리나라의 러시아워처럼 종종걸음을 치는 사람들을 많이 볼 수 있다. 1980년대 후반에 내가 처음으로 도시를 방문했을 때 그곳은 연금을 받는 퇴직자의 천국으로 불리는 한적하고 공기가 맑은 도시였다. 그러나 1990년대에 '인도의 씰리콘밸리'가 되면서 도시의 사정이 사뭇 달라졌다.

1998년에 두번째로 뱅갈루루에 들렀을 때 머문 고풍스런 호텔은 인도를 지배한 영국 여왕의 이름을 단 빅토리아였다. 이름처럼 역사가 오랜 호텔에는 열대식물과 키 큰 나무들이 가득한 정원이 있었고,

벵갈루루의 노인들 1980년대의 벵갈루루는 연금을 받으며 생활하는 퇴직자의 천
국으로 불릴 만큼 한적한 도시였다. 그러나 오늘날 그곳은 '인도의 씰리콘벨리'가 되
면서 사정이 사뭇 달라졌다.

그곳을 내다보며 차와 스낵을 즐기는 베란다라는 이름의 찻집이 베
란다에 딸려 있었다. 예정보다 이틀을 더 묵을 정도로 호텔의 분위기
가 고즈넉했다.

그곳을 잊지 못해 4년 뒤에 다시 갔으나 호텔을 찾을 수가 없었다.
내가 주변을 여러번 맴돌자 이유를 묻던 한 남자는 웃으면서 몇년 만
에 이곳에 오느냐고 거듭 물었다. 그제야 나무와 꽃이 우거진 호텔을
누르고 들어선 화려한 간판의 대형쇼핑몰이 눈에 들어왔다.

그렇게 바뀌었어도 벵갈루루의 삶이 서울처럼 빠르진 않다. 염소
가 키웠다고 호랑이가 염소가 되는 건 아니듯이 오늘날 다국적기업
의 최첨단 분야에 종사하는 꿈과 야망을 가진 이 남부도시의 젊은이
도 한국인처럼 서두르진 않는다. 우리처럼 시간의 흐름에 초조해하
고 단기간에 더 많은 것을 이루려고 안달복달하는 사람도 적다. 모든

                                          인도는 힘이 세다

것을 무^{無}와 공^{空}으로 만드는 시간의 힘을 이해한다는 점에서 그들은 서구인이 아니라 아직 인도인이다.

그래서 기록하지

않았다

1819년 인도에서 사냥을 하던 한 영국인 장교가 호랑이를 쫓다가 동굴을 발견했다. 1000년이 넘게 정글에 숨어 있던 바위굴들이 그의 눈앞에 펼쳐졌다. 나중에 총 29개로 드러난 그 동굴은 고대 예술의 보고인 아잔타였다. 가죽을 남기는 호랑이처럼 자신의 이름을 세상에 남기고 싶었던 장교는 그 귀중한 벽화에 '존 스미스, 1819년 4월 20일'이라고 적는 실수를 저질렀다.

아이를 낳으라.
아이는 네 화신이며 영원불멸이다.
언젠가 죽을 사람아.

인간은 뭔가를 남기고 싶은 욕망을 가졌다. 이름을 남기든 재산과 자식을 남기든 자신이 살다간 흔적을 뒤에 두고 싶어한다. 그것이 100년에 불과한 유한한 인생을 영원불멸로 만드는 한 방법이라고 여기기 때문이다. 동서고금의 많은 사람들이 같은 목적으로 기록을 남겼다. 기록이 영원하다고 믿은 것이다.

그러나 인도인은 기록하지 않았다. 인도인은 종교에 관한 지식을 신성하게 여겼고, 지식를 전하는 데에는 글이 아닌 스승의 가르침이 필요하다고 여겼다. 이런 이유로 종교적 지식을 책으로 만들거나 인쇄할 수 없다고 여겼다. 베다와『우파니샤드』같은 종교적 문헌은 브라만의 입으로 전해지다가 나중에 문자로 쓰였다. 방대한 분량인 네 개의 베다는 문자로 쓰이지 않고 1000년간 암송으로 전해지며 구성되었다.

고대 인도에서 지식의 원천인 경전은 '슈루티shruti'라고 불렸다. 이는 '귀로 들었다'는 뜻으로 눈으로 보는 것이 아닌 듣는 것이 지식이었음을 알려준다. 또다른 이름인 '스뮤리티smriti'도 '들어서 이해'한다는 뜻이다. 인도에서 지식은 말하고 듣고 전해지는 것이며, 사람들은 그 진리에 동화되는 것이었다. 여러가지로 혁명적인 불교는 불경을 인쇄했으나 그 여파가 크지 않았다.

'아는 것이 힘'이기에 글을 아는 소수계층은 지식의 재생산을 독점하려고 기록의 비밀스러운 성격을 강조했다. 왕도 자신의 권위를 침해할 잠재력을 지닌 기록을 장려하지 않았다. 그래서 인도에는 시간의 흔적, 즉 왕과 왕조의 흥망을 알려주는 기록이 없다. 인도에 온 이슬람 세력이 시간 순서대로 건조하게 사건을 서술한 연대기를 남겼으나 진정한 역사적 기록은 19세기 중반에야 나왔다.

오늘날 수도 델리에 남아 있는 아소카의 돌기둥은 14세기에 북부 지방에서 옮겨온 것이다. 당시 사냥하다가 돌기둥을 발견한 이슬람 술탄은 높이 15미터, 무게가 50톤인 거대한 돌기둥을 8400명의 인부를 동원해 델리로 옮겨왔다. 거기에는 해독하기 어려운 글자가 새겨

   인도는 힘이 세다

져 있었다. 술탄은 저명한 브라만에게 문자를 해독하라고 지시했다. 며칠을 고민했으나 숙제를 풀지 못한 브라만은 기막힌 해결책을 찾았다.

　　이 기둥에는 전하 이외에는 그 누구도 이 석주를 옮길 수 없다고 적혀 있습니다.

브라만은 그렇게 살아남았다. 우리가 이 일화를 통해 알 수 있는 것은 당시 인도에는 돌기둥에 새겨진 문자를 해독할 사람이 아무도 없었다는 사실이다. 고대 마우리아왕조와 그 왕조를 강성하게 만든 아소카 황제의 존재를 아는 사람도 없었다. 그래서 중세에 델리를 찾은 서구 여행자들은 그 돌기둥을 알렉산드로스가 인도를 정복하고 세운 기념비라고 멋대로 해석했다.

돌기둥에 새겨진 문자를 어렵사리 해독한 사람은 그보다 한참 뒤인 1800년대 중반에 인도에 근무한 한 영국인이었다. 그가 해독한 문자는 브라흐미문자로 불렸다. 그리하여 인도의 고대사가 비로소 맨얼굴을 드러냈다. 그러나 거기에 언급된 왕의 이름은 '신이 경애하는 피야다시'였다. 아소카가 그와 동일한 인물로 밝혀진 것은 1915년 두 이름이 함께 적힌 비문이 발견되면서부터였다. 인도가 배출한 최고의 지도자로 꼽히는 아소카는 2000년이 넘게 망각되었던 것이다.

오늘날 인도의 문화유산은 거의 다 근대 인도를 지배한 영국인이 말을 타고 사냥이나 측량조사를 하다가 정글에서 발견한 것들이다. '잠자는 숲속의 미녀'인 아잔타 석굴, 카주라호 힌두사원, 산치 불탑,

사르나트의 불교유적도 세상에 알려질 때까지 오랫동안 원숭이와 박쥐만 우글거리던 정글의 버려진 곳이었다. 지나간 것을 중요하게 여기지 않는 인도인은 과거를 금세 잊었고 기록도 남기지 않았다. 그래서 역사적 유적은 곧 잊혀졌다.

인도인은 100년을 살지 못하는 인간의 활동을 기록하는 데 의미를 두지 않았다. 고대 인도인은 고대에서 현재로 이어지는 서구의 직선적인 시간과 달리 시간이 주기적으로 움직인다고 보았다. 그 시간개념에 따르면, 43억 2000만년인 대주기가 네개의 주기로 나뉘고, 그 마지막 주기이자 현재 우리가 사는 칼리유가는 43만 2000년이다. 이렇게 광대한 시간 속에서 짧게 살다가 가는 인간의 흔적이 중요하다고 여기지 않은 것이다.

힌두들은 역사적인 것에 관심이 없다. 왕들의 계승관계를 연대에 따라 연결하는 데 주의하지 않는다. 정보를 달라고 채근하면 당황해서 무엇을 말해야 할지 몰라서 이야기만 늘어놓는다.

이 기록은 오늘날 아프가니스탄에 섰던 가즈니왕조의 술탄이 인도를 침략할 때 수행한 무슬림 학자 알비루니가 남긴 것이다. 그가 섬긴 술탄은 11세기에 인도를 17차례나 침입하고 엄청난 재물을 약탈한 마흐무드였다. 그러나 인도인은 수십년간 지속된 술탄의 무자비한 행적에 대해서 단 한 줄도 기록하지 않았다. 알비루니가 왔다 갔다는 기록도 없다. 많은 사람이 죽고 엄청난 재물이 약탈되었으나 '슈퍼악당'이라고 불린 술탄은 세상에 존재하지 않은 사람이었다.

 인도는 힘이 세다

카주라호 힌두사원 역사를 기록하지 않는 인도에서 과거는 잊혀진 채 숲 속에 버려져 있었다. 인도의 대표적 고대유적인 카주라호 힌두사원도 영국인들이 사냥이나 측량조사를 하지 않았다면 마찬가지 신세로 남아 있었을 것이다.

기록을 작성하는 전통을 가진 그리스인은 알렉산드로스가 인도를 정복했다고 적었다. 반면에 인도에는 알렉산드로스에 대한 기록이 전무하다. 그에 대해 기록하는 것이 대낮에 켜놓은 등불처럼 소용이 없다고 판단했을까? 그리하여 치르는 전투마다 승승장구한 알렉산드로스의 위대성은 인도에선 '해당사항 없음'이다.

기록하지 않는 인도인의 습관은 역사보다 오래갔다. 알렉산드로스를 완전부재로 만든 그들은 600년간 인도에서 정권을 잡은 이슬람에 대해서도 침묵했다. 그 넓은 땅의 그 많은 사람이 약속이나 한 듯이 아무런 기록을 남기지 않았다. 침묵은 은이고 웅변은 금이라지만 이슬람 세력에 대한 인도인의 침묵은 금보다 값졌다. 그들은 미움보다 무관심이 더 무섭다고 여기고 후자를 선택했을까?

침묵한 힌두들은 이슬람건축에 힌두양식을 가미하며 배반을 꿈꾸었다. 술탄시대 델리에 세워진 이슬람건축에는 힌두의 영향이 여기저기 배어들었다. 열대지방의 땡볕을 이고 건물을 지은 무명의 힌두장인들은 이슬람건축에 연꽃무늬를 몰래 새겼고, 모스크의 외벽에 은밀하게 힌두양식의 종도 집어넣었다. 그것은 힌두전통에 대한 충성심의 소산이었다. 델리 술탄시대에 만들어진 묘지건축에도 힌두장인의 섬세한 반감이 가미되었다.

1800년대 초 델리를 방문한 외국인은 무굴 황제의 무덤이 황무지로 변한 것을 보았다. 그것은 오늘날 세계문화유산으로 알려져 많은 사람이 찾는 후마윤Humayun 황제의 무덤이었다. 영국의 기록은 지금 인도의 아이콘인 그 무렵의 타지마할도 버려진 채 온갖 동식물의 아지트에 지나지 않았다고 알려준다. 무굴제국이 전성기를 넘긴 지 겨

 인도는 힘이 세다

우 100년이 지난 시점이었다. 인도인이 과거를 얼마나 빠르게 잊는지를 보여주는 좋은 증거다.

근대 서구는 역사를 가진 사회가 우수하다고 여겼다. 그래서 역사적 기록이 없고 구전되는 신화와 전설이 많은 인도는 미개한 사회라고 야유를 받았다. 영국을 상대로 독립운동을 펼친 마하트마 간디는 그런 비판에도 독립적인 견해를 가지고 있었다. 역사가 없는 국가가 더 행복하다고도 말한 그는 왕과 도시만 나오는 역사, 전쟁과 영웅만 나오는 역사보다 이름 없이 살다가는 보통사람을 위한 신화와 전설이 더 중요하다고 말했다.

역사는 현재와 미래에 교훈을 준다. 그래서 진보와 변혁을 꿈꾸는 사람들은 역동적인 역사에 주목한다. 그러나 시간의 되풀이를 믿고 세속적인 현재만큼 내세에 관심을 두는 인도인은 과거의 교훈이 덜 필요했을지도 모른다. 그래서 그들은 정복되고 고통을 받은 나쁜 과거를 기억하기보다 잊어버리고 살아남기를 바랐을 것이다. 나쁜 경험과 슬픈 어제를 치유하는 가장 좋은 약은 잊고 사는 것이다. 인도인이 미개하거나 무능해서 역사를 남기지 않은 것이 아니다.

구비전통의

수다쟁이

어느날 한 브라만이 신에게 제물로 바칠 동물을 사러 장에 갔다. 염소 한마리를 사서 어깨에 메고 집으로 가던 브라만은 건달

들을 만났다. 염소를 메고 가는 브라만을 본 건달들은 그를 골탕
먹이려고 작정했다. 그중 한명이 접근해서 말을 걸었다.

"왜 개를 지고 가시오?"

"이건 개가 아니라 염소요."

"아니 그게 어찌 염소란 거요? 개가 분명한데요."

두번째 건달이 브라만에게 같은 말을 건넸다. 브라만은 개가
아니라 염소라고 부정했으나 세번째 건달을 만나서 같은 말을
듣자, 자기가 장에서 산 동물이 개라고 여기고 길에다 던지고 집
으로 돌아갔다. 개는 신에게 제물로 바칠 수 없는 부정을 탄 동물
이기 때문이다. 버려진 염소를 집어든 건달들은 그걸 잡아서 맛
있게 먹었다.

인도의 아이들은 이런 설화를 들으며 다수의 횡포와 진리의 험난
한 노정을 배우고 새긴다. 공식적인 교육이 부족해도 인도인이 지혜
로운 건 이런 전통에서 살기 때문이다. 대개 이야기꾼은 "옛날 옛적
에 어느 마을에"로 이야기를 시작해 듣는 사람들을 다른 세계에 끌
어들였다가 이곳의 현실로 데려오는 방식으로 이야기를 끝맺는다.
그래서 "며칠 전에 그 왕자님을 시장에서 봤는데, 내게 아는 척을 하
지 않고 지나가더라"로 끝이 난다. 그렇게 하여 먼 시대 남의 이야기
는 오늘날의 내 이야기가 된다.

말을 통해 사회윤리와 행동거지를 전수하는 전통을 가진 인도인
은 말이 많다. 말하는 것을 좋아하고 말을 잘한다. 인도인은 혼자 있
으면 독백하고 둘이 있으면 논쟁하며 셋이 있으면 정당을 만든다는

     인도는 힘이 세다

우스개가 나올 정도다. 노벨경제학상을 받은 아마르티아 센Amartya Sen 은 『논쟁적인 인도인』The Argumentative Indian 이란 책을 썼다. 그의 고향인 벵골지방에는 누가 '그렇다'라고 외치면 어디선가 곧바로 '아니다' 라는 소리가 나올 정도로 논쟁이 유명하다.

지금은 은퇴했으나 델리의 네루대학에서 최초로 한국학을 가르친 라마크리슈난 교수도 재미를 양념으로 섞어 말을 많이 하는 전형적 인 인도인이었다. 그를 만나서 이야기를 나눌 때 말할 기회를 잡기란 쉽지 않았다. 그는 자신이 말을 잘하는 남부지방의 브라만이고 더구 나 논쟁적 좌파학자가 가득한 네루대학에 몸담고 있으니 말 많은 것 이 당연하다고 대화의 말미에 변명처럼 웃으며 설명했다.

2012년 7월에 델리에 갔다가 호텔에서 불러주는 택시를 잡아타고 시내에 책을 사러 나갔다. 볼일을 끝내고 호텔로 돌아가기 위해 택시 정류장을 찾아가 흥정을 시작했다. 땀을 닦으며 차에 오른 택시기사 는 편도요금의 두 배를 내라고 말했다. 인도의 택시는 모두 콜택시라 서 길에서 잡기가 힘든 게 사실이다. 흥정이 깨지고 내가 비싸다고 말하며 발걸음을 떼자 재빨리 운전대를 잡은 기사가 웃으며 말했다.

"그 가격에 갑시다. 그렇게 해서 당신이 행복하다면 그래야지요."

장사를 잘하는 인도인의 성공은 말에서 나온다. 배움이 짧은 사람 도 많이 배운 내 말문을 막을 때가 많다. 근대의 영국인은 인도인이 잘하는 것이라곤 이웃사람과 수다를 주고받는 것이라고 비웃으며 인도의 국민성은 말이 많은 것이라고 폄하했다. 이런 비판에는 말을 잘하는 인도인을 맘대로 통제할 수 없는 지배자의 두려운 속내가 묻 어 있다.

인도에는 말을 잘해서 죄를 갚고 목숨을 구한 사람이 많다. 19세기 초반에 유럽인 장교와 용병이 포함된 강력한 군대를 가지고 영국을 위협한 북부지방의 어떤 지배자가 사형제도를 없앤 것은 시대를 앞선 행동이 아니라 말을 잘하는 죄수를 만났기 때문이다. 사형을 받으려고 사형장으로 끌려온 죄수는 마지막으로 할 말이 없냐는 왕의 질문에 이렇게 답했다.

어렸을 때 유명한 점쟁이가 훗날 제가 어떤 후레자식에게 죽임을 당할 거라고 예언했습니다. 저는 죽어도 좋지만 전하께서 후레자식이라는 소리를 들을까봐 걱정이 되는군요.

인도인이 말을 잘하는 것은 구비전통이 강하기 때문이다. 인도에 기록과 책이 적고 구비전통이 강한 이유는 종교에 관한 지식과 신성한 진리는 글자가 아니라, 위대한 스승의 축복과 경험에 의해 전해진다고 믿기 때문이다. 태양이 없으면 깜깜하듯이 스승의 설명이 없으면 공부를 하기 어렵다고 여긴 그들에게 진리는 '보는 것'이 아니라 '듣는 것'이었다. 눈이 아니라 귀가 중요했다.

그래서 그들은 글보다 말을 좋아했다. 경전은 산스크리트어를 아는 브라만들이 기억과 암송으로 전했고, 그밖의 사람들은 신화와 전설, 민요와 설화 등의 이야기를 통해서 사회가 전하는 가치와 행동을 배웠다. 그들은 기록된 책이나 문서는 불에 타거나 홍수가 나서 떠내려가지만 사람의 뇌에 자리한 기억은 사라지지 않고 영원하다고 믿었다. 기록보다 사람을 믿은 셈이다.

     인도는 힘이 세다

구비전통이 강하지만 인도에 문자가 없진 않았다. 해독되지 않은 인더스문자도 있고, 아소카시대에 사용된 브라흐미문자도 있었다. 베다에도 문자에 대한 이야기가 나오고 베다가 문자로 쓰였을 가능성이 있지만, 남아 있는 기록은 없다. 문자는 불교가 생긴 지 얼마 뒤인 기원전 500년경부터 사용된 것으로 보인다. 1세기경부터 손으로 필경하여 만든 책이 나타났다. 이슬람이 온 뒤에도 지식은 구전이 대세였다.

18세기의 조사에 따르면 당시 대부분의 학교수업은 교과서 없이 암송으로 진행되었다. 학생들은 모래밭이나 땅에다 글자 연습을 했다. 인쇄된 책이 지식과 정보의 새로운 매체로 떠오른 것은 18세기에 이르러서였다. 유럽 선교사들이 성경을 읽히기 위해 지역어로 책을 인쇄하기 시작한 것이다. 그러나 인쇄술이 본격화된 것은 19세기였다.

인도에는 고대부터 직업적인 이야기꾼이 있었다. 그들은 지방을 돌아다니며 글을 모르는 사람들에게 우정과 어리석음, 탐욕과 만용, 자만심과 이기심을 버리는 법을 이야기와 연극으로 들려주었다. 힌두 대서사시도 노래와 암송을 통해 전국으로 퍼졌다. 공식적인 교육을 받지 않은 대다수 인구는 이야기를 통해 문화유산과 전통을 배웠다. 간디가 한평생 진리를 추구한 것도 어릴 때 동네에서 진리를 다룬 유랑극단의 연극을 본 덕분이었다.

아마르와 카마르라는 두 청년이 이웃마을에 놀러갔다가 미래를 내다보는 성자가 숲 속에 산다는 소문을 들었다. 둘은 길고 힘든 길을 따라 그곳을 찾아갔다. 성자를 만난 두 사람은 자신들의 미래를 알려달라고 요청했다. 성자는 청년들에게 타일렀다.

"이보게, 젊은이들. 앞날은 모르는 게 나아. 미래를 아는 것이 사는 데 도움이 되지 않거든."

그래도 두 청년은 끈질기게 졸랐고, 성자는 결국 1년 안에 아마르는 왕이 되고 카마르는 죽는다고 예언했다. 아마르는 뛸 듯이 즐거웠으나 곧 죽는다는 소리를 들은 카마르는 슬펐다.

아마르는 왕이 될 날을 기다렸다. 왕궁을 지을 땅도 봐놓았다. 짧은 기간에 왕이 될 것을 대비하려고 터 파기를 하던 아마르는 땅 속에서 금이 든 항아리를 발견했다. 아마르는 카마르에게 금의 절반을 주었으나 카마르는 곧 죽을 테니 금은 쓸 데가 없노라고 사양했다.

집으로 돌아가던 둘은 갑자기 나타난 떼도둑과 마주쳤다. 카마르는 약간의 부상을 입었다. 도둑들은 무슨 일인지 그냥 도망쳤다. 무사한 아마르는 금이 든 항아리가 행운을 가져왔다고 생각했다. 부자가 된 아마르는 거만해졌다. 행동이 거칠어서 모든 이들이 그를 싫어했다. 반면에 죽을 날이 머지않은 카마르는 늘 겸손했다. 날이 갈수록 많은 사람이 카마르를 좋아했다.

1년이 지났으나 아마르는 왕이 되지 못했다. 카마르도 죽지 않았다. 그들은 다시 숲 속의 성자를 찾아갔다. 성자의 예측이 틀렸다고 말하자 성자는 미소를 지으며 말했다. 황금이 가져온 아마르의 나쁜 행동이 ‘왕국’을 가질 기회를 무너뜨렸고, 카마르의 좋은 행동이 죽음을 피하게 만들었다고 설명했다. 집으로 가는 길에서 도둑에게 입은 카마르의 작은 상처가 죽을 운명을 막은 셈이라고도 덧붙였다.

여러 지방에서 다른 버전으로 전해지는 이 설화는 주어진 운명이란 없다는 걸 알려준다. 브라만처럼 고상한 철학서나 훌륭한 스승을 만날 기회가 없는 대다수의 민초들은 이런 이야기를 듣고 운명이 정해진 것이 아니라 개인의 착한 행동과 나쁜 행동에 따라 변한다고 믿으며 험한 세상을 건넜다.

인도의 구비전통이 기원전 6000년으로 거슬러 올라간다고 주장하는 사람도 있다. 그동안 인도는 악조건에서도 자기 문명을 이어왔다. 기록을 버리고 태울 순 있어도 모든 사람을 죽이진 못하기에 살아남은 사람들에 의해 문명이 이어진 것이다. 수천년간 입으로 전해진 종

교적이고 세속적인 이야기들은 정복자가 다 사라진 지금도 남아 있
다. 근대에 책이 등장하고 서구에서 온 역사와 기록이 등장했어도 구
비전통은 시들지 않았다.

구비전통이 가진 힘을 대서사시를 통해 살펴보자. 기원전 5~6세기
경 궁정시인들이 노래를 만들어서 부르기 시작한 베다에서 뽑아 만
든 노래들은 전문 이야기꾼의 암송과 연극을 통해 도시에서 지방으
로 퍼져나갔다. 여기에 서민의 삶과 여러 지방의 새로운 이야기가 보
태져 모든 사람이 좋아하는 민족의 대서사시가 되었으니 바로 『라마
야나』와 『마하바라타』다.

왕족 간의 권력투쟁을 다룬 『마하바라타』는 '대*인도'라는 뜻을
가진 세계에서 가장 긴 서사시로 19편, 10만 6000구, 20만 행의 노래
가 담겼다. 그래서 "여기에 있는 것은 인도에 있고, 여기에 없는 것은
인도에 없다"라는 말이 나왔다. 쿠루족의 왕가에서 다섯명의 왕자 가
운데 맏이를 왕으로 삼자 그의 사촌이 음모를 꾸며서 그를 죽이려고
한다. 도망쳤다가 돌아온 다섯 왕자는 사촌과 큰 전쟁을 치른다. 이
전쟁을 다룬 이야기에 신화와 전설, 풍속과 제도가 섞여서 흥미진진
한 대서사시가 되었다.

주인공 라마가 겪은 모험담인 『라마야나』는 2만 4000구, 5만 행의
웅대한 내용으로 호메로스의 『일리아스』*Ilias*보다 세 배가 길다. 아름
다운 시타를 아내로 맞아 행복하게 살던 라마 왕자가 자신의 아들을
왕으로 만들려는 계모의 음모로 14년간 숲으로 추방되어 온갖 고초
를 겪는 이야기다. 그는 악마의 왕이 시타를 납치하자 원숭이와 여러
동물의 도움을 받아서 악마를 죽이고 아내를 구한 뒤 왕국에 돌아와

 인도는 힘이 세다

『라마야나』의 한 장면 모든 인도인이 좋아하는 민족의 대서사시 『라마야나』는 오늘날에도 영화와 드라마로 제작되어 사람들의 큰 사랑을 받고 있다. 인도를 지배한 이슬람제국에도 오래된 인도의 이야기가 퍼져나갔다.

왕위에 오른다. 라마를 도운 원숭이의 이야기는 나중에 중국에 전해져 『서유기』^{西遊記}로 재탄생되었다.

그리스의 호메로스가 남긴 『일리아스』보다 긴 두 서사시는 수많은 언어와 종족을 가진 다양한 지방의 서로 다른 인도인을 느슨하지만 하나로 묶는 데 기여했다. 읽기만 해도 지은 죄를 씻고 천국에 갈 수 있다고 여긴 사람들의 종교가 된 대서사시는 인도문화를 풍성하게 만들었다. 서사시의 내용은 그림과 조각, 문학과 무용에 큰 영향을 주었고, 오늘날엔 영화와 드라마로도 만들어졌다. 1980년대 후반 TV시리즈로 만들어진 「라마야나」는 본방송을 시청한 사람이 1억명을 넘길 정도로 인기를 끌었다.

지역과 시대에 따라 다르게 해석되며 수많은 버전을 낳은 『라마야나』와 『마하바라타』는 국경을 넘어 유럽과 동아시아까지 전해졌다. 오늘날에는 저 멀리 서인도제도와 피지에서도 대서사시를 만날 수 있다. 특히 고대부터 인도의 종교와 문화를 받아들인 동남아시아에서 대서사시의 영향이 강했다. 캄보디아의 앙코르와트, 인도네시아의 무용, 태국의 연극에 그 흔적이 깊게 배어 있다. 발 없는 말이 천리를 가듯 인도의 구비전통이 역사보다 오래간다는 걸 알 수 있다.

언어는
제2의 영혼이다

기록보다 구비전통을 선호한 인도인이 역사적으로 어떻게 외국어를 받아들였는가를 보면 문화의 속성이 드러난다. 이 책의 여러 군데서 언급한 것처럼 인도인은 밖에서 온 것을 자기 문화로 단박에 받아들이지 않는다. 정치적으로 패배했다고 해서 문화적으로도 패배하는 건 아니라는 걸 보여준 인도는 언어에서도 비슷한 노정을 거쳤다. 당

200　　　　　　　　　　　　　　　　　　　　　　　

장에 어떤 언어를 배우고 사용해도 긴 시간이 지나고 나면 결과가 달라지는 곳이 인도다.

인도에서 이슬람 세력은 600년을 지배했다. 이후 200년의 시간이 더 지났어도 그들의 언어인 페르시아어와 아랍어는 인도에 뿌리를 내리지 못했다. 2세기간 인도에서 정부를 구성하고 권력을 행사한 영국의 언어도 비슷했다. 독립할 당시에 영어를 해득하는 인도인은 전체 인구의 2퍼센트가 채 되지 않았다. 외국에서 온 언어들은 시간의 승리를 믿는 인도인의 안방으로 들어가지 못하고 늘 문지방에서 서성거렸다.

일부 힌두들은 살기 위해 차선을 선택했다. 15세기 초부터 낮은 계급의 세금징수인과 서기 등의 행정직을 그들이 차지한 것이다. 술탄으로서도 그들을 임용하는 것이 차선이었다. 페르시아 출신을 채용하기엔 비용이 많이 들고, 다른 무슬림들은 낮은 직책에 관심을 두지 않았다. 무굴시대의 일부 힌두들도 황제와 귀족의 상인이나 행정관으로 일하면서 부와 권력을 얻었다. 밖에서는 페르시아의 생활방식을 따르고 페르시아어를 사용한 그들은 귀가하면 모국어를 사용했다.

이슬람 세력은 공식어인 페르시아어를 강제로 가르치지 않았고, 영국은 영어를 가르쳤다가 맞게 될 정치적 위험성을 인지하고 곧바로 영어교육을 억제하려고 애썼다. 영어를 배운 인도인은 대개 페르시아어와 아랍어를 배웠던 브라만과 서기계층 같은 상층카스트였다. 그들도 공적 영역에서는 어쩔 수 없이 이방의 언어를 사용해도 집에 돌아오면 모국어를 썼다. 그것이 안방을 절대로 내주지 않는 그들의 자존심이었다.

오늘날 국제사회에서 활약하는 인도인이 갖는 상대적 장점은 영어를 구사하는 능력이다. 분명한 것은 그들의 영어가 영국 식민통치의 덕이 아니라는 점이다. 지금은 영어를 말하는 인구가 약 10퍼센트로 추정되지만, 정확한 비율은 알려지지 않는다. 인도정부가 자존심을 지키려고 영어를 구사하는 인구를 조사하지 않기 때문이다. 나는 한 나라가 그 정도의 자존심은 있어야 한다고 생각한다.

영어를 말하는 인도인이 급증한 것은 인도가 세계적으로 주목받기 시작한 최근의 현상이다. 영어가 먹고사는 데 중요하다는 걸 깨달은 사람들이 적극적으로 영어를 배우기 시작한 것이다. 밥벌이를 할 수 없는 언어는 저절로 사라진다는 것이 실리적인 인도인의 자세다. 일부 인도인이 한때 무굴제국의 공식어인 페르시아어를 배웠고 대영제국의 영어를 익혔던 것도 돈과 지위를 얻기 위한 실용적인 목적이 있어서였다.

영국이 인도를 포기하고 떠난 것은 더이상 영어가 망가지는 걸 보고 싶지 않아서랍니다.

1990년대 전반에 인도연방의 총리를 지낸 바지파이Vajpayee의 농담이다. 그는 힌디어로 시를 쓴 유명한 시인이기도 하다. 죽은 영어가 인도의 거리에 여기저기 버려져 있다고 말한 것도 그였다. 이러한 농담은 세계적으로 퍼진 인도인의 영어 실력에 대한 일반적인 평가와 비슷하다. 즉 영국에서 태어난 영어가 미국에 가서 자랐고, 호주에 가서 병들었다가 인도에 가서 죽었다는 것이다.

그래서 인도에는 영어가 객지에서 고생하는 일을 풍자한 우스개나 일화가 많다. 내가 아는 독일인 학자가 산스크리트어를 배우려고 남부지방의 유명 대학에 유학할 때 겪은 일화도 그중 하나다. 첫날 강의가 끝난 뒤에 복도에서 만난 한 인도 학생이 그에게 강의가 어땠느냐고 물었다. 독일에서 온 지 얼마 되지 않은 학자는 타밀어를 몰라서 강의를 이해하지 못했노라고 솔직하게 대답했다. 그러자 인도 학생이 말했다.

"타밀어요? 강의는 영어로 했는데요."

넓은 인도에는 다른 지방을 한번도 가보지 않고 고향에서 살다가 죽는 사람이 대다수다. 그들이 다 영어를 배울 필요는 없다. 타밀어만 알아도 타밀지방에서 사는 데 문제가 없고, 구자라트어만 알면 구자라트에서 아쉬울 것이 없다. 앞에서 말한 대서사시도 원래는 산스크리트어로 전해졌으나 지방에 사는 다수의 서민을 위해 각 지역어로 옮겨졌다.

오늘날 인도영어는 힝글리시(힌디어 + 영어)라고 불린다. 힌디어뿐 아니라 타밀어와 구자라트어 등 여러 지역어에서 영향을 받은 인도영어는 영국영어나 미국영어가 아니라 인도화한 영어, 인도식의 영어를 말한다. 각 지역어 방송을 보면 영어단어가 수없이 섞여 있어서 그 언어를 전혀 모르는 나도 어느정도 이해할 수 있다. 인도영어는 이제 외국어가 아니라 수많은 언어를 가진 인도에서 하나의 언어로 여겨진다.

영어가 모국어인 인도인은 많지 않다. 인도인에게 영어는 대개 제2의 언어나 제3의 언어이고 때로 제4의 언어인 경우도 있다. 공식어가 22개인 인도에서 가장 많은 사람들이 쓰는 힌디어도 남부지방에서는 환영받지 못했다. 정부가 힌디어를 국어로 선포하자 드라비다어를 쓰는 남부지방은 분신자살을 하는 등 극렬하게 반대했다. 연방정부가 그 계획을 포기하면서 힌디어는 지금 영어와 함께 광대한 인도를 연계하는 언어로 사용된다.

북부지방이 고향인 인도인 친구들과 남부지방을 여행하면 그들도 나처럼 언어가 통하지 않아 고생한다. 인도인이 다수인 일행이 제 나라에서 말귀를 알아듣지 못해 당황하는 상황이 일어나는 것이다. 타밀어를 쓰는 남부 사람이 서부의 구자라트를 찾아가도 외국인인 나와 사정이 비슷해진다. 동부지방에 간 북부지방의 카슈미르인도 유럽인처럼 곤혹스러운 순간을 겪게 마련이다.

이런 인도에서 생긴 일화를 하나 소개한다. 1996년 남부지방 농민 출신으로 연방총리에 오른 데베 고다 Deve Gowda 는 힌디어를 전혀 몰랐다. 그래서 수도 델리에서 총리가 읽은 힌디어 취임사에는 그의 고향의 언어인 칸나다문자로 토를 달았다. 총리는 영어를 모르는 우리나라 사람이 팝송가사를 '테이크 미 컨트리로드'라고 한글로 적어서 부르듯이 그렇게 적힌 취임사를 낭독했다. 그의 발음이 어땠을지는 짐작이 가는 일이나 다원사회에 사는 인도인은 당연하게 받아들였다.

바깥에서 온 것을 시간을 두고 천천히 받아들이는 인도인이 적극적으로 영어를 배우기 시작한 것은 최근의 일이다. 넓은 세계가 긴밀하게 연결되고 경제가 활성화하는 국내에서 사람의 이동과 교류가 빈번해지자 소통의 언어가 중요하다는 걸 깨달은 것이다. 지난 10여 년간 대도시에는 영어학원이 우후죽순처럼 생겨났다. 남부지방 사람

    인도는 힘이 세다

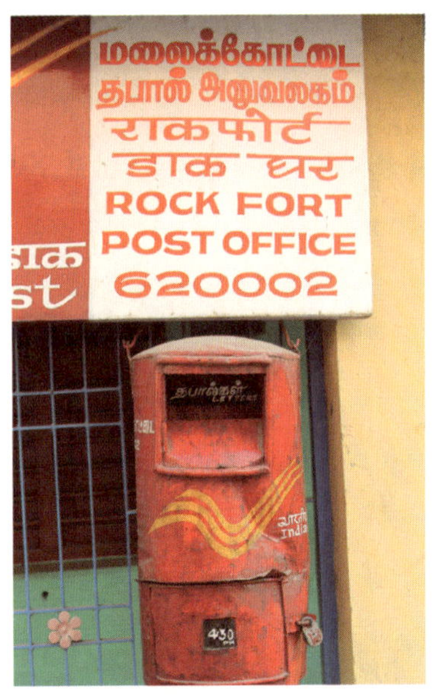

여러 언어로 된 우체통 인도 곳곳에는 다양한 언어가 적힌 안내판을 만날 수 있다. 타밀어·힌디어·영어로 된 우체통 안내문 같은 것이 거리에 즐비하다.

들도 돈과 취직을 위해 한때 죽도록 반대한 힌디어를 배우기 시작했다.

인도역사를 공부한 내가 보기에 인도에서 영어의 운명은 고대의 산스크리트어나 중세의 페르시아어와 크게 다르지 않을 것이다. 무굴제국이 힘을 자랑할 때 일부 인도인은 성공의 언어로 여겨진 페르시아어를 열심히 배웠다. 북부지방의 엘리트들은 우리나라 양반들이 사서오경四書五經을 인용하듯 페르시아 시구를 줄줄이 외웠다. 그러나 영국이 세력을 잡자 그들은 출세의 수단인 영어를 배웠고 페르시아어는 사라졌다. 13세기 페르시아의 시인 사디Saadi의 글이 생각난다.

가치 없는 돌 한 조각이 황금술잔에 상처를 내도 그 돌조각의 가치는 늘어나지 않으며 황금술잔의 가치가 줄지도 않는다.

인도에서 언어는 본질이 아니라 수단이다. 인도인이 산스크리트어에서 페르시아어로, 페르시아어에서 영어로 갈아타는 것은 삶의 핵심에 영향을 주지 않았다. 자기 문화를 배반하는 것도 아니었다. 여러 신을 믿는 인도인은 여러개의 삶을 살고, 그래서 언어도 하나가 아니라 여러개를 쓴다. 오늘날의 학생들도 서너개의 언어를 배운다. 그런 그들이 여러 언어 중에서 하나를 버리는 것은 어렵지 않다. 오늘날 한때 정오의 태양과 같던 산스크리트어와 페르시아어를 쓰는 인도인은 없다.

나는 우리나라의 학생들이 영어교육에 시간을 많이 들이느라고 다양한 걸 배우고 경험할 기회를 놓치는 것이 아쉽다. 영어를 배우면서 서구문화에 동화되고 자기 전통으로부터 멀어지는 경향을 보이는 것도 씁쓸하다. 그러나 인도는 이 점에서 위험하지 않아 보인다. 게다가 영어는 인도의 언어가 되었다. 다만 영어를 배울 돈이 없는 낮은 계층이 사회적 약자로 고착되는 점은 문제다.

우리나라와 미국 등 거의 모든 나라에서 종이신문은 사양길에 들어섰다. 흥미롭게도 경제적으로 전성기인 인도는 종이신문이 점점 늘어가는 추세다. 힌디어에 이어 두번째로 많이 발행되는 영자신문(2010년 현재 1만 1478개의 영자신문이 발행된다)도 마찬가지다. 인도의 영향력이 확대되면서 지구촌에서 인도영어의 중요성도 증대되고 있다. 인도인의 발음이 신통치 않다고 은근히 비웃고 야유하는 세계인들이 조만간 인도영어를 배우려고 줄을 서야할지 모른다. 역시 세상은 돌고 돈다.

6

뿌리 깊은 나무와 바람

동아줄과
같은 전통

"인도는 변하지 않아서 좋아요."

경복궁역 부근의 화랑에서 인사를 나눈 한 CF감독은 이렇게 말했다. 인도에 다녀온 뒤 18년 만에 다시 갔는데 조금도 변하지 않았더라는 것이다. 나는 문득 그에게 인도에서 활동하는 한 사업가를 소개하고 싶었다. 대도시만 돌아다니는 그는 인도가 엄청나게 변하고 있다고 강조하기 때문이다. 변하는 인도와 변하지 않는 인도로 이해하는 두 사람의 관점에는 급변하는 인도를 알리고 싶은 사업가의 욕망과 변하지 않는 세상이 그리운 CF감독의 기대감이 녹아 있다.

인도인이 열등한 민족이고 우리는 우수한 인종이라고 말하는 것은 아주 흥미 있는 일이었다. 그는 인도인이 웬일인지 우리가 거의 꼭대기에 도달한 그 사다리의 맨 아래 단계에서 멈추었고, 그 상황에서 수백년, 수천년간 머물러 있다고 말했다. 그러나 우리가 그들의 손을 잡아서 우리의 수준까지 이끄는 데는 그다지 시간이 많이 걸리지 않을 것이었다.

영국 작가 레너드 울프Leonard Woolf의 말이다. 어떤 나라가 다른 나라가 변하지 않는다고 주장할 때도 이런 정치적 동기가 숨어 있다. 1818년 최초로 인도통사를 서술한 영국의 공리주의자 제임스 밀James Mill은 인도를 불변의 정체된 사회라고 적었다. 아리아인이 온 고대에서 영국이 도착한 근대까지 3500년간 변화가 없었다는 것이다. 그 증거가 카스트제도와 힌두교였다. 그의 책은 근대성과 미래를 가진 영국이 정치, 경제가 없는 인도를 통치하는 것이 마땅하다는 논리로 이어진다.

역사학자인 내 눈에 인도는 변하지 않지만 끝없이 변한다. 백조가 유유히 헤엄을 치는 듯이 보여도 수면 아래서 그 다리가 쉼없이 움직이는 것과 비슷하다. 사실 진보와 보수는 제로섬관계가 아니다. 특히 인도는 본질적인 것이 더디게 변해서 변하지 않는 것처럼 여겨진다. 그러나 크고 작은 바람이 쉬지 않고 분 인도는 고대와 오늘날이 천양지차고 중세와 근대도 아주 달랐다.

물론 5000년 전 고대문명의 한 자락을 21세기에도 만날 수 있는 나라는 인도가 유일할 것이다. 중국의 고대문명인 황허문명을 지금의 베이징에서 볼 수 없고, 나일 강 유역의 고대문명을 오늘날의 이집트

　　　　　　　　　　　　　　　　　　　　인도는 힘이 세다

고대와 현대의 두 여인 물항아리를 든 5세기경 굽타시대의 여인과 삶의 무게를 짊어진 현대 인도의 여인
이 묘하게 닮아 있다.

에서 만날 수 없지만 인도에는 인더스문명이 오늘날에도 남아 있다.
세계 어디에서도 볼 수 없는 긴 생명력이다.

인더스문명은 1920년대 발굴이 시작되면서 세상에 알려졌다. 기록
이 없이 유물과 유적으로 과거를 드러낸 인더스시대의 사람들은 지
금의 인도인처럼 여신을 숭배했다. 물질문명이 극성인 현대에 한층
주목받는 요가와 명상도 실천했다. 오늘날의 옷차림과 장신구를 닮
은 유물도 보인다. 인더스문명에 이어서 북부지방에 펼쳐진 베다시
대의 문화와 전통도 2000년이 넘게 지속되었다.

내가 갠지스 강변에서 나체수행자와 부딪친 황당한 일은 1995년
에 겪었다. 1700년대 인도에 살던 한 영국인은 길에서 만난 벌거숭이

요가수행자를 경이롭다고 적었다. 그보다 2000년 전에 동방을 원정하던 알렉산드로스도 인도의 요가수행자를 만나서 대화를 나눴다. 오늘날 인도를 여행하는 사람들이 비슷한 차림의 요가수행자를 어디에선가 만날 확률은 100퍼센트다. 그때나 지금이나 비슷한 차림의 요가수행자를 만날 수 있는 것은 인도가 아니면 불가능하다.

이렇게 긴 전통을 볼 수 있는 나라는 세상에 없다. 서양문명의 원조인 그리스를 보자. 1200년대와 1800년대의 그리스인들은 그리스 신화에 나오는 유피테르Jupiter와 베누스Venus 여신을 받들지 않았다. 그러나 인도에서는 고대나 중세처럼 지금도 시바Śiva 신과 파르바티Pārvatī 여신을 숭배한다. 20세기 전반의 생활방식까지 거의 다 사라진 우리나라를 보면 인도의 전통이 범상하지 않다는 걸 알 수 있다.

남부지방 마두라이의 오래된 미낙시사원은 내가 두번이나 가본 힌두사원이다. 드물게 여신과 그의 남편을 신으로 함께 받드는데, 여기에는 놀랍게도 사원이 지어진 때부터 지금까지 64대를 이어서 봉사하는 브라만 일가가 현존한다. 그리스의 파르테논 신전을 지키던 사제의 후손이 지금도 그 신전에서 봉사하는 것과 같다. 이 지방에는 2000년이 된 축제가 지금도 매년 열리고 있다. 그곳에서 나는 할리우드영화 「티베트에서의 7년」Seven Years In Tibet에서 브레드 피트Brad Pitt가 아들에게 한 말을 생각했다.

시간이 정지된 이곳에는 모든 것이 움직인단다.

시간이 멈춘 듯해도 변하는 것이 인도에는 많다. 결혼식도 그렇다.

 인도는 힘이 세다

브라만사제가 결혼식을 주관하고 베다를 낭송하는 베다의식이 지금까지 3000년간 이어졌다. 지역과 카스트에 따라 디테일은 달라졌으나 큰 틀은 비슷하다. 일부일처제의 가부장제와 채식주의도 기원전 1000년경부터 전해져 오늘에 이르렀다. 힘을 자랑하고 유일신을 믿는 공통점을 가진 이슬람과 영국이 왔다간 800년간에도 이런 전통의 근간은 지속되었다.

인도인의 결혼은 지금도 중매결혼이 압도적으로 많다. 운명을 믿기 때문인지 이혼율도 낮다. 인도에 오래 산 나도 힌두의 결혼식을 자세히 볼 기회는 없었다. 타오르는 불을 앞에 두고 브라만이 집전하는 결혼식에는 신랑과 신부 그리고 그 가족만 참석하기 때문이다. 물론 결혼피로연에는 누구나 갈 수 있다. 성스러운 불을 피우고 결혼식을 올리는 건 순수를 상징하는 불의 신 아그니^{Agni}의 축복을 받으며 인연을 맺는다는 고대의 믿음에서 나왔다. 그래서 결혼식의 말미에 신랑과 신부는 옷자락으로 묶인다.

전통이 지속되는 인도에선 인도의 경제발전을 이끄는 IT산업의 종사자들도 전통결혼식을 선호한다. 카스트를 따지는 중매로 만나서 베다의식으로 결혼하는 것이다. 미국에서 첨단학문을 공부하거나 다국적기업에서 일하는 신랑도 양복이 아니라 화려한 전통복장을 입고 결혼식을 올리려고 귀국한다. 신부도 흰색의 웨딩드레스가 아니라 아름다운 사리로 단장한다. 기독교인이나 유대교인 신부들은 힌두 여성처럼 사리를 입는다.

사리처럼 늘어지는 옷차림은 인더스문명에서 엿보인다. 이어진 베다시대와 불교가 탄생한 뒤에도 비슷한 차림이 사랑을 받았다. 우리

사리를 입은 인도 여성 패스트푸드 매장에서 음식을 주문하는 인도 여성이 사리를 곱게 차려입었다. 인더스문명이 탄생할 때부터 현대 서구문명이 들어와 자리 잡는 긴 기간 동안 옷감을 둘러 입는 차림은 원형을 거의 그대로 유지하고 있다.

나라 불교승려들이 입는 가사장삼은 그 변형과 발전이라고 할 수 있다. 이슬람의 영향으로 옷차림에 큰 변화가 생겼으나 바느질을 하지 않고 길게 늘어트리는 복장은 지금까지 이어졌다. 겨울에 우리나라에서도 사용하는 숄도 인도가 세계에 준 선물이다.

인도인의 자기 문화에 대한 사랑이 가장 돋보이는 건 의생활이다. 특히 성인 여성은 거의 다 사리와 같은 전통복장이다. 한복을 입지 않는 나도 이 점이 부럽다. 미니스커트나 청바지를 입고 세계를 떠도

인도는 힘이 세다

는 인도 여성은 많지 않다. 젊고 미혼일 때 서구식 최신 패션으로 멋을 부린 여성들도 나이가 들거나 결혼한 뒤에는 두루미가 둥지로 돌아가듯 사리로 돌아간다. 무슬림 여성은 그들 나름의 전통의상을 입는다.

전통문화를 뒤에 남겨두고 빨리 전진한 우리나라를 보면 인도인의 전통복장에 대한 충성이 상대적으로 도드라진다. 서울의 한 호텔에서 한복이 푸대접을 받은 일로 한동안 나라 안이 시끄러웠던 적이 있다. 그렇다고 한복을 보존하기 위한 대안이나 대책이 나오진 않았다. 한복을 애용하는 사람이 늘어난 것도 아니다. 분개감이나 목소리를 높인 슬로건으로 옛 문화를 지킬 순 없다.

인도의 소녀들은 사리를 입는 성인식을 통해 여성으로 인정받는다. 내가 만난 여성들은 사리가 세상에서 가장 섹시한 옷이자 우아하면서도 역동적인 차림이라고 사리 자락처럼 길게 장점과 자랑을 늘어놓았다. 조신하게 행동하는 다른 나라의 전통복장과 달리 사리를 입은 여성들은 풀을 뽑고 청소를 하며 뜀박질을 한다. 첸나이의 해변이나 갠지스 강에 가면 사리를 입고 수영이나 목욕을 하는 여성들도 볼 수 있다. 속치마를 입고 거기에 여러 겹의 천을 두른 인도의 사리는 결코 편한 차림이 아니다. 인도문화의 생명력은 유용성과 편리함을 넘어선다.

오늘날 치마와 바지는 온 세상 여성들이 공유하는 복장이다. 그러나 사리는 인도 여성들만 입는다. 사리를 입어야 진짜 인도 여성이라고도 말한다. 1947년 파키스탄이 인도와 분리 독립하자 이슬람 여성들은 사리를 인도의 옷이라고 입지 않았다. 공식적인 자리에서 사리를 선물로 받은 파키스탄의 영부인은 "우리나라에서는 사리를 입지 않는다"라는 말로 거절하여 눈총을 받기도 했다.

작년에 델리대학에 들렀더니 '하의실종' 차림인 여학생이 더러 있었다. 청바지와 미니스커트를 입은 학생들도 많았다. 그러나 그들도 사리가 가장 로맨틱한 차림이란 점엔 동의한다. 요즘은 대도시의 부유층이 유명디자이너의 전통복장과 사리를 애용하면서 오히려 전통을 지키는 역할을 한다. 큰 물고기가 작은 물고기를 잡아먹고 물이 아래로 흐르는 것이 세상의 이치지만 세계 여성이 다 똑같은 복장이 되어가는 건 아쉽다. 그래서 사리자락을 휘날리는 인도 여성들이 고맙다.

느린 변신은
무죄

남부지방의 한 힌두사원에 소속된 코끼리를 두고 유명한 두 브라만 집단이 벌인 지루한 논쟁은 인도적인 특성을 보여준다. 마침내 70년 만에 판결이 났는데, 6개월은 한 종파가 코끼리를 소유하면서 그 이마에 U자 모양의 종파 표시를 하고, 나머지 6개월은 다른 종파가 코끼리를 차지하면서 Y자 모양의 종파를 표시하라는 내용이었다. 그런데 70년을 끈 논쟁은 허무하게 끝났다. 얼마 지나지 않아서 코끼리가 그만 세상을 떠나고 말았던 것이다.

인도에는 이율배반적인 이야기가 아주 많다. 인도의 독립운동을

    인도는 힘이 세다

코끼리를 부리는 브라만 코끼리 소유권을 두고 70년간의 법정싸움은 인도의 특성을 보여주는 전형적인 사례다. 인도인은 저마다 '시간은 언제나 우리 편'이라고 생각한다.

이끌고 초대 총리가 된 네루는 합리주의자였으나 결국 힌두교로 돌아갔다. 영국에서 유명한 학교와 대학을 나온 네루는 브라만 출신이지만 평생 종교적인 숭배를 거부했다. 그러나 17년간 총리를 지낸 그는 유서에 자신을 화장해 갠지스 강에 뿌려달라고 적었다. 베다의식을 치른 그의 유해는 갠지스 강물을 따라 흘러갔다.

농촌에 있으면 나는 인도인이 된다.
콜카타 시에 닿으면 나는 유럽인이 된다.
어느 쪽이 내 진정한 자아인지 아는 자는 누구인가?

네루의 이런 고민은 모든 지식인의 고민이다. 지식인에게는 조국이 없다고 말한 에드워드 싸이드Edward Said가 말한 '망명상태'는 어디에도 소속되지 않지만 동시에 어디에도 속할 수 있는 상태이기도 하다. 그래서 과학분야나 첨단산업의 학위를 가진 오늘날의 인도인들은 인생관을 서구식으로 바꾸지 않는다. 그들은 과거를 좋게 보듯이 현재를 나쁘게 보지 않고 양자를 조정하고 타협한다.

21세기의 그들은 힌두교와 멀어지지 않는다. 오히려 그들의 신심은 더욱 두터워진다고 말해도 좋다. 인도인은 온라인으로 신에게 제사하고 컴퓨터로 점성술을 볼 수 있기에 더욱 편리하게 신을 만날 수 있다고 생각한다. 배운 사람이 늘어도 비판적인 사람은 줄고, 사회가 발전해도 왜소해지는 사람들이 많기 때문에 신을 찾는 사람이 많아지는 것이다. 그래서 경제가 발전할수록 세속화하는 다른 사회와 달리 물질적 삶을 누리면서 더욱 종교에 친밀감을 갖는 사람들이 는다. 그들은 아마도 이렇게 말할 것이다.

"나는 믿는다, 고로 나는 존재한다."

오늘날 IT산업의 강국인 인도의 최대 종교는 '미신'이라고 불리는 온갖 믿음을 다 가진 힌두교다. 영국의 학자 로빈슨이 "인도에 대해 정확하게 말했어도 그 정반대의 말도 진실이다"라고 말한 건 이런 맥락이다. 100년 전에 인도를 여행한 미국의 작가 마크 트웨인Mark Twain도 인도를 도적의 땅, 역병의 땅, 기근의 땅으로 부르다가 전혀 다른 특성이 보여서 다른 이름표를 만들었다. 그래서 인도의 어딘가에는 내가 이 책에서 말한 인도와 정반대의 모습도 있을 것이다.

변하지 않는다고 여겨지는 인도인이 사회변화에 잘 적응한다는 건 역설이다. 정신주의자이지만 물질주의자인 그들은 대동강의 강물

　　　　　　　　　　　　　　　　　　　　인도는 힘이 세다

인도 철도의 동쪽 끝   철도가 들어오면서 한결 편해졌지만 그럼에도 넓은 인도의 성지순례는 수십 시간이 걸리는 멀고 힘든 여정이다.

을 판 봉이 김선달처럼 갠지스의 강물을 떠다가 타르사막에 팔 사람들이다. 요즘 인도에는 주말에 신형자동차를 타고 교외의 대형 힌두사원이나 유명한 성자를 찾아가는 사람이 많다. 우리나라의 연인들은 새해를 보려고 정동진을 찾지만 인도인은 신을 만나려고 성지와 사원에 간다.

철도가 들어서기 전에 넓은 인도를 가로질러 순례여행에 나서는 건 쉽지 않았다. 남부지방에서 북부지방의 갠지스 강에 가는 것은 목숨을 건 대사건이었다. 나이가 든 사람들은 유언을 남기고 집을 떠났고, 그런 부모를 위해 아들이 업고 먼 길을 나선 경우도 많았다. 철도가 연결되자 순례여행은 한결 편해졌다. 그래도 넓은 인도의 성지순

레는 수십 시간이 걸리는 멀고 힘든 여행이다.

오늘날에는 안락한 자동차를 타고 잘 포장된 도로를 달려서 갠지스와 히말라야에 가는 사람이 많다. 일상을 버리고 순례하던 옛날과 달리 지금은 방학이나 휴가기간을 써서 성지순례에 나선다. 고행인 순례여행이 안락한 호텔과 편안한 시설이 보장된 패키지여행이 된 것이다. 더 잘살수록 더 많은 사람이 신을 받들고 따른다는 점이 발전가도를 달리는 인도의 특징이다.

전통이 과학기술을 만나 오래된 힌두교에 근대적인 편리성을 제공하는 것도 요즘의 유행이다. 인터넷에는 힌두교와 관련된 웹사이트가 엄청나게 많다. 자고나면 수십개가 새로 생긴다. 인구가 많아서 인터넷을 하는 인구가 많은 것이다. 텔레비전의 빠른 보급도 큰 영향을 끼쳤다. 힌두교는 물론, 기독교와 시크교도 독자적으로 종교채널을 만들어 예배와 설법을 내보낸다. 미국과 캐나다, 피지와 남아프리카 등 세계 전역에 흩어져 사는 이민자들이 인터넷과 SNS 등의 과학기술을 선용先用하여 모국의 문화와 종교에 가까워지는 것도 요즈음의 현상이다.

서구화한 인도인이 영적 생활을 버리지 않는 것도 주목할 현상이다. 일상에서는 서구식으로 살아도 힌두의 정체성과 전통을 잃지 않는 것이다. 신흥중산층은 보이지 않는 것에 많은 걸 투자한다. 세속적으로 성공한 사람이 신을 덜 의지하고 더 세속적이게 마련이지만, 경제적으로 여유가 생긴 인도인은 더욱 신에게 다가간다. 인터넷과 위성방송, SNS를 통해 24시간 신을 만나고 소홀하던 아침예배도 열심이다. 단식을 실천하며 축제를 풍성하게 즐기는 것도 그들이다.

최근의 인도는 옛것과 새로운 것의 조합이 강세다. 힌두사원이 전기를 써서 외벽을 꾸미는 것도 그렇다. 밤이 되면 힌두사원에 장식된 형형색색의 전구들이 일제히 깜빡거리고 반짝이면서 한여름에도 우리나라의 크리스마스 분위기를 낸다. 힌두사원의 이런 변신은 지극히 인도적이다. 즉 이익이 난다면 세속과 거리를 두는 종교사원도 최신의 과학기술을 적극적으로 응용하는 실용적인 자세다.

나는 한동안 새해 첫날에 인도 언론사의 홈페이지에 접속해 재미로 1년 운세를 보곤 했다. IT산업의 발달이 오랜 역사를 가진 인도의 점성술과 손을 잡은 것이다. 여러 도시의 산부인과 병원 앞에는 노트북을 든 점술가가 태어난 아기의 운세를 알려주려고 진을 치고 있다. 좋은 사주에 맞춰 제왕절개술을 하려는 산모들이 그들의 주요고객이다.

요가와 명상도 인기를 끈다. 경제발전의 여파로 스트레스가 늘어난 인도인이 많아서다. 주로 대도시에서 수요가 높은 요가는 인도인 구루들이 미국에 전파한 프로그램을 역수입한 것이다. 자신을 다스리고 세속적인 욕망을 버리라고 가르치는 요가가 돈을 버는 사업이 된 것도 큰 변화다. 인도 전역에는 수많은 요가교사들이 수만명의 외국인 수강생을 상대로 돈을 벌고 있다.

IT산업이 경제발전의 주축이지만, 전통이 강한 인도에는 아직 미신이 많다. 최근에는 미신이 현대사회에 맞게 재해석되고, 부정적인 생각을 줄여주는 순기능을 갖는다. 예를 들어 운전자가 많은 오늘날에는 차를 타고 가는데 검은 고양이가 길을 가로지르면 나쁜 징조라고 여기고 차를 세우고 잠시 쉬었다가 운전한다. 코끼리의 얼굴을 한

가네샤 신상을 운전대 앞에 놓아두고 운전하면 안전운행이 보장된다고 믿는 사람도 많다.

융통성은 안 되는 것을 되게 하는 것이다. 인도는 종교와 관습에 찌든 보수적인 사회가 아니라 현세의 가치를 인정하고 필요한 것을 수용하는 데 신축적인 사회다. 운명순응적인 세계관과 비세속주의, 카스트제도도 과학기술의 발달에 부정적이지 않다. 앞에서 여러번 언급한 것처럼 사회의 엘리트인 브라만도 세속적인 이득을 얻기 위해 자주 변신했다. 이는 고대부터 장려한 외국무역과 수많은 외국의 정복과 지배를 받으며 '밖'과 접촉한 데 따른 것이다.

상인과 농민도 새로운 것을 배우는 데 개방적이었다. 상인들이 가장 적극적으로 수용한 외국의 기술은 인도에 위협을 주는 선박과 대포를 만드는 기술이었다. 농민들도 생산력을 높이는 새로운 농기구를 받아 썼다. 실용적인 그들이니만큼 비싸거나 기존의 것보다 떨어지는 기술에는 냉담했다. 지금도 인도인은 경제적 가치와 편의성과 유용성을 따진 뒤에 투자하거나 수입한다.

서양의 힘이 과학에 있다고 판단한 19세기의 힌두승려 다야난다 Dayānanda는 베다에서 증기기관과 철도, 증기선, 화학무기의 기초이론을 찾았다. 허무맹랑해 보이지만 근대의 인도는 이러한 방식을 채택했다. 과학기술의 오랜 전통을 가진 그들이 서구의 과학기술을 수용해서 새로운 지식체계를 만든 것이다. 기존의 것에 새것을 통합하는 형태, 삶의 핵심에 영향을 주지 않는 영역의 전환을 통해 서구의 과학기술은 국가적 자원이 되었다.

네루는 강한 근대국가를 만드는 수단으로 과학기술을 염두에 두었다. 네루는 과학은 수억명의 사람을 고려해야 한다고 말했다. 노벨 물리학상을 받은 라만도 "인도경제의 유일한 해결안은 과학이고, 더 많은 과학이며 여전히 더 많은 과학이다"라고 말했다. 오늘날 인도가 핵과 우주과학은 물론, 정보통신과 소프트웨어의 강자가 된 것은 하루아침에 이뤄지지 않은 것이다.

인도에선 밖에서 온 지식을 전적으로 부정하거나 전적으로 수용하지 않는다. 존 스튜어트 밀의 『자유론』*On Liverty* 과 인도의 고전 『우파니샤드』를 동시에 읽고, 영국을 지지하면서 동시에 반대를 표명한 19세기의 엘리트처럼 오늘날의 인도인도 인도의 고대와 미국에서 온 것을 섞고, 옛것과 새것을 더한 과학기술로 생존력을 자랑한다. 철학과 종교는 물론 실용적인 점에서도 인도인은 누구에게도 뒤지지 않는다.

마살라 영화와
커리

재미있는 것에 끌리는 것은 진리다. 2012년 우리나라의 대중가수인 싸이가 세계적인 가수가 되었다. 나는 '강남스타일'로 하루아침에 유명해진 싸이를 보면서 우리나라가 얼마나 미국문화의 주변국인지 깨달았다. 미국이 알아줘야 세계가 알아준다는 법칙도 실감했다. 그동안 우리가 일방적으로 서양의 문화를 수입하고 소비하며 짝사랑했다는 사실도 새삼 돌아보게 되었다.

영국에서 활동하는 축구선수에 대한 우리의 과도한 관심에는 근대스포츠에 부적절한 신체를 가진 동양인이 스포츠 선진국에서 받아들여지는 것에 대한 감격과 감동이 포함된다. 성공한 싸이나 박지성이 우리에게 차 한 잔 사주지 않는데도 우리는 그들의 성공을 기뻐한다. 우리는 이것을 애국심 때문이라고 알고 있지만 사실은 주류세계에 끼고 싶은 욕망, 강자인 서양에게 칭찬받고 싶은 기대감 때문이다.

하바드대학의 조지프 나이 Joseph Nye 교수는 권력이란 다른 사람의 행동을 자신이 바라는 대로 바꾸는 능력이라고 말했다. 그 권력을 가지는 세가지 방식은 채찍과 당근 그리고 소프트파워다. 그의 말대로 오늘날 미국식 생활방식, 즉 미국의 소프트파워가 우리의 일상을 지배한다. 거기에는 할리우드영화, 디즈니랜드, 스타벅스커피, MTV가 들어간다. 그렇다면 우리의 소프트파워는 무엇인가?

인도를 공부하는 나는 인도의 소프트파워가 무엇인지 따져보았다. 아무래도 볼리우드영화와 향신료가 잔뜩 든 음식을 꼽을 수 있겠다. 미국문화에 익숙한 우리에겐 낯설어도 자긍심이 강한 인도인은 자기 나라에는 문화적인 슈퍼파워가 있다고 자랑한다. 옛날부터 문화의 수출국이었다고 자랑하는 그들은 인도에서 난 불교가 중앙아시아와 중국을 거쳐 우리나라에 도착하여 큰 영향을 주었다는 걸 빠뜨리지 않는다.

문화는 군대가 없어도 국경을 넘어서 다른 나라에 들어간다. 다른 나라를 군사적으로 정복한 적이 없는 인도는 문화적으로, 영적으로 다른 나라에 깊숙이 들어갔다. 그래서 인도와 우리나라의 공식적 수교는 40년에 불과하지만 불교를 통한 양국의 문화적 교류와 인연은 1000년이 넘게 이어졌다.

내가 어느 해 여름에 카슈미르지방의 히말라야에서 배운 요가와 명상은 우리나라에도 널리 알려진 인도산 명품이다. 요가는 신체적인 측면뿐만 아니라 정신건강에도 좋은 운동이다. 요가는 너무 많이 먹거나 너무 적게 먹지 말며, 너무 잠을 많이 자거나 너무 수면이 적어도 안 된다고 가르친다. 서구의 근대문명이 잠을 줄이고 시간을 아껴서 '더 높이, 더 빨리' 더 많은 것을 가지도록 부추긴 것과는 다른 방향이다.

우리나라에도 요가교실이 많다. 몸의 중요성을 인식하고 건강을 챙기는 사람들이 증가한 세태의 반영이다. 먼지가 덮인 그릇을 닦듯이 몸과 마음을 닦아서 정신적 평화와 건강한 몸을 만드는 요가센터는 이제 인도보다 서구세계에 더 많다. 서구의 요가센터는 인도에서 전해진 다양한 요가학파의 좋은 것만 뽑아서 가르친다.

의사들은 스트레스가 만병의 근원이라고 말한다. 스트레스를 줄이고 상처받은 영혼을 치유하는 데 효과적인 요가와 명상은 인도가 세계에 준 선물이다. 비폭력 사상과 닿아 있는 요가와 명상은 채식주의를 실천하면서 건강한 몸을 만든다는 점에서 인기를 누릴 만하다. 순면의 헐렁한 옷차림으로 혼자서 실천할 수 있는 요가는 아파트에서도 아래층이나 이웃의 항의를 받지 않고 건강을 도모할 수 있어서 편리하다.

밥이 약보다 낫다는 말은 어느 나라에나 있는 말이다. 약이 되고 입을 즐겁게 만드는 인도음식은 요가처럼 세계인을 사로잡고 있다.

서울에 처음으로 문을 연 인도음식점은 이태원에 있는 아소카다. 인도를 공부하는 나는 그때부터 접대할 일이 생길 때마다 커리를 맛볼수 있는 유일한 그 식당을 이용했다. 지금은 우리나라에도 인도음식점이 아주 많다. 어렸을 때부터 카레라이스를 먹은 탓일까, 우리나라사람들은 거의 다 인도음식을 좋아한다.

그래도 세상에서 인도음식을 가장 사랑하는 외국인은 영국인이다. 인도가 영국의 식민통치에서 벗어난 지 60년이 지난 오늘날 인도음식은 영국인의 입맛을 지배한다고 해도 좋을 정도다. 영국의 방방곡곡에 인도식당이 2011년 현재 약 1만 2000개가 있다고 한다. 영국의수도 런던에 있는 인도식당이 인도의 수도 델리와 최대 도시 뭄바이의 식당을 합친 것보다 많다는 주장도 있다.

매주 약 250만명의 영국인이 인도식당에서 인도문화의 풍미를 느낀다. 영국인의 70퍼센트가 적어도 한달에 한번은 인도식당에서 커리를 먹는다는 뜻이다. 총리를 비롯한 고관들도 인도식당의 단골로알려졌다. 슈퍼마켓에서 팔리는 포장음식을 포함하면 영국에서 인도음식산업이 올리는 매출은 2011년 기준으로 연간 약 7조원이 넘는다. 영국은 힘을 써서 인도를 지배했으나 인도는 군대가 없이도 영국을지배하는 셈이다. 문화의 힘은 이렇다.

"전망이 좋은 식당으로 가주세요."

서부지방의 우다이푸르에서 내 부탁을 받은 운전기사는 후미진골목에 자리한 식당으로 데려갔다. 식당 간판에는 '공원이 보이는 식당'이라고 적혀 있었다. 그런데 더운 기운을 막으려고 창을 닫고 두툼한 발을 쳐놓아서 공원은 조금도 내다보이지 않았다. 거기에서 파

　　　　　　　　　　　　　　　　　　인도는 힘이 세다

는 음식은 이슬람음식에 양념이 가득한 토속음식이 만나서 발전한 무굴음식이었다. 무굴제국에 패한 힌두 왕 우다이 싱^{Udai Singh}이 도망하여 세운 땅이 우다이푸르였다. 문화는 힘이나 애국심으로 살 수 없는 모양이다.

영국에서 인도식당을 운영하는 사람이 거의 다 방글라데시 출신이라는 점도 아이러니다. 그렇다고 그들이 내놓는 음식이 벵골음식은 아니다. 거기서 팔리는 인도음식은 무굴음식에 북부지방의 펀자브음식이 섞인 형태다. 펀자브음식은 양고기요리와 둥근 빵, 유제품과 우유를 이용한 음식으로 우리나라에서 팔리는 인도음식과 같다. 인도를 자주 오가는 비즈니스맨은 한국에서 팔리는 인도음식이 가짜라고 불평하지만 나는 음식이란 먹는 사람에 따라 변해야 한다고 생각한다.

오늘날 영국에서 가장 인기를 누리는 인도음식은 ‘치킨 티카 마살라’이다. 2001년 당시 영국의 외무장관은 ‘치킨 티카 마살라’가 영국의 국민요리라고 선언한 바 있다. 맥도날드와 할리우드영화를 수출하면서 문화제국주의라고 비판받는 미국은 아직 영국처럼 인도음식을 사랑하지 않는다. 고향의 입맛을 잊지 못하는 이민자들이 많은 이웃나라 캐나다에는 인도식당이 많다.

인도음식은 프랑스요리, 중국요리와 함께 세계 3대 요리에 꼽힐 정도로 다채롭다. 인도음식이 다른 경쟁자에 대해 갖는 상대적 장점이자 특징은 음식이 맛을 넘어서 향이 있다는 점이다. 인도음식에는 노란색을 내는 사프란, 정향, 카다몬, 생강, 후추 등 수십가지의 향신료와 허브가 넉넉히 들어간다. 입으로 먹으며 코로 향을 느끼는 인도음식은 건강에 좋다는 점도 자랑이다. 향신료와 허브가 의학적인 기능을 하기 때문이다.

무엇보다 인도음식이 세계인을 사로잡는 가장 큰 이유는 모든 것을 다 가진 인도문화에 대한 흥미에서 나온다. 오랜 역사와 넓은 영토를 가진 13억 인도인의 문화적 다양성이 음식에 반영된 덕분이다. 지역과 기후, 카스트와 계층에 따라 인간과 환경의 조화를 보여주는 다양한 조리법과 다양한 요리가 관심을 끄는 것이다. 물론 커리의 종류가 많아서 골라먹는 재미도 있다.

인도영화는 식후경이다. 인도는 미국의 할리우드영화가 맥을 못 추는 유일한 나라다. 전국에 영화관이 1만 2000개나 있는 시네마천국이지만 수도인 델리에서도 외국영화를 개봉하는 극장은 소수다. 전 주민이 영화광에 가까운 타밀나두나 안드라프라데시에서 개봉되는 영화도 다 인도영화다. 할리우드영화 「아바타」는 세계적으로 크게 성공했으나 인도에선 우리나라에서도 개봉된 힌디영화 「세 바보」에 밀렸다.

인도산 영화는 미국이 주도하는 문화제국주의에 대한 저항의 상징이다. 인도는 세계 최대의 영화생산국으로 2010년에도 800여편의 영화를 만들어 미국과 중국을 밀어내고 세계 1위를 차지했다. 스와데시(국산)영화를 즐기는 인구가 많아서 매일 1500만명이 어디에선가 영화를 관람하며 연간 40억장의 티켓을 산다. 한 사람당 1년에 3~4편의 영화를 보는 셈이다.

미국에 할리우드가 있다면 인도에는 볼리우드가 있다. 뭄바이로 바뀐 봄베이가 힌디영화를 제작하면서부터 이런 별칭을 얻었다. 그

거리의 영화 포스터　인도에서는
매일 1500만명이 어디에선가 영
화를 관람하고, 연간 40억장의 티
켓이 판매된다. 세계적으로 인기
를 누리는 인도영화는 전세계 90
여개 국가에서 상영된다.

러나 인도가 하나가 아니듯 인도영화도 벵골어, 마라티어, 힌디어 등 16개의 각 지역어로 제작된다. 자기 언어로 만든 영화를 선호하는 인도인을 위해 첸나이, 콜카타, 하이데라바드 등 여러 도시에서 그 지방의 언어로 영화를 만드는 것이다. 인도영화는 음식처럼 문화적 다양성과 복합적 사회를 담아낸다.

세계적으로 인기를 누리는 인도영화는 힌디어로 제작된 '마살라영화'다. 노래와 춤, 코미디, 로맨스, 액션, 영웅 등 온갖 마살라(양념)가 버무려져 재미가 있기 때문이다. 인도영화에 필요한 것은 한명의 스타, 세가지 춤, 여섯 곡의 노래라는 말이 있을 정도로 시끌벅적하다. 상업적으로 성공한 마살라영화는 신화와 전설 등 고대 연극의 전통을 담아 권선징악과 해피엔딩이 특징이다.

인도영화는 90여개 국가에서 상영된다. 주요 소비자는 방글라데시, 네팔, 파키스탄, 스리랑카 등 주변국이지만, 인도의 영향이 거의 없는 서아프리카와 소말리아 같은 이슬람국가에서도 상영된다. 이스라엘과 그 이웃인 요르단과 이집트, 중앙아시아와 동남아시아, 유럽과 러시아에서도 볼 수 있다. 인도영화를 좋아하는 사람이 늘어난 우리나라에는 2012년에 10편이 선을 보였다.

인도영화를 현실도피적이고 집단적 판타지라고 비판하는 사람이 많다. 그러나 인도영화가 성공하고 존재하는 이유는 관객들에게 싼값에 고단한 현실을 위무하고 행복한 미래를 꿈꾸게 하기 때문이다. 올라갈 수 없는 나무, 잊고 싶은 현실이 인도영화로 이끄는 것이다. 관객은 춤과 노래, 화려한 세트와 의상을 보면서 부자와의 간격을 줄이고 일시적 행복을 맛본다.

인도영화가 세계적으로 소비되는 것도 사람들에게 유사한 호소력을 가져서다. 내가 보기에 우리나라에서 인도영화가 인기를 끄는 것은 우리 사회에 스트레스가 많아진 탓이 크다. 단순한 구조와 해피엔딩의 인도영화는 관객을 가난과 불행이 없는 꿈의 세계로 데려간다. 행복한 결말은 동화에나 나오지만, 적어도 영화를 보는 세 시간은 누구나 행복해질 수 있다. 이룰 수 없는 꿈을 꾸며 참기 어려운 현실을 견디는 것은 인도인의 방식이다.

국수와 콜라에
관한 진실

우리나라는 라면천국이다. 라면의 종류도 많지만 판매되는 양도 엄청나다. 반면에 인도는 사정이 다르다. 내가 인도에 갔을 때 라면은 달랑 한개 브랜드뿐이었다. 1983년에 시작된 매기라면이 2009년에도 시장점유율이 90퍼센트일 정도로 변화가 느렸다. 인도의 라면에도 인도인이 좋아하는 마살라가 들었지만 인스턴트음식을 꺼리고 국수를 늦게 받아들인 문화가 라면의 다양화와 성장을 더디게 한 것이다.

1991년 인도가 경제개혁을 시작하고 문호를 개방하면서 라면의 본고장 일본에서 새로운 라면이 인도를 찾았다. 입맛이 금세 변하지 않는 탓에 10년이 넘게 고생하던 일본 라면은 얼마 전부터 매출이 조금씩 늘었다. 전문직 종사자와 타지생활자가 늘면서 라면의 편리성이 알려진 덕분이다. 여성의 사회참여로 즉석요리가 어려운 가정에서도 라면이 애용되기 시작했다. 아직 라면이 갈 길은 멀지만 변화가 시작된 건 분명하다.

"콜라 한 병 주세요!"

일본 라면이 인도에 들어온 그해 3월에 나는 델리의 중심가로 나가 콜라를 주문했다. 그날부터 인도에서 팔리기 시작한 펩시콜라였다. 고국에서 팔리는 음료를 손에 든 나는 향수를 눅이며 천천히 목을 축였다. 그때까지 코카콜라나 펩시콜라는 인도에 명함을 내밀지 못했다. "우리가 그까짓 까만 설탕물을 못 만들어?"라는 것이 인도의 반응이었다. 호랑이가 없는 더운 인도의 콜라시장은 소규모 국내브랜드들이 나눠가졌다.

내가 콜라 한 병을 어머니와 고향을 생각하며 아껴 마신 그 무렵에 인도는 개방경제로 방향을 바꾸었다. 펩시코는 인구가 많은 인도의 미래를 보고 불리한 조건을 감수하며 인도에 진출했다. 1970년대에 인도에 왔다가 실연의 아픔을 안고 물러간 코카콜라보다 2년 먼저 입국한 펩시코는 얼마 뒤에 뱅갈루루에 KFC 1호점을 열고 사업을 확대했다.

그러나 인도인의 적대적인 반응이 KFC를 기다리고 있었다. 농민협회와 채식주의자들이 매장을 두번이나 부순 것이다. 그들은 다국적기업이 지방의 자원을 말리고 국부를 유출한다고 비판했다. 그러나 펩시코는 인도 매장에서 쓸 닭을 전부 인도산으로 구입하고, 세계 전역의 KFC 매장에서 소비될 감자를 인도에서 사서 공급한다는 옵션을 받아들인 터였다. 아마도 그들이 두려웠던 건 귀신이 아니라 귀

   인도는 힘이 세다

신에 대한 공포였을 것이다.

델리에 문을 연 KFC 매장도 비슷한 이유로 개점하자마자 문을 닫았다. KFC 매장은 호된 신고식을 치른 뒤에야 늘기 시작했고, 같은 계열사인 피자헛도 여러 도시에 선을 보였다. 곧 맥도날드 햄버거가 쇠고기를 넣지 않는다는 사실을 강조하며 인도에 들어왔다. 애국심과 세월은 인간의 욕망을 누르는 데 한계가 있었다. 오늘날? 켈로그와 던킨도너츠에서 나이키와 MTV에 이르는 다양한 다국적기업이 주머니가 두둑해진 인도인을 유혹하고 있다.

펩시콜라가 선을 보인 그해부터 인도 경제는 눈부시게 성장했다. 제3세계의 대명사인 인도는 곧 브릭스^{BRICS}의 일원으로, 중국과 묶여 친디아^{Chindia}로 불리며 세계에서 가장 빠르게 성장하는 나라로 주목을 받기 시작했다. 기회와 변화의 순풍을 타고 돈을 번 신흥중산층과 부자가 급격하게 늘어났다. 보수적인 델리에도 소비문화가 힘을 얻으면서 근검절약의 분위기가 약해졌다.

신흥중산층은 도시에 거주하며 주로 영어를 사용하는 이른바 화이트컬러로, 경제발전으로 주로 사기업부문에서 새로운 고용기회가 증가한 덕분에 탄생한 계층이다. 소비주의의 신봉자라는 점에서 이전의 중산층과 구분되는 이들은 경제적으로 역동적인 집단이지만 정치나 사회개혁에 둔감한 특성을 띠며 시민의식도 떨어지는 것으로 평가된다.

이제 인도에는 1980~90년대의 우리나라처럼 뭔가 부수고 세우거나 소비를 통해 자신을 표현하는 것으로 존재의 이유를 찾는 사람이 늘었다. 나는 여러번 뱅갈루루에 있는 첫 KFC 매장에 가보았다. 애

국과 문화적 자긍심을 내세운 인도인에게 두번이나 망가졌던 매장
에서 더는 배타적인 기운을 느낄 수가 없었다. 2008년 보수적 성향의
첸나이에 처음으로 맥도날드 매장이 문을 열었을 때 작은 가게에서
올린 첫날의 매상은 1000만원이 넘었다.

그러나 앞서간 우리나라처럼 인도에서도 발전이란 결국 미국식의
생활방식을 닮아가는 것이나 다름없다. 먹을거리가 잔뜩 든 최신형
냉장고와 대형 텔레비전이 놓인 거실이 행복한 중산층의 표준이 되
었다. 구글과 페이스북을 애용하고 크리스마스와 밸런타인데이를 축
하하는 소비주의의 팔로워들은 도미노피자를 먹고 스타벅스의 커피
를 마신다. 미국의 제국주의를 비판하던 엘리트들이 미국문화를 보
편적인 것으로 인식하는 것도 큰 변화다.

이제 웬만한 도시에는 맥도날드와 KFC, 피자헛이 보이고 그 안에
는 햄버거와 피자를 탐하는 중산층이 붐빈다. 초기에 맥도날드를 드
나든 주요고객은 상류층이 많았으나 이제는 늘어난 중산층이 대세
가 되었다. 신흥중산층을 위해 이국적인 이름을 달고 진기한 음식을
파는 식당도 우후죽순처럼 생겼다. 음식에 대해 보수적이고 금기가
많은 인도인이 이제 서구문화에 마음을 다 내준 것일까?

그렇다면 인도가 아니다. 인도는 단번에 남에게 맘을 주는 '쉬운
문화'가 아니다. 쇠고기와 돼지고기가 제공되지 않는 세계 유일의 맥
도날드 매장이 바로 인도에 있다. 초기의 맥도날드는 쇠고기를 먹지
않는 인도인을 위해 염소고기 버거를 팔았다. 그러나 그들은 고기가
들어간 빅맥이나 치킨너겟에 관심이 없었다. 맥도날드는 육식에 심
리적으로 저항하는 인도인을 위해 채식제품을 늘렸다. 오늘날 맥도

인도에 안착한 패스트푸드점 인도에 들어온 KFC는 두번이나 망가지는 수모를 겪었지만 오늘날 인도에는 KFC를 비롯한 여러 다국적기업이 성업 중이다. 2008년 첸나이에 문을 연 맥도날드는 첫날 1000만원이 넘는 매상을 올렸다. 그 비결은 쇠고기와 돼지고기를 빼고 채식제품을 늘린 데 있다.

날드가 그나마 버티는 것은 채식제품의 덕이다.

코카콜라와 펩시콜라는 지난 20년간 치열하게 광고전과 판매전을 치렀으나 단맛에 익숙한 인도인을 잡지 못했다. 2011년의 기록을 보면 중국인이 연평균 여섯 병의 콜라를 마실 때 인도인은 겨우 한 병의 콜라를 마신다는 통계가 나왔다. 세계 평균이 아홉 병, 이웃나라 파키스탄이 여덟 병인 것을 보면 인도의 유별남이 도드라진다. 오늘날 가장 많이 팔리는 콜라는 코카콜라가 인수한 토종브랜드다. 익숙한 것에 대한 충성심이 그 바탕이다.

상황에 따라 적응하는 인도의 특성은 음식문화에서 잘 드러난다. 오늘날엔 도시의 많은 사람들이 식당이나 까페에서 카스트의 음식

규범을 따지지 않는다. 부정이 타는 걸 피하려고 같은 장소에서 낮은 카스트와 음식을 먹지 않던 그들이 변한 것이다. 달걀이 들어가지 않은 마요네즈를 먹거나 인도산 패스트푸드점을 이용하는 것도 시대 변화에 대처하는 자세다. 그래서 오늘날의 그들은 고대나 중세와는 다르게 살아간다.

최근의 인도는 경제가 발전하면서 서구식 생활방식을 따르는 사람이 늘었다. 그러나 힌두교의 믿음은 더욱 강해진다고 봐야 한다. 서구식 패스트푸드점과 육식하는 사람들이 늘어나지만 단식과 채식을 지키고 술과 같은 세속적 욕망을 멀리하는 사람들도 증가하기 때문이다. 사회가 발전하고 물질과 자극적인 것에 대한 탐욕이 커질수록 그걸 얻지 못한 아픔과 스트레스를 치유할 필요가 있으니 어떤 점에선 당연한 경향이다.

빨리 변하지 않으면 낙오된다고 말하지만 시간이 지나면 변화도 일상이 된다. 1980년대 후반의 언론은 젊은 총리가 휴가지에서 콜라를 몇 병 마셨는지, 프라이드치킨을 몇 마리 먹었는지 보도했다. 그러나 이젠 애국과 입맛을 연결하는 구호가 줄어들고 서구적 삶의 방식을 야유하지 않는다. 그래도 매년 '코카콜라 물러가라'고 데모를 벌이는 나라가 인도다. 그렇게 할 정도로 문화가 허약하진 않지만 전통을 지킬 권리를 행사하는 것이 부럽다.

북한산 중턱에 있는 우리 집 마당에는 가끔씩 산비둘기 한마리가 찾아온다. 도심에서 흔히 볼 수 있는 잿빛 비둘기와 달리 작은 몸집의 갈색 산비둘기는 자신을 해칠지도 모르는 외부세계에 대한 경계심이 온몸에서 배어나와 안쓰럽다. 문명세계와 자연이 손을 잡는 지점까지 내려온 그는 미세한 움직임에도 민첩하게 반응하며 훌쩍 날아가버려서 그 드문 목격사건이 꿈처럼 아득하다.

모든 사람이 다 똑같은 비둘기만 볼 수 있는 세상이 좋은 건 아니다. 한때는 평화의 상징이던 비둘기가 "이제 산도 잃고 사람도 잃고 사랑과 평화의 사상까지 낳지 못하는 쫓기는 새"가 된 세상이 적어도 인간이 꿈꾸는 세상은 아니다. 그러므로 산비둘기가 사는 산을 지킬 필요성은 아무리 강조해도 지나치지 않는다. 산비둘기를 위해서가 아니라 거기에 의존하는 인간을 위해서다.

빨리 발전한 우리나라에서는 환경도 빨리 파괴되고 동식물도 빨리 사라졌다. 사람과 사회도 빨리 병들었다. 더 추워지는 겨울과 더 더워지는 여름을 겪으면서 병든 자연이 어떤 식으로 인간을 골탕 먹일지에 대해 생각하지 않을 수 없다. 흥미로운 건 덜 발전하고 그래서 못산다고 무시당하는 인도에서 친환경적 전통이 지켜진다는 점이다.

물론 잘살기 위한 운동을 편 인도도 많은 생물이 사라졌다. 1970년대까지 인도에는 약 6만 5000종의 다양한 벼의 품종이 있었으나 녹

색혁명의 여파로 생산성이 높지 않은 90퍼센트 이상의 품종이 없어
졌다. 희귀한 동식물의 보고이자 양분순환, 물의 저장, 토양파괴 방
지, 토사방지 등의 기능을 하는 생태씨스템으로서 중요한 삼림지대
도 지속적으로 파괴되고 사라지고 있다. 목재와 광물의 상업적 이용,
농사와 목축으로 인한 잠식, 도로 등의 인프라 건설과 관광산업과 주
거지 확대가 그 원인이다.

델리대학에서 4년간 함께 공부한 미낙시는 공부를 잘하는 생물학
과 학생이었다. 히말라야지방에서 태어나 살아온 그는 삼림고시를
통과해서 고향의 숲을 지키는 것이 꿈이었다. 한번은 히말라야에 있
는 그의 집에서 며칠 지냈는데 한여름인데도 추웠다. 거기서 바라본
히말라야의 골짜기들은 장엄했다. 그 장엄함은 공짜로 생긴 것이 아
니었다. 주민들이 풀과 나무를 신처럼 받들면서 보호하는 전통을 이
었기에 가능했다.

미낙시의 고향은 인도와 티베트의 국경지대에 위치한 가르왈지방
이다. 갠지스 강의 발원지여서 힌두사원과 성지가 많은 곳이다. 히말
라야산맥의 59퍼센트를 차지하는 가르왈지역의 70퍼센트가 삼림지
역이다. 조상숭배와 정령숭배가 남아 있는 이 지역 주민들은 나무를
잘 보호하면 신에게 갈 수 있다고 믿는다. 수천년이 넘게 전해지는
힌두경전은 "나무를 자르지 마라. 나무는 오염물질을 제거해준다"고
알려준다. 이러한 사실은 오늘날 초등학생도 다 아는 과학상식이다.

모든 것을 다 믿는 인도인은 이 세상에 존재하는 것이 모두 신성하
고, 그중 자라는 것이 더욱 신성하다고 여겼다. 그래서 신이 사는 숲
을 함부로 대하지 않고, 풀과 나무를 소중하게 생각하고, 신을 받들

　　　　　　　　　　　　　　　　　　　인도는 힘이 세다

가르왈지역의 산과 강   18세기 말에 그려진 가르왈지역의 산과 강은 신성한 숲을 지키려는 인도인의 노력 덕분에 오늘날에도 만날 수 있다.

듯이 고산지대의 숲을 보존했다. 보호수가 가득히 우거진 숲을 신성한 숲이라고 불렀다. 환경보호가 글로벌언어가 된 오늘날 넓은 인도에는 신성한 숲이 10만개나 남아 있다. 아마존 지역처럼 히말라야도 세계를 위해 소중한 지역이다.

숲을 파괴하는 건 나라를 망치는 것이다.
숲을 다시 조성하는 것은 나라를 다시 세우는 것이다.

신성한 숲을 믿으면서 환경을 지키는 그들 덕분에 해발 2500미터가 넘는 이 지역에만 수백개의 신성한 숲이 있다. 가장 규모가 큰 하리얄리 숲은 지난 2500년간 땔감 채취와 여성과 낮은 카스트의 입산을 엄격하게 금지했다. 신성한 숲에 사는 신과 여신이 숲의 동식물을 보호한다고 생각하는 그들이 환경보호의 중요성을 알고 실천한 것이다.

살아 있는 나무들은 인간에게 아낌없이 준다. 잎사귀와 꽃, 열매와 줄기, 뿌리와 그늘을 제공하고 좋은 향기와 수액을 준다. 죽어서도 땔감이 되고 재와 숯이 되는 고마운 존재다. 히밀라야지방 사람들은 숲과 나무가 그렇게 인간의 생존에 필요하므로 보호해야 한다고 확신을 가지고 말한다.

인도인은 태초부터 입산을 금지하고 안식년을 시행했다. 히말라야의 주민들은 수천년이 넘게 이 방법을 써서 산을 보호했다. 신에게 숲을 바치는 기간을 정해 주민들의 입산을 금하고 이를 어기면 신이 노해서 벌을 내린다고 믿었다. 지식은 부족해도 지혜가 많은 그들은 풀뿌리와 나뭇가지가 남획되지 않도록 특별한 행사나 축제를 만들어서 일정한 기간에만 채취를 허용했다.

신성한 숲에 들어가거나 숲의 다양성을 해치는 행동은 불경스럽게 여겼다. 식물뿐만 아니라 동물이나 계곡을 흐르는 물까지 신성하게 여기며 보호했다. 히말라야의 계곡이나 연못에서 물고기를 잡는 것은 금기사항이었다. 그걸 어기고 몰래 물고기를 잡은 사람은 문둥병에 걸린다는 경고가 따라붙어서 위험을 감수하지 않게 만들었다. 반대로 나무를 심는 일은 하나의 신앙이자 신에게 구원을 받는 선행으로 여겨졌다. 이런 믿음과 실천은 지금도 이어진다.

히말라야의 신성한 숲들은 지금 멸종위기에 처한 희귀한 동식물의 피난처다. 해발 1000미터가 넘는 산악지대에서 사는 산양은 지구에 단 5종밖에 살지 않는 희귀동물이다. 세상의 늑대 중에서 가장 오래된 종으로 밝혀진 멸종위기의 히말라야늑대도 여기에 산다. 세계 최대의 식물원이라고 불러도 좋은 수백종의 귀한 식물도 여기에 있다.

산이 인간에게 주는 선물은 많다. 산에 사는 사람들은 최근까지 현대의학의 혜택을 받지 못했다. 높은 산을 넘고 수많은 골짜기를 건너 병원을 찾아가기란 지금도 쉽지 않다. 그래서 주민들은 숲에서 약초를 구해 병을 치료하고 부족한 영양을 보충하는 문화를 이어왔다. 지금 세계에서 잘 팔리는 비누와 화장품에는 히말라야에서 나온 허브와 약초가 얼마쯤은 들어간다.

인도는 자연보호의 선진국답게 우리나라에서 다 사라진 호랑이를 잘 보호하고 있다. 벵골호랑이로 불리는 인도호랑이는 갈색에 검은 줄무늬 털을 가진 늠름한 모습이다. 1900년에 3만 5000마리였던 호랑이가 1972년에 겨우 1872마리만 남을 정도로 빠르게 사라졌다. 1973년 인도정부는 '타이거프로젝트'를 시행하여 멸종위기의 호랑이를 보호하기 시작했다. 정부의 특별한 보호를 받은 덕에 오늘날 인도에는 약 4000마리의 호랑이가 남아 있다.

20세기 최대의 이데올로기인 발전과 성장이 환경파괴와 기후변화라는 부메랑으로 돌아왔다. 이제라도 지구상의 많은 단체와 사람들이 자연에 대한 단기적인 이용보다 장기적인 보호의 필요성을 깨닫고, 녹색성장이라는 역설적인 이름을 애용하게 된 건 다행스런 일이다. 유네스코는 연전에 신성한 숲이 많은 히말라야지역을 '세계 10대 생물권보존지역'으로 선정했다. 환경오염과 생태계의 파괴, 기후변화로 위협을 받는 다양한 생물의 중요성을 널리 알리고 그들이 사라지는 속도를 줄이려는 것이다.

오늘날 환경의 중요성을 모르는 사람은 없다. 새가 앉을 나무조차 드문 시멘트로 다져진 도시에서 다양한 생물이 사는 지구를 만들 순 없다. 산비둘기를 목도하는 안타까운 기쁨도 누릴 수 없다. 설마 히말라야산맥이 우리에게서 멀기 때문에, 그것의 빙하가 녹는 것쯤은 우리와 무관하다고 생각하는 것인가. 그렇지 않다는 사실을 굳이 설명할 필요는 없을 듯하다. 이제 우리 운명의 얼마간은 인도인에게 달렸다.

　　　　　　　　　　　　　　　　인도는 힘이 세다

꼬리가 아홉 달린 인도

구미호는
왜 무서운가?

"진리만이 승리한다!"

1947년 영국에서 독립한 인도가 내건 국가적인 구호는 "오직 진리만 승리한다(사띠야메바 자야떼)"라는 산스크리트어 시구였다. 인도에는 이 이름을 단 영화가 몇년 전에 나왔고, 같은 이름을 단 텔레비전 토크쇼도 있다. 국가가 내건 구호에 진리를 언급하는 나라는 인도 외에는 없을 것이다. 문제는 어떤 진리가 승리하느냐다. 모든 것이 다 있고 모든 것이 다 가능한 인도에는 진리가 아주 많기 때문이다.

나는 힌두교도이며 이슬람교도이고, 기독교도인 동시에 배화교도이자 유대교인입니다.

간디의 말이다. 하지만 힌두교가 아닌 다른 종교를 가진 사람은 간디처럼 말할 수가 없다. 기독교인이면서 이슬람교도가 될 수는 없기 때문이다. 우리나라의 종교인도 그렇게 말하지 못한다. 그러나 여러 신을 믿는 힌두들은 간디처럼 말해도 자기 종교를 배신한 것이 아니다. 인도인이 추구하는 진리는 하나가 아니라 수천개, 때로 수억개이기 때문이다.

세상의 어떤 나라도 인도처럼 수많은 진리를 받아들이진 않는다. 에드워드 싸이드가 말한 대로 대체로 사람들은 익숙한 것을 '이쪽'으로 받아들이게 마련이다. 반면에 낯선 것은 '저쪽'으로 만든다. 저쪽을 '우리가 아닌 존재'로 부정적으로 여기면서 그 상대적 정체성을 찾는 것이 인간 세상의 본질이다. 인도를 지배한 영국이 복잡다단해서 이해가 어려운 힌두교보다 아브라함의 조상을 공유한 이슬람을 '우리(이쪽)'로 선호한 것도 그런 이유에서였다. 하지만 인도는 다르다.

진리만 승리한다고 외치는 인도에서 진리는 상대적이다. 앞을 보지 못하는 사람들에게 코끼리가 어떻게 생긴 동물이냐고 묻는다면, 볼 수 없는 그들은 손으로 만진 부분을 가지고 코끼리를 말할 수밖에 없다. 어떤 이는 코끼리의 코를 만지고 바람이 나오는 선풍기라고 할 것이며, 다리를 만지고 코끼리가 기둥이라고 말할 수도 있다. 이처럼 각자의 위치와 상황에 따라 코끼리가 다르게 이해된다.

2012년 우리나라의 교과서는 고타마 붓다가 탄생한 나라를 인도가 아니라 네팔로 바꾸었다. 네팔은 이제 불교를 수출한 나라가 된

 인도는 힘이 세다

인도의 거리를 채운 여러 종교의 신   여러 신을 믿는 인도인은 여러 종교는 결국 하나라고 생각한다. 기독교도이며 배화교도이자 유대교인이라고 해도 힌두들은 자기 종교를 배신한 것이 아니다.

것일까? 그래도 인도는 크게 개의치 않을 것이다. 네팔과 인도의 구분이 분명하지 않은 고대에는 네팔이 인도에 포함되기 때문이다. 넓은 영토에 많은 인종이 모인 인도에서는 나와 남의 구분이 분명하지 않다. 그들에게 신은 절대적인 신이 아니고 악 역시 절대적인 악이 아니다.

인도문화가 관용적이라고 여겨지는 것은 서로 다른 사람들, 서로 다른 생각을 가진 사람들을 다 인정하기 때문이다. 인구의 다수가 믿는 힌두교는 하나의 종교가 아니다. 시바를 믿는 종파가 있고, 칼리Kali 여신을 숭배하는 사람들도 있다. 딸과 아들이 부모와 다른 신을 믿는 건 아주 흔하다. 이것을 따라도 되고 저것을 믿어도 좋으며 다

거부하거나 다 받아들여도 좋다.

　기존의 것을 전적으로 부정하거나 밖의 것을 전적으로 수용한 인도인은 오래가지 않았다. 19세기 초반에 등장한 ‘젊은 벵골인’들은 『바가바드기타』 대신에 호메로스의 『일리아스』를 암송하고, 칼리 여신의 신상을 향해 “안녕하세요, 마담?” 하고 외쳤다. 인도의 모든 것을 부정한 그들은 공공연히 술을 마시고 햄과 쇠고기를 먹어서 보수적인 벵골사회를 뒤흔들었다. 자기 나라에 대해선 아무것도 모르지만 서양에 있는 산과 강의 정보를 다 꿰던 그들은 얼마 지나지 않아 다 사라졌다.

　힌두교가 다수인 인도에는 다양한 종교가 있다. 자기 종교에 대해 충성적인 집단도 많다. 그럼에도 인도에선 종교갈등이 흔치 않다. 이슬람과 힌두의 갈등이 등장하지만 전체 인구를 고려하면 그 빈도가 높진 않다. 인도정부는 세속주의를 내세워 여러 종교가 평화롭게 공존하도록 노력한다. 우리나라에서 장관이나 법관을 임명할 때 호남이냐 영남이냐를 따지며 지역안배에 신경을 쓰듯이 화합과 통합의 원칙을 가진 인도정부는 어떤 종교를 믿느냐를 따져 내각의 균형을 맞춘다.

　한 저널리스트가 소개한 사례를 재인용해보자. 1971년 인도가 파키스탄과 전쟁을 치를 때 북부지방을 책임진 공군사령관은 적군인 파키스탄의 국교를 믿는 무슬림이었다. 그러나 인도정부는 그에 대한 신뢰를 거두지 않았다. 당시 육군사령관은 파르시(배화교도)였고, 총참모총장은 시크교도였다. 파키스탄과 종전협상을 이끈 사람은 유대인이었다. 마치 국제기구처럼 구성원이 다양했다.

　　　　　　　　　　　　　　　　　　　인도는 힘이 세다

2004년에도 이와 유사한 경우가 생겼다. 인도연방의 총리가 된 만모한 싱은 북부 출신으로 시크교도다. 그가 총리로서 선서할 때 지켜본 대통령은 우리나라에 왔던 남부지방의 무슬림이었다. 만모한 싱을 총리로 내세운 여당대표는 이딸리아 출신의 가톨릭교도인 쏘냐 간디였다.

어느날 작은 생쥐 한마리가 잠자는 사자의 갈기를 갉아먹기 시작했다. 잠이 깬 사자는 화를 내며 생쥐를 잡으려고 했지만 생쥐는 약을 올리듯이 쥐구멍으로 들어갔다. 하찮은 생쥐를 직접 상대하지 않겠다고 생각한 사자는 마을에 내려가서 고기를 미끼로 고양이 한마리를 사자 굴로 데려왔다.

사자는 생쥐의 소리가 날 때마다 고기를 던져주며 고양이에게 생쥐를 잡으라고 격려했다. 생쥐는 고양이가 무서워서 쥐구멍에서 나올 수가 없었다. 여러 날이 흐르자 굶주림을 참지 못한 생쥐는 결국 쥐구멍 밖으로 나왔다. 고양이는 단번에 생쥐를 잡았다. 생쥐가 사라지자 사자는 고양이에게 먹이를 주지 않았고, 얼마 뒤 고양이도 굶어죽었다.

세상은 쓸모 있는 자만 기억한다고 알려주는 인도설화이지만, 나는 고양이에겐 생쥐가 필요하다고 다르게 해석한다. 그들은 만화영화 「톰과 제리」처럼 적이 아니라 싸우면서 공존하고 상생한다. 부자는 가난한 이가 있어서 빛이 나고, 공부 잘하는 학생은 성적이 낮은 아이들이 있어서 비교우위의 행복을 누리는 것과 같다. 후진국이 없으면 선진국이 있을 수 없지 않은가. 『라마야나』의 주인공인 라마와 우리 설화의 콩쥐는 라바나와 팥쥐 같은 악인이 있어서 돋보인다.

인도는 이 점을 알고 지켜왔다. 내가 있어야 상대가 있고, 상대가 있어야 내가 존재한다는 걸 이해하고 실천한 것이다. 인도는 수많은 문화의 집합이지만 하나의 연방국이다. 정치적으로 연방제를 가진 인도는 문화적으로도 연방국과 비슷하다. 그 안에 사는 사람들은 벌집 같은 다양한 문화를 가졌다. 하나의 국가에서 서로 닮아가고 영향을 주지만 아직도 수많은 문화가 그 안에 공존한다.

인도인은 스스로를 벵골인, 타밀인, 펀자브인으로 인식한다. 그들은 모국어로는 서로 소통할 수 없기에 서로에게 타인이다. 동부의 벵골인은 벵골어, 남부의 타밀인은 타밀어, 북부의 펀자브인은 펀자브어를 쓰기 때문이다. 그들은 다른 재료와 조리법을 쓴 다른 음식을 먹고 다른 옷차림을 하며 다른 신을 숭배한다. 그들의 기억과 역사, 일상의 문화도 같은 점이 드물다.

한가지만 따르거나 강요하는 세상이 좋은 세상은 아니다. 우리나라에서는 흔히 소를 숭배하는 인도인은 쇠고기를 먹지 않는다고 생각한다. 그러나 힌두교를 믿으면서도 쇠고기를 먹는 사람들은 있다. 술과 고기를 먹지 않고 채식만 한다고 알려진 브라만도 하나의 음식 규범을 따르지 않는다. 그들의 먹을거리는 카스트와 지역에 따라 다양하다. 추운 히말라야 지방에 사는 카슈미르의 브라만은 양고기를 먹고, 해안가에 사는 벵골의 브라만은 생선을 먹는다.

다양한 인도인은 정체성이 여럿이다. 이것이면서 저것이 가능하다. 노벨경제학상을 받은 아마르티아 센은 1943년 300만명이 죽은 고향의 대기근을 보고 경제학자가 되었다. 인도인이라는 사실을 자랑스러워하는 그는 영어와 서구교육을 바탕으로 오늘날 미국이나 영국에서 1년의 절반을 보낸다. 세계적으로 유명해진 우리나라 싸이가 스스로를 국제가수라고 한 말을 빌려 쓰면, 인도학자인 센은 국제학자로도 부를 수 있다.

우리나라 남북한 영토의 17배인 인도는 러시아와 영국을 뺀 유럽대륙과 크기가 비슷하다. 영토의 서쪽 끝에서 동쪽 끝에 이르는 거리가 2000킬로미터, 경도의 차이가 30도다. 대개 경도 15도마다 한 시간의 시차가 나는 법이니 인도는 두 시간의 시차가 날 만큼 넓다. 히말라야에서 인도양이 보이는 남단까지 가려면 급행을 이용해도 며칠이 걸린다. 이런 대륙에서 하나의 진리는 불가능하다. 그래서 꼬리가 많다.

더운 여름에 나타나는 구미호가 무서운 것은 인육을 먹거나 어여쁜 여인으로 둔갑술을 해서가 아니다. 100년마다 하나씩 꼬리가 더해진 구미호가 일본설화처럼 황금색의 요물이거나 중국설화처럼 힘센 동물이어서도 아니다. 꼬리가 아홉인 여우가 무서운 것은 여덟개의 꼬리를 잘라내도 하나가 남는다는 사실에 있다. 시간이 지나면 여우의 꼬리는 다시 생기고 언젠가는 다시 구미호가 된다. 그렇게 1000년을 기약할 수 있다.

수천개의 모습을 가진 인도문화는 구미호와 같다. 문화의 생존에도 많은 꼬리를 인정하는 것이 필수다. 상이하고 이질적인 존재를 보면서 새로운 생각과 행동을 경험하고 비판적 생각을 키울 수 있기 때문이다. 가지 많은 나무에 바람 잘 날 없듯이 다양한 목소리를 조정

하는 과정이 쉽진 않으나 다양성을 인정하는 문화는 단번에 이방의
문화에 점령되거나 단번에 바뀌지 않는다는 점에서 구미호처럼 강
하다.

샐러드 접시와
도가니

　처음으로 남부지방에 갔을 때 내가 경험한 흥미로운 것은 탈리라
는 음식이었다. 탈리는 음식이 아니라 스테인리스 쟁반의 이름이다.
쟁반에 종지만한 그릇을 여러개 올려놓고 거기에 여러 종류의 반찬
을 담아먹는다. 우리가 호텔식당에서 이용하는 뷔페접시와 비슷하
다. 웃통을 벗은 종업원이 반찬이 든 양동이를 들고 다니면서 반찬이
빈 그릇에 서너번씩 리필을 해주는 것이 인상적이었다. 인심이 박해
지는 세태를 반영하듯이 오늘날에는 탈리의 리필써비스가 두번이면
끝난다.
　하나의 쟁반에 밥과 커리, 여러 반찬과 후식을 담아주는 탈리와 샐
러드 접시는 종종 인도문명에 비유된다. 미국문화가 용광로에 모든
이질적인 것을 넣고 녹여서 만들어낸 하나의 정체성을 지향하는 데
비해 인도문화는 탈리나 각종 채소와 과일이 담긴 샐러드 접시와 같
다고 여기기 때문이다. 도가니에 들어간 각종 재료의 본질은 사라지
지만 탈리와 샐러드 접시에 담긴 음식과 샐러드 재료는 하나가 되기
위해 본래의 성질을 잃지 않는다.

각종 음식이 담긴 탈리 미국문화가 모든 이질적인 것을 용광로에 넣고
녹여서 하나의 정체성을 만들어낸 문화라면, 인도문화는 음식의 본질을 그
대로 유지한 여러 반찬을 하나에 담은 탈리 같은 문화다.

　　인도스타일은 하나에 모든 것을 담고 그 모든 것의 진리를 인정한
다. 인도에서는 고대부터 하나의 진리와 거기에 이르는 여러개의 길
을 인정했다. 다신교인 힌두교에는 많은 신이 있다. 모든 신이 최고
의 신과 연결된다는 점이 특이하다. 즉 유일신을 여러 형태로 숭배
하는 것이다. 하나의 신을 사람들이 인식하고 상상하는 방식에 따라,
개인의 수준과 능력에 따라 다른 형태로 숭배하기 때문에 많은 신이
생긴 것이다.

　　성자들이 하나의 신을 여럿으로 부르네.
　　인드라 신, 미트라 신, 바루나 신이라고 부르네.

　　인도문화의 다양성과 통일성은 『리그베다』의 창조신화에도 엿보

인다. 태초에 원인을 희생하여 절대 신에게 제사를 지내자 그 몸에서 세상이 탄생하였다. 두 눈은 해와 달이 되었고, 그 숨결은 바람이 되었다. 입은 브라만이 되었고, 팔은 크샤트리아, 배는 바이샤, 발은 수드라 계층이 되었다. 하나의 몸에서 여럿이 탄생한 것이다. 이렇게 하나의 몸과 거기에서 파생된 다양한 존재의 관계가 인도문화의 정수다.

1970년대에 여러개의 얼굴을 지닌 인도가 결국은 하나라는 걸 알려준 영화가 나와서 크게 성공했다. 「아마르, 악바르, 안소니」^{Amar Akbar Anthony}는 영화의 제목이자 등장하는 세 주인공의 이름이다. 어렸을 때 헤어졌다가 어른이 되어 다시 만난 삼형제는 밀수꾼, 깡패, 경찰의 엇갈린 신분이다. 더욱이 그들은 이름이 알려주는 것처럼 힌두교, 이슬람교, 기독교를 믿고 있다. 서로 다른 종교와 직업을 가진 삼형제가 하나로 힘을 합해서 정의를 위해 싸우는 내용이다.

언젠가 국내 학계에서 토론하면서 나는 그 넓은 인도가 왜 통일을 해야 하느냐고 반문하며, 통일성이 다양성보다 반드시 좋은 것이 아니라고 말한 적이 있다. 토론이 끝나자 한 교수가 다가와서 예전에 그런 말을 하면 잡혀갔다고 농담을 던졌다. 사실 인도에서는 통일성이 다양성보다 선호되는 개념이 아니다. 세상의 모든 것처럼 통일성은 어떻게 보느냐에 따라 장점이 되고 단점도 된다.

우리나라의 이승만 전 대통령은 "뭉치면 살고 흩어지면 죽는다"라는 말을 남겼다. 그래도 남북으로 흩어진 우리나라는 죽지 않고 잘 지내왔다. 뭉친다는 개념은 인도에서 많이 쓰는 말이 아니다. 넓은 대륙에서 다양한 사람이 모여사는 인도에서 이런 말이 큰 의미를 가

　　　　　　　　　　　　　　　　　　　인도는 힘이 세다

질 수 없기 때문이다. 인도역사는 수많은 나라가 공존하는 늘 흩어지는 역사였다. 그래서 많은 고난을 겪었으나 그래도 인도는 오늘날 하나의 국가로 살아남았다.

같은 역사를 가졌으나 결국 헤어진 이웃의 파키스탄과 크리켓 경기를 벌일 때 인도를 응원하는 인도인들은 하나의 국민임을 드러낸다. 그때 그들의 애국심은 월드컵 축구를 응원하는 우리나라 사람들과 다르지 않다. 타밀인, 벵골인 등 지역적 정체성을 가진 그들이 인도인이라는 국가적 정체성을 보여주는 것이다. 인도정부가 '다양성 속의 통일성'이라는 구호를 내세우는 건 그래서다.

비상시에는 카스트의 구분이 사라지고 하나가 된다. 한 인류학자의 보고에 따르면, 오래전 서부지방에 큰 기근이 들자 모든 사람이 살 곳을 찾아 마을을 떠났다. 그들은 재산과 굶어죽은 가족을 놓아둔 채 서둘러 떠났다. 불가촉천민 한명이 남아서 죽은 사람을 종교에 따라 매장하거나 화장했고, 마을의 재산을 돌보았다. 몇년 뒤에 돌아온 마을사람들은 감사의 표시로 불가촉천민에게 땅을 떼어주었다.

5장에서 나는 인도의 우체국에서 겪은 6단계 씨스템을 소개했다. 인도에서 물건을 사려면 늘 이와 비슷한 단계를 거친다. 물건을 골라서 집어주는 사람, 계산서를 쓰는 사람, 물건을 포장하는 사람, 돈을 받는 사람, 물건을 내주는 사람의 여러 단계를 거쳐야 그걸 내 가방에 담을 수 있다. 여기에 문지기, 차심부름을 하는 아이, 사무원, 구매담당자, 짐을 나르는 짐꾼, 청소하는 사람들이 더 있다.

대도시의 서점이나 정부가 운영하는 크고 작은 쇼핑센터도 다 그렇다. 카스트에 따라 하는 일과 직업이 다른 것이 한 이유지만, 많은 인구를 가진 정부가 고용을 확대하기 위해 여러 직원을 채용하도록 규정한 덕분이다. 효율성과 신속함에 익숙한 외국인들은 속이 터지겠으나 하나의 국가에 사는 사람들의 더불어 살기라는 점에선 수긍이 가는 차선의 정책이 아닐 수 없다.

1800년대 말에 인도에서 근무한 영국인 관리는 인도에 대해 가장 먼저 알아야 할 것과 반드시 알아야 할 사실이 인도라는 국가가 한번도 없었다는 점이라고 말했다. 영국은 인도가 하나로 통합되는 걸 무서워했다. 힘을 합한 하나의 인도는 영국 지배자에게 위험하기 때문이다. 그래서 그들은 떠날 때까지 '인도는 없다'거나 '인도는 추상'이라고 주장했다.

그럼에도 인도는 1947년 하나의 국가로 독립했다. 그 이전에도 인도는 하나의 문명권으로 여겨졌다. 대국인 인도를 하나로 묶은 요소는 무엇일까?

광대한 인도는 소와 물소, 염소를 키우고 그 젖을 먹는 문화를 공유한다. 소를 신성하게 여기는 점도 전국이 대체로 비슷하다. 중매로 결혼하고 일부일처제를 따르며 같은 집단, 같은 카스트와 결혼하고 장자세습제를 실천하는 것도 공통이다. 커리를 먹고 사리를 입으며 비슷한 축제도 즐긴다.

그들은 그렇게 지리와 인종, 종교와 언어의 경계를 넘어서 느슨하게 인도문화라고 부르는 유·무형의 자산을 공유한다. 하나지만 여럿, 여럿이지만 하나를 지향하는 나라와 문화권이 인도다.

 인도는 힘이 세다

세상에는 역설적인 이름이 많다. 할리우드영화 「시티 오브 조이」 City of Joy가 배경인 동부지방의 대도시 콜카타도 이름처럼 기쁨의 도시가 아니다. 오히려 「시티 오브 조이」가 성공하고 테레사 Theresa 수녀가 활동한 덕에 가난한 도시라는 오명이 붙었다. 개인적인 삶을 희생하고 가난한 인도인을 구제하는 주인공 맥스와 테레사 수녀의 헌신적인 삶을 통해 적나라한 도시의 빈곤을 구경했기 때문이다.

나는 캘커타에서 이름이 바뀐 동부지방의 콜카타에 여태까지 다섯번 정도 가봤다. 콜카타에는 1979년 노벨평화상을 수상한 테레사 수녀와 관련된 단체와 그들이 운영하는 기관이 많다. 많은 외국인이 이런 단체에서 봉사활동을 한다. 이곳에는 우리나라 사람도 많이 온다. 유럽이나 몰디브로 신혼여행을 가는 대신에 이 도시에서 남에게 봉사하는 것으로 새로운 출발을 다지는 아름다운 커플도 있다. 여러 나라에서 콜카타로 모인 사람들은 아픈 사람을 돌보고 어려운 이를 위해 잠시 자신의 맘과 몸을 보태며 기쁨의 도시에서 스스로를 기쁜 존재로 만든다.

테레사 수녀는 알바니아인 가정에서 태어난 가톨릭 수녀로 나중에 인도인이 되었다. 가장자리에 푸른색 줄이 들어간 목면으로 만든 흰색 사리를 입은 소박한 모습으로 기억되는 수녀는 가난한 사람이 많은 콜카타에서 봉사하며 여생을 보냈다. 인도정부는 1997년 테레사 수녀가 세상을 떠나자 국장으로 예우하여 고마움을 나타냈다. 그

마더 테레사와 자선기관　마더 테레사에 의해 콜카타는 기쁨의 도시로 다시 태어났다. 그러나 수녀의 헌신적인 삶을 통해 가난한 도시라는 오명도 함께 얻었다. 그럼에도 인도는 국장으로 그녀의 장례식을 치르고, '독립 후 인도를 빛낸 10인의 인도인'으로 그녀를 기억한다.

는 2012년 인도의 모 언론기관이 조사한 '독립 후 인도를 빛낸 10인의 인도인'에도 포함되었다. 그의 모습이 전세계에 알려지는 바람에 빈곤이 인도의 국가브랜드가 되었으나 수녀를 나쁘게 말하거나 외국인이라고 부정적으로 평가하는 사람은 없다.

테레사 수녀가 봉사한 가난한 콜카타 사람들 중의 상당수는 이웃나라 방글라데시에서 온 피난민이었다. 1947년 인도와 다른 국가를 세워 독립한 파키스탄에서 1971년 다시 독립한 이슬람국가 방글라데시는 이후 정치적 불안과 자연재해로 어려움을 겪었다. 많은 사람이 고향을 떠나 나은 삶을 찾아 벵골지방으로 이주했고, 상당수가 주도인 콜카타로 몰려들었다. 벵골지방으로 넘어온 방글라데시인은 방글라, 즉 벵골인으로 그들을 받아들인 벵골인과 같은 언어를 쓰는 같은 인종이다. 인도정부는 이미 가난한 이들이 넘쳐나는데도 1000만명이 넘는 방글라데시의 난민을 수용했다.

인도에서는 아프가니스탄, 팔레스타인, 아프리카 여러 나라 등 분쟁국가에서 온 사람들을 많이 만날 수 있다. 비동맹국을 이끌던 인도는 도움을 청하는 이들 나라에서 온 사람들을 거의 다 끌어안았다. 물론 인구가 많고 넉넉지 않은 인도가 외국의 난민을 무작정 받아들인다고 정부를 비판하는 사람도 적지 않다. 그럴 때마다 인도인은 다양성과 포용성이 기반인 인도문명을 내세워 이렇게 결론을 내린다.

"여기는 인도입니다!"

다른 것을 이해하고 관용하는 특성은 개인의 사상이나 신념은 물론, 사회가 지향하는 방향에서도 드러난다. 알비루니는 인도인이 스스로를 세상에서 최고라고 생각한다고 적었으나 인도문명은 최고라고 강요하지 않는 전통을 이어왔다. 이미 2300년 전에 살던 아소카는 모든 종교가 긍정적인 본질을 공유한다고 말했다. 인도가 다른 나라를 정복하지 않거나 독재정권이 설 수 없었던 것은 이런 전통과 무관하지 않다.

내가 인도에서 공부할 때 가깝게 지낸 몇 사람은 티베트인이다. 그들은 인도에서 나고 자라고 배웠으나 내게 인도인의 흉을 종종 늘어놓았다. 몽골인종이라는 점이 국적보다 진한 모양이었다. 인도정부는 중국에게 쫓겨 오갈 데가 없는 티베트인을 안타깝게 여겨서 북부지방의 다람살라에 망명정부를 세우도록 허용했다. 다양한 존재가 공존해야 한다고 믿은 네루 총리는 그 덕분에 몇년 뒤 중국과 전쟁을 치르고 굴욕적인 패배를 안았다.

인도에 거주한 유대인도 어려움을 겪지 않았다. 남부지방 코친에

도착한 유대인은 힌두 왕의 보호를 받으며 그들 방식으로 살았다. 고향을 떠나 세계 각지에서 2000년간 박해받은 그들이 나쁜 경험을 하지 않은 유일한 땅이 인도다. 이스라엘이 독립한 뒤에 많은 유대인이 고향으로 떠났으나 일부 유대인은 관용적인 문화를 가진 인도를 잊지 못해 다시 돌아왔다.

8세기 페르시아에서 이슬람의 박해를 피해 인도 서해안에 도착한 파르시도 비슷한 경험을 했다. 정착하길 바라는 그들에게 인구가 많은 구자라트의 왕이 난색을 표하자 파르시들은 우유가 가득 담긴 컵에 금화를 집어넣으며 읍소했다. 자신들이 인도사회에 정착해도 인도에는 아무런 변화가 없을 것이며, 오히려 원래 가진 것 외의 부를 더 얻을 수 있을 거라는 걸 보여주기 위한 상징적 행동이었다. 동전이 들어가도 우유가 한 방울도 넘치지 않는 걸 본 왕은 그들의 정착을 허락했다. 그렇게 시작된 파르시의 후손들은 타타그룹처럼 오늘날 인도의 경제를 주름잡고 있다.

기독교가 인도에 도착한 것은 로마에서 네로 황제가 기독교인을 탄압하던 시절이다. 예수의 제자인 성 토마스는 52년에 상인의 노예로 남부지방에 왔다가 주인을 개종시키고 기독교의 터전을 잡았다고 전해진다. 유일신을 숭배하는 새로 온 기독교와 다신을 믿는 힌두교 사이에 종교갈등이 있었다는 기록은 어디에서도 볼 수 없다.

몇년 전에 나는 중동 여행을 갔다가 사해문서가 발견된 곳을 방문한 적이 있다. 기독교인은 아니지만 역사를 공부하는 사람으로 오래된 문서에 대해 경외감을 갖고 유적을 둘러보았다. 사해문서처럼 오래된 기독교의 성경이 힌두가 다수인 인도에서도 발견된 건 놀랍다.

　　　　　　　　　　　　　　　　　　　　　인도는 힘이 세다

파르시의 전통혼례   우유가 가득 담긴 컵에 금화를 넣으며 자신들의 정착을 읍소했던 파르시는 인도에 성공적으로 정착했다. 오늘날 그들은 타타그룹처럼 인도 경제를 주름잡고 있다.

초기의 기독교인이 쓰던 시리아어본 성경이 남부지방에서 나온 것이다. 힌두 왕과 이슬람 술탄의 통치를 거친 그곳에서 성경은 2000년간 잘 보존되었다.

잘 받아들이지 않지만 잘 버리지도 않는 인도에는 소련이 몰락한 뒤에 러시아에서 사라진 레닌의 동상이 지금도 남아 있다. 남부지방에는 소련의 악명 높은 독재자 스딸린의 이름을 가진 유명정치인도 있다. 타밀나두 주의 수상을 여러번 역임한 수드라 출신인 그의 아버지는 브라만과 상층이 중심인 힌두교를 부정했고, 그래서 종교를 아편이라고 여긴 공산당의 지도자를 아들의 이름으로 삼았다.

인심이 곳간에서 나듯이 관용과 포용은 문화적 자신감에서 나온다. 가진 것이 없을 때 불안한 법이다. 인도인에게 이방에서 온 사람들은 우유가 가득 담긴 컵에 들어가는 동전처럼 조금도 위협적인 존재가 아니었다. 오히려 인도를 다스린 이국에서 온 지배자들이 권력과 금력을 다 가지고도 모든 것을 받아들이는 힌두교의 포용성에서 두려움을 느꼈다. 그것은 속을 알 수 없는 힌두들에게 언젠가 흡수될지 모른다는 막연한 불안감이었다.

"당신은 힌두가 아니라서 안 돼요!"

2010년 남부지방의 '천개 사원이 있는 도시'에서 브라만들이 나를 막아섰다. 이방인인 나를 신성한 힌두사원에 들어가게 할 수 없다는 것이다. 이렇듯 요즘의 인도에서는 관용과 포용성이 사라져간다. 외국인인 내가 불가촉천민과 다르지 않다는 사실을 잘 아는 나이지만 나도 힌두라고 억지를 부렸다. 그들은 내 얼굴과 옷차림을 훑어보더니 더는 눈길을 주지 않았다.

예전에 그곳에 갔을 때는 그러지 않았다. 이방인인 나도 힌두사원의 미로 같은 길을 따라서 가장 깊숙한 곳에 자리한 가장 신성한 곳에 들어갈 수 있었다. 한번은 1000년이 넘게 타는 성화를 앞에 두고 당시 부통령과 나란히 섰던 적도 있었다. 브라만인 그는 외모가 다른 나를 알아보고 미소를 지었다. 얼마 뒤에 나는 대통령이 된 그의 사진을 신문에서 보았다.

누가 인도를 통치하고 있는가? (…) 인도인의 가슴을 단단히 옥죄고 있는 것은 정치도 외교도 아니다. 영국군대가 가진 번쩍이는 총알이나 무서운 대포도 아니다. (…) 그 힘은 그리스도다. 영국령 인도를 통치하는 것은 그리스도지 영국정부가 아니다.

관용적이던 힌두교가 처음으로 존재의 위협을 느낀 건 기독교를 전파하는 영국이 통치할 때였다. 19세기 후반에 힌두교의 개혁운동

  인도는 힘이 세다

과 부흥운동을 주도한 사람들은 서양의 기독교처럼 강하고 공격적이며 남성다운 종교를 만들어야 인도에 미래가 있다고 말했다. "『바가바드기타』보다 축구를 통해서 신에게 더 가까이 갈 수 있다"라는 주장이 이 무렵에 나왔다. 어떤 이들은 강한 기독교를 이기기 위해 유일신과 교회 같은 조직을 가진 강한 힌두교를 만들자고 말했다.

그들은 강한 힌두교를 보여주기 위해 힘을 잃은 무슬림을 이기고 싶어했다. 영국이 같은 지역의 같은 조상을 가진 무슬림을 남성답다고 지지한 것도 그들을 부추겼다. 일부 힌두들은 암소 보호를 내세우며 쇠고기를 먹는 무슬림을 공격했다. 가장 먼저 암소 보호를 제창한 한 단체는 '코란, 알라, 무슬림'의 호전성을 지적하고, 식민정부에 무슬림이 암소를 도살하는 걸 금지해달라고 청원했다.

'영혼을 위한 암소'를 '신체를 위한 암소'로 여기는 무슬림과 힌두교도 사이에 힘의 마찰이 생겼고, 1893년에는 전국적으로 45차례의 폭동이 발생해 100여명이 희생되었다. 그 반동으로 무슬림은 독자적 정체성을 주장하기에 이르렀다. 인도에 사는 사람은 힌두라고 외치는 사람들에게, 인도에는 다른 국적을 가진 사람도 거주한다고 맞받은 무슬림들은 갈등을 이어가다가 1947년에 인도와 떨어져 파키스탄을 세웠다.

오늘날 힌두사원이 융통성을 잃어가는 것에는 늘어나는 외국 관광객이나 다른 종교를 믿는 사람들의 예의가 부족한 관람 태도도 한몫했다. 나도 첸나이의 힌두사원에서 비단옷을 입은 시바 신의 신상을 손가락질하며 웃는 외국인들을 본 적이 있다. 다른 문화권에서 온 그들에겐 힌두교나 그 숭배방식이 비합리적이고 기이하게 보일지도

미낙시 사원의 암소 조각   19세기 후반 힌두교 개혁운동을 주도하던 세력은 기독교를
이기기 위해 강한 힌두교를 만들려고 했다. 우선 힘을 잃은 무슬림을 이기고 싶어했던
힌두들은 암소의 식용문제를 두고 무슬림과 대립했다. 그 결과 무슬림은 인도에서 떨어
져나와 파키스탄으로 독립했다.

모른다. 독은 독으로 다스린다는 속담을 가진 인도에서 남을 존중하
지 않는 그들이 존중받기는 어렵다.

여성이라는

카스트

　인도 수도 델리의 시내버스에서 일어난 집단성폭행 사건이 국내
에 알려지면서 내게 인도에 대해 질문하는 사람이 많아졌다. 우리나
라도 그 문제에 대해선 남의 말을 할 처지가 아니라고 말을 돌려도
집요하게 인도 여성의 인권을 따져 묻는다. 결론부터 말하면 다른 측

　　　　　　　　　　　　　　　　　　　　　인도는 힘이 세다

면에선 관용적인 사회와 문화를 가진 인도가 여성문제에 관해선 정반대의 성향을 드러낸다고 할 수 있다.

인도는 머지않아 중국을 제치고 세계 1위의 인구대국이 될 전망이다. 인도에서 인구조사가 처음으로 실시된 해는 영국이 지배한 1861년이었다. 그때부터 제2차 세계대전 중인 1941년을 제외하고 10년마다 치러진 인구조사는 2011년에도 실시되었다. 지난 150년간 인구는 풍선처럼 부풀었으나 변하지 않는 조사결과가 하나 있으니 여성에게 불리한 성비다. 2011년에도 10년 전처럼 여성이 4000만명가량 적게 나왔다. 여성이 남성보다 많은 다른 나라들과 달리 남성 인구가 여성보다 많은 것이다.

주목할 것은 경제적으로 더 발전한 지방에서 여성 인구가 기운다는 점이다. 우리나라는 1980년대만 해도 여성차별이 극심했으나 지금은 딸에게 교육을 덜 시키거나 차별적으로 키우는 부모들이 거의 없다. 그러나 인도에선 지금도 잘사는 계층일수록 아들을 선호한다. 수도 델리와 그 이웃인 펀자브와 하리아나에서 여성 인구가 가장 열세다. 종교적으로는 델리와 펀자브에 많이 사는 역동적이고 잘사는 시크(교도)들이 남성 100명 당 89명의 여성으로 가장 낮았다.

여성 인구가 부족한 데는 여러가지 원인이 복합적으로 작동한다. 우선 딸은 어머니의 뱃속에서부터 인정받지 못하고 부정된다. 아주 옛날에는 보수적인 집에서 태아를 아들로 바꾸어달라는 의식을 치렀으나 오늘날에는 병원에서 태아를 확인한 뒤 여아일 경우에 낙태하는 사례가 많다. 물론 불법이다. 어떤 시인은 "아이가 태어날 때마다 신이 아직도 인간에게 실망하지 않았다는 희망을 심어준다"라고 말했으나 많은 사람이 아직도 여자아이가 태어날 때마다 실망하는 것이다.

아들을 선호하는 이유는 딸을 가정경제에 보탬이 되지 않으며 때가 되면 집을 떠날 철새, 언젠가는 주인에게 돌려줄 남의 물건이라고 생각하기 때문이다. 시집을 보낼 때 결혼지참금과 혼수를 챙겨줘야 하는 부모들이 딸을 기피하는 것도 한 원인이다. 전인구의 70퍼센트가 농촌에 사는 현실에서 많은 사람이 여전히 집안의 대를 잇고 자신의 장례식에서 불을 지필 아들을 좋아한다. 그래야 영혼이 구원을 받고 천국에 간다고 믿는 것이다. 그래서 원치 않게 태어난 딸은 이런저런 방식으로 죽임을 당하거나 제대로 먹이지 않아서 오래 살지 못한다.

결혼지참금과 관련하여 죽임을 당하거나 자살하는 젊은 여성이 많은 것도 여성 인구가 부족한 현상에 한몫을 한다. 여성 인구가 적은 델리와 하리아나, 펀자브 지방은 경제발전의 여파로 생활이 향상되었으나 지참금과 관련된 여성의 죽음이 많은 지역이다. 특히 델리는 지금도 결혼지참금과 관련된 범죄가 연간 1000여건이 넘는 것으로 알려졌다. 예전의 결혼지참금은 생산력이 없는 식구를 맞는 시댁에 신부의 부모가 지불하는 보상의 성격이 강했으나 돈이 모든 것을 말하는 오늘날에는 불법인 지참금이 내밀한 인간의 욕망을 채우는 수단으로 바뀌었다.

서구화한 계층이 늘면서 종교와 카스트를 뛰어넘는 낭만적 사랑이 늘었지만 아직도 중매결혼이 대세인 인도에서는 결혼지참금이 결혼의 중요한 조건이다. 오히려 인간의 욕망이 현실을 무력화하면서 시댁과 남편의 요구와 압박에 부응하지 못한 여성들이 비극으로 생을 마감하는 경우가 많아졌다. 지참금제도의 부정적인 영향을 설파하는 단체와 의식을 가진 여성과 부모가 늘었어도 전통과 돈의 힘이 손을 잡은 나쁜 관습이 사라지기까진 조금 더 시간이 걸릴 전망이다.

이렇게 남성중심적인 사회에서 여성을 홀대하고 억압하는 문화가 생겨났다. 비폭력과 정신주의의 나라에서 여성에 대한 여러 종류의 폭력이 방관되는 것은 아이러니다. 전세계에 인도의 이미지를 나쁘게 채색한 델리 버스의 성폭행 사건은 현대적인 빌딩과 국가의 행정기관이 늘어선 수도권에서도 여성이 안전하지 않다는 점에서 충격적이다. 지난 10년간 델리의 총리가 여성인데도 그렇다. 2010년의 한 조사를 보면, 델리가 여성을 상대로 한 범죄에서 35개 주요도시 가운데 1위를 차지했다.

같은 해에 나온 한 대면조사에서도 델리에 사는 여성의 60퍼센트가 공공장소에서 성적 위협을 느낀다고 대답했다. 연방수도에서 젊은 시절을 보낸 나도 이 점에선 할 말이 아주 많다. 여성이 받는 가장 흔한 성적 위협은 언어희롱과 시각적 희롱이었고, 시내버스에서 성희롱과 성추행이 가장 많이 일어났다. 5년 이상 델리에 거주한 여성의 70퍼센트가 성추행을 당한 경험이 있고, 그중 약 40퍼센트가 시내버스에서 기억하고 싶지 않은 경험을 한 것으로 드러났다.

일부 남성들은 성희롱과 성추행이 많은 이유를 여성의 진보적인 옷차림, 즉 선정성에서 찾는다. 즉 몸을 드러내는 옷차림이 남성을 도발한다는 것이다. 그러나 이는 지극히 남성중심주의적 관점이다. 가부장적 문화가 강한 지역에서 성범죄가 높다는 게 그 증거다. 특히 델리는 같은 언어와 문화를 공유하는 다른 대도시와 달리 '우리'라는 정체성이 부족한 도시다. 파키스탄과 분단될 때 온 피난민과 여러 지방에서 상경한 이질적인 집단이 모인 탓에 여성에 대해서도 무책임한 행동이 많은 것이다.

나날이 발전하는 수도의 한쪽에 교육을 받지 못하고 기술력을 갖추지 못해 일자리를 얻지 못한 젊은이들이 상대적 박탈감을 안고 산다는 점도 고려해야 한다. 최근에 나온 성폭력법의 개정을 권고하는 보고서는 "단순노동이 많은 인도사회에서 설 자리를 찾으려고 애쓰는 도시청년층이 늘면서 이미 존재하는 성폭력문화가 악화되고 있다"라고 적었다. 성비불균형이 심하고 사회경제적인 이유로 짝을 찾지 못한 남성 인구가 늘어가는 것도 주요한 원인으로 지목된다.

처음으로 성폭행 사건이 주목을 받은 건 중부지방에서 12세 여아가 두명의 경찰관에게 유린을 당한 1970년대였다. 경찰관은 피해자의 동의하에 이뤄진 성관계라고 주장했고, 판사는 아이에게 적극적으로 반항했느냐고 물었다. 주변사람들은 원래 아이가 품행이 좋지 않았다고 불리하게 증언했다. 우리나라에서도 익숙한 이 우스꽝스런 과정을 거친 뒤에 경찰관은 다 무죄를 선고받았다. 품행이 나쁜 여자는 성범죄를 당해도 된다는 이상한 논리는 지금도 그다지 바뀌지 않았다.

성범죄는 피해자인 여성이 책임을 지는 이상한 범죄다. 피해자는 자신이 평판이 나쁘지 않다는 점과 정신적으로 이상이 없다는 사실을 증명해야 한다. 그래서 성폭행은 가장 신고가 되지 않는 범죄이자 피해자가 가해자처럼 취급되는 유일한 범죄다. 성폭행 가해자에 대한 형량이 지나치게 낮다는 것도 범죄를 부추기는 요인이다. 인도정부는 2012년 시내버스에서 성폭행 사건이 난 뒤에 성폭행에 대한 형량을 현행 7~10년에서 최대 20년까지 늘리는 개정안을 마련했다. 피해자가 사망하거나 식물인간 상태가 되면 가해자를 사형에 처할 수 있도록 처벌을 강화했다.

이런 범죄가 빈발하는 이유를 문화적인 견지에서 접근해보자. 힌두문화는 여성이 육욕적인 동물이라고 여긴다. 고대의 경전은 "불이 끝없이 연료를 필요로 하고, 대양이 수많은 강으로 메워지지 않듯이 여성은 결코 한 남자로 만족하지 못한다"라는 말을 통해 여성이 성을 밝히고 방탕하며 믿을 수 없다고 전해준다. 여기에 오늘날 누구나 쉽게 접근할 수 있는 성과 관련된 각종 사진과 동영상, 영화들이 여성에 대한 왜곡된 이미지를 유포하고 재생산한다.

대다수의 남성은 내적으로 연약하기 때문에 외적으로 강한 척 행동한다.

약자는 여성이 아니라 남성이다.

이런 판단은 근거가 있다. 여성을 육욕적이라고 여기는 문화는 여성의 자유롭고 독립적인 성에 대해 남성이 두려움을 가진 데서 나왔다. 3000년이 넘게 내려오는 카스트제도의 성공은 여성의 성에 달렸기 때문이다. 예를 들면 순수성과 청정을 바탕으로 제도의 상위를 차지하는 브라만의 아내가 하층카스트와 성관계를 맺고 아이를 낳는다면 브라만의 혈통이 오염되는 것이다. 여성에게 베일로 얼굴이나

몸을 가리라고 권유하거나 강제하는 것은 치명적인 매력을 가진 여성에게 유혹되지 않으려는 약한 남성의 방어적인 조치다.

인도문화의 이상형은 지금도 라마의 아내 시타처럼 순결하고 순종적이며 자기희생적인 여성이다. 『라마야나』의 일부 버전에는 시타가 악마의 화신 라바나에게 납치되었다가 남편에게 정절을 지키지 못했다고 의심을 받는 대목이 나온다. 온갖 모욕을 참고 견디며 백설 같은 과거를 증명한 뒤에야 남편의 용서를 받는 시타는 가정과 카스트를 파괴하지 않는 여성의 성적 순수성에 대한 남성의 판타지를 반영하는 셈이다.

또다른 이상적인 여성은 남편의 천국행을 보장하기 위해 불타는 장작더미에 올라가 남편의 황천길을 동행한 사티, "그대가 가는 곳이 나의 길이니 당신이 이끄는 곳으로 따라가리다"라면서 죽은 남편을 쫓아 저승까지 간 사비트리다. 공주의 몸으로 남자가 1년 안에 죽는다는 사실을 알면서도 결혼한 사비트리는 염라대왕을 감동시켜서 남편을 살려내고 부상으로 아들까지 얻는다. 세 여신은 인도 여성이 지켜야 할 덕목인 정절과 자기희생, 헌신과 인내를 공유한다.

인도에서 오랫동안 함께 산 이슬람문화의 영향도 언급해야 할 것이다. 『코란』은 여성이 함께 살 수 있는 사람으로 결혼할 수 없는 친족을 꼽았다. 그래서 인도의 무슬림은 여성에게 친족이 아닌 외간남자의 앞에선 베일로 얼굴이나 신체를 가리는 관습을 따르게 했다. 얼굴을 가림으로써 남성에게 사회적으로 보이지 않게 된다는 의미였다. 이슬람의 오랜 통치를 받은 힌두들도 이러한 관습을 받아들이고 실천하면서 내면화했고, 이러한 행동을 여성다움으로 여기게 되었다.

그렇다고 인도가 여성이 살기 어려운 땅은 아니다. 인도 여성의 인권이 세계 최저라고 믿는 우리나라 사람이 많으나 여성을 정책결정권자로 올리는 '정치적으로 올바른' 방향에선 선진국의 행보를 보이는 나라가 인도다. 유엔이 발표한 여성권한척도에서는 인도가 우리를 앞선다. 최근에는 대도시의 배운 여성들이 시타와 사비트리를 이상형으로 소망하지 않을 정도로 여성의 위상이 크게 변했다.

2011년 지방선거를 끝낸 인도에는 두명의 여성이 새로 주써수상이 되었다. 이로써 총인구의 30퍼센트, 약 4억명이 네명의 여성이 보일 리더십에 자기 운명을 걸게 되었다. 그중 한명은 벵골 주에서 34년간 지속된 공산당정권을 잠재우고 정권을 잡았다. 일찍이 1960년대 후반에 '남성보다 더 남성다운' 여성 총리 인디라 간디를 배출한 경험을 가진 인도는 그렇게 하여 대통령과 하원의장, 원내 야당대표와 집권당의 대표 등 중앙정부의 요직을 여성이 차지하는 새로운 시대에 접어들었다.

이런 현상이 기이한 건 아니다. 전반적으로 여성의 위상이 낮고 억압받는 인도에는 동시에 극진하게 여신을 숭배하는 문화가 공존하기 때문이다. 더구나 여신은 힌두 여성의 문화적 이상형과 달리 독립적이고 힘이 센 형태로 받들어진다. 악마를 물리치는 씩씩한 군인이나 피와 고깃덩어리를 좋아하는 무서운 모습이다. 시체를 밟고 춤을 추는 깔리 여신, 호랑이나 사자를 타는 두르가 여신, 악마를 처단하는 남부지방의 차문디 여신은 조금도 온순하지 않다.

힘과 돈을 가진 소수 여성의 성공을 두고 인도 여성의 위상과 인권이 좋아졌다고 말하려는 건 아니다. 아직도 대다수 여성이 억압적 전통을 가진 농촌에 거주하면서 친족과 카스트 중심의 사회가 강요하는 의무를 지고 있다. 그럼에도 지난 수십년간 인도에서는 하층 여성들의 연대와 집합적인 운동이 많았다. 결혼지참금과 관련된 여성에 대한 폭력을 비판하는 여성들의 첫 항의행진이 1979년에 열린 뒤 다양한 여성문제를 다룬 여성운동이 정부와 사회를 압박하며 활발하게 이어지고 있다.

무엇보다 주목되는 것은 사회변화를 반영하듯 보통여성들이 영웅으로 등장했다는 점이다. 1993년 남부지방의 한 주정부는 선출직인 말단 자치단체와 이장직의 각 33퍼센트를 여성에게 할당했다. 여성에게 말단행정을 맡기는 정책은 곧 국가적으로 수용되었다. 그리하여 1990년대 중반에는 이미 풀뿌리민주주의를 담당한 여성의 절반이 사회최하층인 불가촉천민과 수드라카스트일 정도로 변화했다. 초기에는 상층카스트 남성들의 저항이 거셌으나 변화의 거센 물결을 막을 순 없었다.

인도에서 여신은 어머니로 숭배되고 어머니는 애국과 깊이 관련된다. 특히 영국을 반대하는 독립운동에서 어머니는 모국과 연계되었다. 당시 가장 인기가 있던 애국적 구호는 '어머니 신 만세!'였다. 현재 인도의 국가인 '어머니 신, 당신에게 절합니다'도 그 무렵에 타고르가 적었다. 여신숭배의 전통과 모국에 대한 충성에서 알 수 있듯이, 결국 인도인은 여성이 열등한 존재가 아니라는 사실을 은연중 받아들이고 있다. 어떤 인물도 어머니가 없이 태어날 순 없지 않은가.

남녀평등이 쉽게 이루어지기도 어렵지만 고통을 받는 여성에 대한 사회적 인식이 쉽게 변할 것 같지도 않다. 많은 남성이 남성우월주의 가치와 여성에 대한 편견을 갖고 있다는 걸 모르지 않기 때문이다. 페미니스트를 테러리스트처럼 여기고 여성고용할당제를 반대하는 남성들의 목소리가 큰 것도 사실이다. 여성의 인권이 많이 좋아진 우리나라에도 이런 생각을 가진 남자가 적지 않다. 남의 눈에 있는 티끌만 지적하지 말고 우리 안의 들보를 봐야 한다. 세상의 절반인 여성이 행복해야 세상이 좀더 나아지지 않겠는가.

언젠가 인도에서 돌아와 공항에서 택시를 탔는데 창밖으로 보이는 늦가을의 서울이 유난히 깨끗해 보였다. 나는 무심코 서울이 깨끗해서 좋다고 말했다. 택시기사는 웃으면서 어디에서 오기에 그렇게 말하느냐고 물었다. 내가 '인도'라고 대답하자 기사는 거기가 그렇게 더럽더냐고 뒤를 돌아보았다. 오랜 친구를 흉보는 기분이 들어서 나는 그저 웃음으로 대답을 대신했다.

택시기사는 어디선가 인도인이 깨끗하다는 이야기를 보았노라고 말을 이었다. 그래서 인도인이 제대로 씻었는지 알 수 없는 남의 숟가락을 쓰기보다 제대로 씻은 제 손으로 밥을 먹는다고 하더라는 것이다. 나는 어디에서 보았는지 물었고, 그는 『인도에는 카레가 없다』라는 책에서 봤다고 대답했다. 내가 그 책의 저자라고 밝히자 기사는 반색하더니 짐을 문 앞까지 들어다주는 등 친절하게 대해주었다. 나도 독자로 만난 그에게 감사함을 얹어서 택시요금을 더 냈다.

그 책에서 나는 인도인이 위생적이라고 역설적으로 적었다. 그 이유는 많은 외국인이 인도가 더럽고 냄새나는 곳이라고 경멸하고 거기에 사는 인도인과 거리를 두는 현실이 안타까웠기 때문이다. 그때나 지금이나 도처에 보이는 먼지와 더러움은 인도와 인도인의 야만성을 보여주는 증거로 여겨진다.

그러나 더러움은 상대적이다. 그리고 남을 더럽다고 판단하는 기준은 자신이 속한 사회와 문화에서 찾게 마련이다. 오늘날 우리가 인도를 더럽다고 말할 수 있는 것은 그만큼 우리나라가 위생적이고 깨끗해졌기 때문이다. 19세기 말이나 20세기 전반에는 우리나라도 인도에 비해 크게 나은 점이 없었다. 그렇다면 문명의 차이란 결국 시간의 차이에 지나지 않는 걸까.

한가지 분명한 것은 더럽다고 말하는 사람, 그렇게 당당하게 남을 판단할 수 있는 사람이 권력자라는 점이다. 일제강점기에 조선인이 더럽다고 말한 사람은 먼저 개화한 일본인이었다. 인도인이 더럽다고 말한 자도 식민 지배자였다. 더러움은 피지배자의 본성이었고, 그래서 그들은 문명개화한 지배자의 통치를 받아야 마땅했다. 여기에는 지배자의 건강을 위협하는 피지배자와 사회적 거리를 유지해 전자의 안전과 순수성을 지키려는 목표도 섞여 있었다.

인도인은 공기를 더럽히고 대지를 망가뜨리며 자신들이 마시는 물을 오염시키면서 오물 속에서 살고 있다. 어떤 이들은 그 더러운 물을 성스럽다고 생각한다.

19세기 중반 영국에 살던 나이팅게일Nightingale은 백의의 천사라는 이름을 가졌어도 인도에 대해선 이렇게 냉정했다. 영국인이 불결한 인도에서 사는 것이 불명예라고 여긴 그는 정부에 위생정책을 실시하라고 촉구했다. 이때부터 영국군인에게 더러운 인도 여성과 잠자리를 하지 말라는 지시가 내려졌다. 노벨상을 받은 영국 작가 키플링도 영국령 인도의 수도인 콜카타와 인도인의 성지 바라나시를 악취가 나는 도시라고 한수 내려다보았다.

그로부터 150년이 지난 지금도 인도의 거리는 더럽고 불결하다. 온갖 쓰레기가 나뒹굴고 역겨운 냄새가 코를 마비시킨다. 아직 위생 관념이 널리 퍼지지 않았고, 특히 공중위생의 개념이 부족해서다. 독립한 지 60년이 지났으니 나쁜 것이 다 식민통치의 탓은 아닐 것이다. 그러나 적어도 영국이 인도에 도입한 위생정책이 인도에 거주하는 영국인을 위해 실시되었다는 건 언급해야 한다.

인도가 더럽고 복잡한 것은 땟국이 절은 옷을 입은 빈곤층이 많아서가 아니다. 내가 둘러본 남부지방의 초라한 단칸집들은 단출하지만 깨끗했다. 인도인이 더러운 것이 아니라 인도가 더럽다는 표현이 맞다. 더럽지 않은 인도인이 더러운 세상을 방관하고 책임을 지지 않기 때문이다. 특히 쓰레기와 오물이 가득한 주변환경은 잘나가는 인도의 이미지를 아래로 잡아끄는 주범이다.

델리대학 부근의 한 과자점에서 손님의 선택을 기다리는 먹을 것에는 파리들이 잔뜩 달라붙어 있었다. 어느날 가게에 들어온 한 남자가 손으로 파리를 쫓으며 주인에게 불평을 터뜨렸다. "먹는 건데 파리가 너무 많네요." 그러자 주인이 심드렁하게 대꾸했다. "단것을 파니까 파리들이 꼬이지요. 설마 여기에 원숭이들이 꼬이겠어요?" 느른한 주인은 청결과 위생에 무심한 전형적인 인도인의 모습이다. 인도의 거리가 더러운 것은 더러움에 무심한 사람이 많아서다. 사람들은 별 생각 없이 쓰레기를 길가에 내버리고 집어던진다. 다른 사람이 다 그렇게 하기에 별다른 죄의식이 없이 따라하는 것이다. 배우지 못한 사람이나 배운 사람이나 주변의 더러움에 냉담한 것은 대체로 비슷하다.

아마도 이는 이웃과 사회에 대한 관심이 부족하고 자기중심적인 문화와 관련이 있을 것이다. 힌두교는 다른 사람에 대한 의무를 강조하는 기독교나 이슬람교과 달리 개인에게 주어진 의무를 강조한다. 기독교인은 "네 이웃을 사랑하라"라는 말씀을 따르고 공동체의 발전을 지향하지만, 힌두교에서는 내적 욕망을 극복하고 자신과 자신 속의 신을 깨달으라고 가르치는 편이다. 한데 모여서 떠들썩하게 예배를 드리는 기독교인이나 무슬림과 달리 힌두들은 대개 혼자 신을 만나고 혼자 기도한다.

인도에는 세계에서 가장 더러운 도시로 선정된 도시가 많다. 연전에 나온 유엔보고서를 보면, 수도인 델리와 1911년까지 수도였던 콜카타가 세계 5대 오염도시에 뽑혔다. 특히 더위와 먼지, 매연의 3중고에 시달리는 델리는 거리는 덜 더러워도 대기가 가장 더러운 도시로 지목되는 불명예를 안았다. 문제는 이런 사실을 심각하게 여기는 인도인이 많지 않다는 점이다. 사회와 문화를 죽도록 비판하는 언론이나 지식인도 더러움과 공중위생에는 무감각하다.

인도에서 가장 장기지속적인 것은 갠지스 강이 순수하다는 믿음일 것이다. 그 강을 더럽히는 장본인이 그 믿음이 가장 강한 사람들이라는 것은 아이러니다. 순례자들이 버린 보이지 않는 죄와 보이는 때, 제사를 지낸 각종 공물과 기원과 소망이 담긴 진흙 등잔, 타다 남은 시체와 화장된 유해가 다 갠지스 강의 오염원이다. 특히 힌두 축제가 끝난 뒤에는 수십만 톤의 오물이 강으로 들어간다. 사랑한다면서 폭력을 행사하는 것과 무엇이 다른가.

인도에서 흰 피부가 선호되는 것도 순수에 대한 환상의 소산이다.

 온갖 시체와 쓰레기가 넘쳐나는 갠지스 강은 새벽부터 죄를 씻으려는 사람들로 가득하다. 눈에 보이지 않는 것을 믿는 인도인에게 더러운 강물과 거리는 크게 중요하지 않다. 청소부에게도 깨끗한 거리보다 마음의 정화가 더욱 중요한 일이다.

 인도는 힘이 세다

옛날부터 검은 피부는 더럽고 불순하지만 흰 피부는 순수하다고 여겼다. 오늘날에도 결혼시장에서 흰 피부를 가진 신부가 환영을 받는데 비해 검은 피부의 여성은 낮은 평가를 받는다. 검은 피부를 가진 영화배우가 볼리우드의 스타가 되는 경우도 드물다. 피부를 하얗게 만들어준다는 미백크림이 콜라보다 많이 팔리는 인도의 공공장소에서 쓰레기와 오물이 넘쳐나는 것은 지극히 역설적이다.

2008년 델리의 경찰은 새로 건설된 깨끗한 지하철에서 소변을 본 두명의 남자를 체포하는 역사적 사건을 만들었다. 역사적이라는 거창한 표현을 쓴 것은 그때까지 국가가 그런 개인적인 일에 개입한 적이 없기 때문이다. 물론 위에서 모든 것을 누르는 전통이 약한 나라에서 모처럼 나온 이런 조치가 세상을 금세 바꾸진 않을 것이다.

오죽하면 한 유명작가가 노상방뇨에 대한 처방을 내놓았겠는가. 그는 도로의 벽과 길옆의 숲, 가로등과 가로수, 셔터를 내린 상점의 문 등 시시때때로 변소가 되는 장소에다 신과 여신의 사진이나 그림을 붙이자고 제안했다. 신을 숭배하는 인도인이 신을 향해 용변을 보진 않을 것이라는 설명이다. 나쁘지 않은 처방이지만 실천과 효과는 두고 볼 일이다.

인도인은 인더스 강변에서 일어난 고대의 도시문명을 자랑한다. 바둑판 도로와 배수시설을 잘 갖춘 하라파와 모헨조다로는 인도인의 우수성을 잘 보여준다. 고대 인도인은 오늘날의 도시가 운영하는 쓰레기하치장을 만들었고 하수시설도 이용했다. 하수도를 통해 집의 바깥으로 빠진 생활하수가 큰 벽돌로 덮은 배수로를 따라 하수처리장으로 흘러가는 4000~5000년 전의 씨스템은 훌륭했다.

다른 건 몰라도 이 부분은 오늘날이 그때만 못할 정도로 변했다. 늘 막혀 있는 외곽지역의 하수도와 배수로는 모기와 파리의 온상이다. 특히 인구가 기하급수로 늘어나는 도시는 주변환경이 열악하다. 바닥에는 오물과 쓰레기가 넘치고 공기중에는 역겨운 냄새와 탁한 공기가 배회한다. 중세에 서방세계가 선망하고 천국이라고 부른 수도 델리도 예외는 아니다. 위로부터의 무관심한 행정과 더러움을 참는 데 익숙한 아래로부터의 반응이 더해져서 상황이 점점 나빠지고 있다.

어떤 학자는 인도가 더럽다는 말이 나올 때마다 눈에 보이지 않는 것이 더 중요하다고 눙친다. 아무리 몸을 잘 닦고 외모가 단정해도 그 내면에 더러운 욕망과 사악한 생각이 꿈틀거린다면 무슨 소용이냐고 나지막하게 반격한다. 그 말을 들으면 나도 마땅한 답변이 나오지 않는다. 겉은 백로처럼 희지만 까마귀처럼 속이 검은 사람이 적지 않은 세상이기 때문이다. 그래서 현실을 직면하고도 외적 더러움이 진짜 더러움이 아니라고 강변하는 그들을 믿고 싶다.

더러운 환경이 인간에게 동기를 부여한다는 주장에도 솔깃해진다. 맑은 물에 고기가 살지 않듯이 깨끗한 환경에서 새로운 것에 대한 생각과 도전, 변화에 대한 욕구가 나오기 어렵다는 말이다. 무굴시대에 생긴 델리의 찬드니초크는 가난하고 더러운 인도의 축소판처럼 여겨진다. E. M. 포스터^{Forster}의 표현을 빌리면, 태양의 열기가 땅 위의 모든 영광을 끓이고 지져서 하나의 혼란으로 만든 것과 같은 세상이다. 그러나 그곳만큼 강한 생명력이 느껴지는 장소는 인도에 없다.

21세기를 선도한다는 전망이 나왔어도 인도는 아직 세련되고 단

인도는 힘이 세다

정하지 않다. 인내력을 시험하는 것처럼 더러운 곳이 많다. 정부는 강을 정화하고 도시를 청소하는 운동을 많이 펴지만 괄목할 만한 성과가 나오지 않는다. 인구가 급속하게 늘고 개인과 정부의 관점과 관심이 느슨하기 때문이다. 분명한 것은 인도에서 뭔가를 기대하는 사람은 이런 인도를 참고 견뎌야 한다는 점이다.

새로운 게임의 법칙

Zeebee
हमारा विरोध
लेखक और प्रकाशक से
हेमचन्द्राचार्य
मुर्दाबाद

사랑의 반대는
무관심

평화와 비폭력을 설파한 간디가 전쟁과 유혈로 얼룩진 20세기의 대표적 인물로 꼽힌 것은 아이러니다. 가공할 폭력수단을 개발하는 데 공헌한 아인슈타인도 핵무기가 가져올 대량파괴에 대한 처방으로 간디의 비폭력을 들었다. 총과 물리력을 숭배한 서구가 중심이던 지난 세기는 진리와 비폭력을 내세운 비서구의 간디를 통해 힘과 근대성의 논리를 부정하며 막을 내린 셈이다.

생전에 20세기 서구의 반대명제가 된 간디는 영국의 식민통치가 전성기를 구가한 1869년 서해안의 작은 왕국에서 태어났다. 밤에 무서워서 밖에 오줌을 누러 가지 못할 정도로 겁이 많던 시골소년이 영국에 유학하고 남아프리카에서 인권운동을 전개한 뒤 인도민족주의

운동의 지도자가 되어 영국을 압박하며 세계적 인물이 된 것이다. 그
의 방법은 싸우지 않는 것이었다.

내가 보낼 유일한 부탁은 절대적으로 참되고 무저항적인 수단
으로 조선이 조선의 것이 되기를 바란다는 것뿐입니다.

이 글은 1927년 1월 5일자 『동아일보』에 실린 간디의 편지다. 일본
의 압제를 받는 같은 처지의 '조선민족'에게 간디가 보낸 격려의 글
이다. 내가 신문자료를 챙기다가 이 편지를 보았을 때 든 반가움은
컸다. 그러나 군국주의를 따른 일본을 상대로 무저항적인 수단으로
싸우라는 그의 주문은 익숙한 말인데도 낯설었다. 간디가 말한 수단
은 당대 우리나라에서 실천이 어려웠다.

무저항과 비폭력은 인도에서 의미를 가지는 운동방식으로 다른
문화권에선 그 의미가 온전히 이해될 수 없다. 간디는 자이나교의 전
통이 강한 고향에서 배운 비폭력을 실천하면서 지배자 영국에 익숙
한 게임의 법칙을 뒤집었다. 적을 공격하지 않고 스스로 고통을 감내
하는 비폭력운동을 폭력으로 진압한 영국은 세계 도처에서 비난을
받으며 무너졌다. 비폭력이 정당성과 도덕적 우월성을 가지기 때문
이었다.

제가 반을 접을 테니 당신도 반을 접으세요!

간디의 이러한 협상 방법은 인도문명의 가치를 세상에 알렸다. 그

 인도는 힘이 세다

는 구자라트지방의 상인 출신으로 장사하듯이 이익이 나게 반영운동을 이끌었다. 바니아라고 알려진 구자라트 상인은 타협하고 설득하는 방식으로 해상무역에서 많은 부를 축적하여 번영을 누렸다. 커뮤니티에 가까운 그들의 성공은 해안에 인접한 지리적 이점과 양쪽이 반씩 양보하는 '카다도'라는 타협과 상생의 방식에서 나왔다. 고집이 세거나 공격적이지 않은 그들은 정직하고 근면하며 과거를 잘 잊고 용서를 잘하는 특징도 갖고 있다. "구자라트 사람이 최고의 신랑감"이라는 속담은 이런 까닭에 생겼다.

　상업에서도 중요한 건 상대방에 대한 배려다. 상대가 망하면 비즈니스의 파트너가 사라지기 때문이다. 고향사람들의 방식으로 독립운동을 이끈 간디는 영국인에게 적대감이나 증오를 보이지 않았다. 자신이 싸우는 대상이 영국인이 아니라 인도를 지배하는 영국정권이라고도 말했다. 선거에서 져도 상대에게 축하한다고 말하기가 쉽지 않은데 나라를 강제로 지배하고 많은 걸 빼앗은 사람들을 용서하고 나아가 사랑한다는 것은 도인의 경지였다.

그는 진정한 영웅은 힘센 지도자가 아니라 영국을 모방하지 않고 자기 문화와 전통을 지키는 보통사람이라고 여겼다. '사띠아그라하(진리의 힘)'라는 이름의 비폭력운동은 정글의 법칙에 반대함으로써 힘없는 사람들이 가슴을 펴도록 용기를 고취했다. 수백만의 대중이 항의행진, 농성, 피켓 들기, 보이콧 같은 평화로운 투쟁에 동참하자 힘 센 지배자는 당황했다.

일부 학자들은 인도가 칼을 써서 영국에 저항했다면 좀더 빨리 독립을 일구었을 것이라고 간디를 비판한다. 그러나 나는 그렇게 생각하지 않는다. 당대 세계 최고인 영국의 군사력을 보건대, 인도의 무장투쟁은 쉽게 진압되고 많은 인도인이 죽거나 다쳤을 것이다. 오히려 간디가 쓴 새로운 게임의 법칙이 영국을 당황하게 만들어서 인도에서 물러나게 만든 측면이 있다.

인도를 무력으로 정복한 티무르는 수도 델리를 행진하다가 나무 밑에서 기도하는 한 거지를 보았다. 티무르가 다가가 원하는 것을 말하라고 하자 거지는 무심한 얼굴로 바라는 것이 없다고 대꾸했다. 어떻게 바라는 것이 없냐는 티무르의 다그침에 거지는 대답했다.

"나는 이 아름다운 나무 아래에 살면서 강에서 물을 길어다 씁니다. 낮에는 햇빛이 있고, 밤에는 달빛이 있는 저 넓은 하늘을 갖고 있고요. 여기에 무엇이 더 필요한가요?"

"너는 돈이 없잖은가!"

"돈은 필요하지 않습니다."

"내 왕궁으로 오거라."

"거기에 갈 이유가 없습니다. 제가 관심을 두는 건 내적 아름다움이거든요."

"나는 황제다! 나는 뭐든지 네가 원하는 걸 줄 수 있다!"

"제 영적 능력과 신에 대한 사랑을 늘릴 수 있을까요? 제가 필요한 건 오직 영적 능력입니다만."

"다른 뭔가를 말하라. 네 영적 능력을 증진할 수 있는 건 내게 없으니 다른 소원을 말하라. 다 들어주마."

"그렇다면 한가지만 부탁할게요. 제가 여기서 명상하노라면 파리가 날아와 귀찮게 굽니다. 파리가 저를 괴롭히지 않도록 해주시겠어요?"

티무르는 거지 주변을 맴도는 파리를 여러번 손으로 쫓았으나 파리는 금세 다시 날아와 거지를 귀찮게 했다. 여러번 같은 동작을 반복한 티무르는 짜증을 내며 소리를 질렀다.

"이건 불가능하다! 어떻게 파리를 쫓겠는가?"

"황제이면서 파리에게서 저를 구해주지 못하시는군요. 그러면서도 황제는 부와 권력을 자랑하셨네요."

천하를 호령한 티무르는 한낱 거지의 말에 머쓱해서 말을 재촉하며 왕궁을 향해 움직였다.

연애의 비극은 이별이 아니다. 진정한 비극은 두 사람 중의 한명이 상대방을 더이상 사랑하지 않을 때 시작된다. 권력을 잡고 많은 영토와 사람을 지배한 왕의 비극도 피지배자가 그의 권력을 두려워하지 않을 때 시작된다. 약자가 인정하지 않는 힘은 겉은 멀쩡해도 속이 썩은 사과와 같아서 곧 떨어지게 마련인 것이다.

간디가 연출한 무관심의 비극은 1921년에 일어났다. 간디가 이끈 반영운동을 무마할 목적으로 영국의 왕위를 계승할 왕세자가 배를 타고 인도에 왔다. 간디는 미리 그의 방문을 반대한다고 발표했으나 영국은 귀담아듣지 않았다. 식민정부는 왕세자의 방문일정에 맞춰 뭄바이에서 크리켓 경기를 열었다. 관중을 환영인파로 위장하기 위해서였다. 정부의 계략을 알게 된 인도인들은 경기 개최를 반대했고, 왕자가 도착한 날 밤에는 성난 군중이 가로등을 박살내어 도시를 암흑에 빠뜨렸다. 다음날 열린 크리켓 경기는 관중이 적어서 초라했다. 그걸 본 왕위계승자는 서둘러 경기장을 빠져나갔다.

영국의 왕세자는 약 4개월간 인도에 머물렀다. 델리와 콜카타 같은 대도시를 행진했다. 말을 타고 거리를 지나가는 왕세자를 환영하는 인도인은 드물었다. 그를 거부한다는 의미로 길가의 상점들은 문을 닫았고 거리로 난 창에는 커튼이 내려졌다. 대영제국의 왕세자는 유럽인과 기독교인만 환영하는 식민지를 쓸쓸하게 지나갔다.

무기를 써서 상대를 위협하는 사람들에겐 용기가 필요하지 않으나 약자가 강자를 무시하려면 용기가 필요했다. 그래도 인도인은 왕세자를 무시했다. 무관심이 더 무서웠다. 돌을 던지며 '고, 홈!'이라고 외치는 건 그래도 관심이 남았다는 증거로 볼 수 있기 때문이다. 멀리에서 소식을 들은 영국의 왕은 매우 놀랐다. 그의 뒤끝은 10년이 지난 1931년에 발휘되었다. 그는 런던에 도착한 간디를 만나자 왜 자신

   인도는 힘이 세다

영국에 온 간디를 환영하는 사람들 비폭력이라는 새로운 게임의 법칙은 대영제국의 관리들을 혼란에 빠뜨렸다. 인도에 온 영국 왕세자가 쓸쓸한 행진을 한 반면에 영국을 찾은 간디는 수많은 인파에 둘러싸였다.

의 아들을 거부한 것인지 따지듯이 물었다. 간디의 대답은 간명했다.

저는 전하의 아들을 거부한 것이 아니라 영국 왕실의 대표를 거부한 것입니다.

가장 중요한 식민지 인도에서 무관심의 돌팔매를 맞고 돌아간 왕세자는 몇년 뒤 대영제국의 왕위를 포기했다. '사랑하는 여인의 지지와 협력 없이 왕의 의무를 수행하기보다' 사랑을 선택하고 왕위를 버리겠다고 발표한 에드워드 8세(윈저 공)가 바로 그였다. 그는 그해 텅 빈 인도의 대도시를 행차하면서 권력의 무상함을 느꼈고, 그래서 왕위를 쉽게 버리지 않았을까? 모를 일이다. 그리고 몇년 뒤엔 마침내 영국도 인도를 포기했다.

전쟁이 평화를 가져올 때도 있다. 하지만 전쟁을 치르지 않고 이루는 평화가 훨씬 값지다. 싸우지 않고 이기는 간디의 투쟁방식이 최고조에 오른 건 1930년의 '소금행진'이었다. 땀을 많이 흘리는 열대지방은 소금이 필수다. 하지만 3면이 바다인 인도는 영국의 정책 때문에 소금을 만들지 못하는 처지였다. 가난한 농민들은 지배국에서 수입한 소금을 비싸게 사먹었다. 간디는 부당한 법을 어기고 소금을 만들겠다고 선언했다.

인도근대사를 공부하는 나는 소금행진을 선언한 아마다바드의 간디아슈람을 찾아간 적이 있다. 간디가 소금행진에 나서기 전에 연설하던 모래마당은 지금도 그대로였다. 그는 출발전야에 그 모래마당에서 '사악한' 식민정부에 도전장을 내고 이렇게 확신했다.

우리의 운동은 정당합니다. 우리의 수단은 강합니다. 신은 우리 편입니다.

행진은 23일간 이어졌다. 기차를 타고 금세 바닷가에 갈 수도 있었으나 간디는 그렇게 하지 않았다. 천천히 움직이면서 여론을 모으고 세상의 이목을 끌었다. 그 덕분에 식민정부는 매일 각료회의를 열고 행진에 대해 논의하는 등 신경을 곤두세웠다. 소식을 들은 사람들이

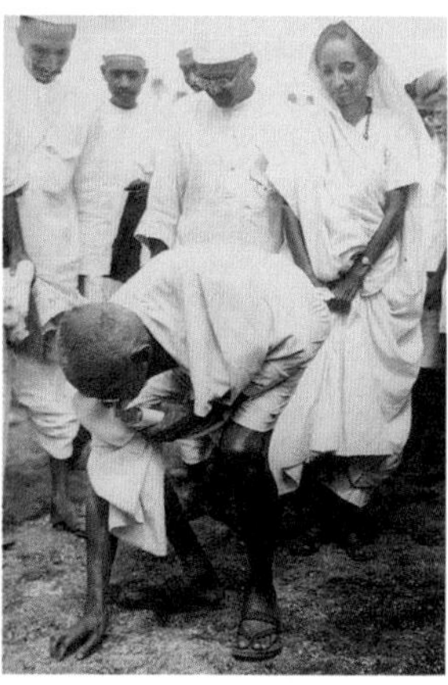

소금행진 중인 간디　간디의 비폭력운동은 소금행진으로 절정을 맞았다. 23일간 이어진 여정은 세상의 이목을 끌었고, 많은 지지자들이 그의 주변에 모여들었다. 소금법 위반으로 투옥된 간디의 뒤를 따라 약 6만명의 사람이 자진해서 감옥에 들어갔다.

전국에서 모여들었고, 세계의 언론이 간디를 취재하기 위해 몰려들었다. 우리나라의 『동아일보』와 『조선일보』에도 터벅터벅 걸어가는 간디의 소금행진이 매일 보도되었다.

식민정부와 영국 관리들은 마음이 편치 않았다. 처음에는 유치원생의 운동이라고 비웃었으나 전국이 뒤끓고 세계가 주목하자 걱정이 태산이 되었다. 간디가 법을 어기지 않고 바다를 향해 걸어가는 중이니 잡아 가둘 수도 없었다. 간디를 지켜보며 속이 탄 총독은 몰래 간디의 운세까지 본 모양이었다. 그는 각료회의에서 간디가 곧 죽을 운세라고 속내를 털어놓았다.

바닷가에 도착한 간디와 일행은 주전자에 바닷물을 담아서 끓여 소금을 만들었다. 간디가 소금을 한 줌 집자 사람들이 박수를 쳤다. 소금을 집어들면서 결과적으로 독립의 한 조각을 집어든 그는 드디어 소금법을 위반하였고, 30명의 무장한 경찰에게 붙잡혔다. 부당한 사회에서 정당한 사람이 있어야 할 마땅한 장소는 감옥이나 무덤뿐이라는 칼라일의 말이 옳았다.

간디가 투옥되자 사람들은 그가 했듯이 가까운 바닷가로 나가서 소금을 만들어 일부러 법을 어겼다. 정부는 소금을 만든 사람을 다 잡아들이라고 명령했다. 붙잡힌 사람들은 웃으면서 끌려갔다. 약 6만 명이 감옥에 들어갔다. 세계 여러 나라의 사람들이 두드려 맞아도 저항하지 않는 인도인을 경이롭게 지켜보았다. 간디를 지지하는 사람이 늘었고, 영국인도 자기 정부를 야만적이라고 비난했다. 일제강점기의 우리나라에서 나온 반응은 더 민감했다.

인구 4억 명이 간디의 뒤를 따라 만세를 부르기 시작하자 신사 양반인 대영제국도 어쩔 수가 없는 모양이다. 그리하여 간디를 잡아 가두고 나이두를 잡아가고 영인원탁회의를 하느니 어쩌느니 하더니 간디를 비롯하여 만세를 부른 사람들을 슬그머니 놓아주었다. 이제 영국의 땅에도 해가 질 날이 가까이 온 모양인데, 실상 알고 보면 (영국이) 단 피를 많이도 빨아먹기는 했다.

일제강점기의 한국은 간디와 그가 이끄는 운동에 특히 관심이 많았다. 우리뿐 아니라 세계 전역이 그를 지지했다. 간디의 건강을 걱정하는 사람들이 그를 감옥에서 내보내라고 식민정부에 압박을 가했다. 마지못해 간디를 석방한 정부는 곧 그와 인도의 미래를 두고 협상했다. 큰 키의 총독과 키가 작은 간디가 나란히 선 모습은 강한 지배자와 약한 피지배자를 생각나게 만들었다. 그러나 간디는 약자가 아니었다.

간디의 힘은 자기 문화에 대한 믿음에서 나왔다. 영국은 그가 쓴 투쟁방식이 낯설어서 대응할 방법을 찾지 못했다. 총독관저에서 협상하다가 먹을 때가 되었다고 회담을 중단하고 식사를 하는 그였다. 총독은 음식을 만들어 바닥에 앉아서 먹는 간디를 바라보다가 그가 무얼 먹는지 궁금해서 다가갔다. 그때 간디가 갑자기 숟가락으로 그릇을 '당 당 당' 두들기며 말했다.

"이 그릇은 내가 감옥에서 쓰던 거예요."

얼마 뒤 영국으로 건너간 간디는 추운 런던의 거리를 걸어갔다. 영국정부가 회담을 하자고 아무 직책이 없는 간디를 부른 것이다. 영국 왕이 여는 티파티에도 초대받은 간디는 흰 목면 웃옷에 허리에 천을 두른 도티를 입고 그 사이로 정강이를 드러낸 차림으로 참석했다. 몸에 걸친 누덕누덕 기운 숄은 영국에 반대하다가 갇힌 감옥에서 손수 물레를 돌려 자은 실로 만든 옷이었다. 이빨이 다 빠진 간디의 모습은 영국을 위협하는 무서운 혁명가의 풍모가 아니었다. 화려한 옷차림인 영국 왕은 맨발의 간디에게 불쾌한 감정을 숨기지 않았다. 그걸 지켜본 한 인도인이 친분이 깊은 영국의 왕세자에게 속삭였다.

"아무래도 영국이 인도를 잃을 것 같네요."

그의 말은 20년이 안 되어 현실이 되었다. 공개석상에서 분노한 영국 왕과 달리 인도 민중의 왕 간디는 초라해도 여유로웠다. 더 많이 가진 사람이 더 적게 가진 사람에게 심리적으로 뒤지는 이상한 형국이었다. 파티에 모인 영국 신사들은 탁발승 차림인 간디에게 압도되었다. 왕을 만나고 궁을 나서는 헐벗은 차림의 간디를 영국의 기자들이 둘러쌌다. 그들은 간디에게 간편하지만 그래서 무례해 보이는 드레스코드에 대해 한 말씀을 해달라고 부탁했다.

“왕이 내 몫까지 입지 않았나요?”

영국의 지배를 받아 가난해진 인도의 상황을 지적한 간디의 대답은 간단명료했다. 그는 늘 그렇게 초라한 옷차림으로 대영제국의 신사들을 만났다. 그를 만난 영국의 장관이나 총독은 모두 간디의 진실함에 감동했다. 존경할 수 있는 적을 만난 그들은 패배해도 불행하지 않은 사람들이었다. 일곱번이나 간디와 협상한 한 총독은 간디가 솔직하고 주저하는 바가 없다고 존경을 담은 편지를 영국에 있는 아들에게 보냈다.

간디는 영국인들에게 위험한 인물이었다. 1931년 런던에서 간디와 원탁회의를 가진 조지 로이드 영국수상은 다리를 다 드러내고 샌들을 신은 간디를 “성인일지도 모른다. 그러나 아주 명민한 정치인이다”라고 하며 내내 회담을 주도한 그를 부담스러워했다. 인도를 지배한 영국의 마지막 총독도 그를 “한 사람으로 구성된 군대”라고 지칭하며 벌거숭이에 가까운 옷차림의 막강한 힘을 인정했다.

선동을 업으로 삼는 간디가 무례하게 반나체로 총독의 궁전에 당당히 들어와 영국 황제의 대표와 동등한 조건으로 예비교섭을 진행하는 것이 사실이라면 이것은 실로 전율할 만한 일인 동시에 구토를 금할 수 없는 일이다.

　　　　　　　　　　　　　　　　　　인도는 힘이 세다

간디를 미워한 예외적인 인물은 독립을 주장하는 그를 마뜩치 않게 여긴 처칠이었다. 인용문에서 드러나듯 그는 특히 간디의 옷차림을 못마땅해했다. 그러나 양국 지도자의 옷차림은 여러 면에서 각자의 문명을 대변했다. 제대로 차려입은 영국 지도자들과 거의 입지 않은 간디의 옷차림은 탐욕적이고 남을 이용하는 문명과 거기에 희생되는 문명의 차이를 보여주었다.

"옷차림은 전략입니다"라는 광고카피가 알려주듯이 간디의 옷차림은 순진무구하거나 정치적으로 무해하지 않았다. 그는 군인과 경찰의 유니폼이 자신들의 소통과 정체성을 과시하는 수단으로 기능하듯 식민지 인도에서 그의 옷차림이 정치적, 경제적 의미와 심리적 의미를 갖는 걸 잘 알고 있었다.

간디는 인도문명이 아니면 나올 수 없는 인물이다. 그는 다른 지도자와 달리 부질없는 말이나 허황된 약속을 하지 않았다. 오늘날 우리는 스타벅스에서 커피를 마시고 할리우드영화를 보면서 반미운동에 참가할 수 있다. 미국에서 생산한 물건을 애용하면서 미국의 제국주의를 비판하는 것이다. 간디는 그렇게 하지 않았다. 영국에 반대하면서 영국산 옷감을 입는 것이 옳지 않다고 여긴 그는 손으로 물레를 돌리고 옷감을 짜는 운동을 벌였다.

카디는 손으로 짠 옷감이다. '카디운동'은 관세 없이 싼값에 들어와 인도인을 가난하게 만든 영국의 방직산업으로부터 인도의 경제적 독립을 촉구하는 상징이었다. 덕분에 서구의 지배를 받는 인도인은 자기 문화에 긍지를 갖게 되었다. 외국상품을 배척하고 국산품을 쓰자고 주장한 간디는 스와데시가 스와라지(자치)의 정신이고 카디

손수 물레를 돌리는 간디　영국에 반대하면서 영국의 옷감을 입는 것을 옳지 않다고 여긴 간디는 손수 물레를 돌리고 옷감을 짜는 '카디운동'을 벌였다.

운동이 그 중심이라고 말했다.

간디의 삶은 50대 중반의 나이에 1925년부터 3년간 주간지에 연재한 '진리에 관한 내 실험의 이야기'라는 부제의 자서전에 담겨 있다. 독자들은 매주 수백 통의 편지를 보내며 열광적으로 호응했다. 서구에서 온 식민주의와 근대를 어떻게 이해할 것인가, 인도는 영국을 모방해야 하는가를 묻는 질문에 간디는 인도식으로 살아도 된다고 대답했다. 강자를 따라잡아야 하는 압박과 부담에서 사람들을 해방시킨 것이다.

젊은 날의 간디도 지배자 영국의 기준에 부합하려고 애를 썼고 '갈색 피부의 영국인'이 되지 못할까봐 불안해했다. 어린 시절 영국인처럼 강한 신체를 만들려고 부모 몰래 육식을 경험한 그는 영국이

　인도는 힘이 세다

지배하는 사회에서 출세하려고 영국에 유학했고 영국 신사처럼 양복을 입었다. 그래도 서구는 간디를 괴롭혔다. 영국식 법정에서 변호사로 입문하는 데 실패한 그는 남아프리카에서 한밤에 열차에서 쫓겨나는 수모를 겪으며 성장했다.

간디는 인도의 전통에서 해답을 찾았다. 양복이 문명의 차림이 아니라 지배자의 옷이라는 걸 확인한 그는 양복을 벗고 가난한 농민의 옷차림으로 바꾸었다. 채식을 실천하며 힌두의 삶으로 돌아간 간디는 공장에서 굴러나온 영국 제품과 그 문명을 부정했다. 웃통을 벗은 간디의 옷차림은 세련된 양복으로 감출 수 없는 인도의 진정성과 순수함을 상징하는 것이었다. 간디의 후계자 네루의 표현을 빌리면, 손으로 짠 거친 옷감 카디는 '해방의 옷감'이었다.

스와데시는 가난한 농민이 자기 방식으로 사는 것이다. 간디는 '검은 사탄 같은 방적공장'이 없는 농민들의 소박한 생활을 꿈꿨다. 물레를 돌리고 손으로 옷감을 짜는 카디운동은 영국의 산업사회를 비판하고 인도 전통의 아름다움을 강조하려고 고안되었다. 농민들이 카디운동에 동참하면서 서로 다른 듯 보이는 인도인이 하나라는 걸 의식했다. 하나가 된 인도는 영국을 대적할 만큼 큰 세력이었다. 불리한 상황을 깨달은 영국은 명예롭게 떠나는 길을 모색했다.

1947년 간디는 영국의 엘리자베스 여왕이 결혼할 때 손수 만든 숄을 선물로 보냈다. 독립한 뒤 4개월이 지난 뒤였다. 여기서도 그의 자신감을 볼 수 있다. 하지만 다이아몬드 목걸이가 빛나는 선물더미에서 손으로 짠 투박한 간디의 숄은 볼품이 없었고 그래서 엘리자베스의 할머니는 그 선물을 모욕으로 받아들였다. 2개월 뒤 간디가 암살

되었고, 한 올씩 정성을 들인 간디의 진정한 결혼선물은 오랫동안 왕실창고에 버려졌다.

20세기의 인물인 간디도 21세기로 넘어가는 지금은 인도에서 잊혀간다. 초라한 간디의 옷차림은 더이상 경외감을 주지도 않는다. 메이저리그베이스볼MLB의 약자가 새겨진 모자를 쓴 인도인이 늘어나는 것만큼 간디가 쓴 목면모자는 사라져간다. 그러나 그가 힘을 실어준 카디는 새로운 세기를 맞아 또다른 행로를 찾았다. 환경친화적 성격과 거친 질감이 전해주는 탈근대적 분위기가 유명디자이너들과 수제품을 선호하는 현대인들의 눈길을 강하게 잡아끌기 때문이다. 그의 말대로 신은 인도의 편일까?

**새로운
게임의 법칙**

노老스님이 갠지스 강가에 앉아서 베다를 암송하고 있었다. 그때 나무 위에 있던 전갈이 떨어져 강물에 빠졌다. 스님은 허우적대는 전갈을 건져서 나무에 올려놓았다. 그러나 전갈은 자신을 구해준 스님의 손을 깨물었다. 스님은 아무 말 없이 다시 앉아서 베다를 암송했다.

얼마 뒤 전갈이 다시 나무에서 떨어져 강물에 빠졌다. 스님은 다시 허우적거리는 전갈을 건져서 나뭇가지에 올려주었고, 전갈은 또 스님의 손을 깨물었다. 얼마 지나지 않아 전갈이 다시 강물

 인도는 힘이 세다

에 빠졌고 스님은 물에 빠진 전갈을 건져서 나무에 올려주었다. 이번에도 전갈은 은인의 손을 깨물었다.

물을 길러 왔다가 우연히 그 광경을 지켜본 마을사람이 더이상 참지 못하고 스님 곁으로 다가갔다.

"스님, 스님은 저 배은망덕한 전갈을 여러번 구해주네요. 그런데도 전갈은 매번 스님을 깨물더군요. 저 못된 걸 죽게 내버려두지 왜 구해주나요?"

스님은 마을사람을 돌아보며 말했다.

"저 전갈은 어쩔 수가 없다오. 깨무는 것이 그의 본성이니까요."

"저도 압니다만, 스님은 그걸 알면서 왜 전갈을 피하지 않나요?"

그 말을 들은 스님은 빙그레 웃으며 대답했다.

"나도 어쩔 수가 없다오. 나는 사람이고, 위험에 빠진 목숨을 구해주는 것이 사람의 본성이니까요."

간디의 비폭력정신은 이 설화에서 잘 드러난다. 나를 깨무는 전갈을 여러번 구해주는 것, 누가 나에게 행한 악에 대해 선을 행하는 것, 우리를 미워하는 사람을 사랑하는 것이 바로 비폭력정신이다.

중국의 손자孫子는 싸우지 않고 이기는 것이 최선이라고 말했다. 그러나 법보다 주먹이 가까운 세상에는 무력이 평화를 누르게 마련이다. 주먹싸움은 주먹이 센 사람이 이기는 게임이다. 나라 간의 전쟁은 화력과 군사력이 우세한 측이 승리할 가능성이 높다. 그러나 싸움의 방식이 토론이라면 주먹이 약하고 몸집이 작아도 말을 잘하는 사람이 이길 수 있다. 이것이 간디의 투쟁방식이다.

간디는 힘으로 싸운다면 힘이 강한 영국을 이길 수 없다는 걸 잘 알았다. 그래서 영국이 잘 모르는 게임을 시작했다. 정치적인 운동에 영혼의 힘, 신과 진리 같은 표현을 넣어 영국을 당황하게 만들었다. 그에게 정치와 도덕은 하나였다. 그것을 이해하지 못한 처칠은 간디를 벌거숭이 승려라고 야유했다.

아프리카에서 귀국한 간디가 처음으로 연설한 곳은 바라나시대학의 개교기념식이었다. 그는 영국인 총독과 고위관리, 수많은 인도인 지도자들이 참석한 자리에서 "내 나라에서 내 국민들에게 영어로 말하는 것이 부끄럽다"라고 말했다. 영국 지배자의 정면에서 영어를 반대한 인도인은 그가 처음이었다. 간디는 그때부터 대중이 알아들을 수 있는 시정의 언어인 힌두스타니어로 연설했다.

간디의 운동방식은 영국정권에 협력하지 않기, 영국정책에 복종하지 않기, 주먹이나 힘을 쓰지 않고 싸우기였다. 그의 방식은 '눈에는 눈'이라는 정글의 법칙과 달랐다. 그 법칙을 따른다면 온 세상이 눈 먼 사람으로 채워질 것이었다. 피를 부르는 싸움에 익숙한 영국인은 간디의 낯선 게임방식을 이해하지 못했다. 사람을 많이 죽이고 잘 죽이는 좋은 무기와 많은 군대를 가진 덕에 세계를 지배한 영국은 간디를 대처할 마땅한 방법이 없어서 고민했다.

민주국가와 문명국을 자처한 영국의 딜레마가 거기에 있었다. 바닷물을 주전자에 끓여서 소금을 만드는 '하찮은 짓'을 무력으로 진압하는 건 대영제국의 총독에게 너무도 불합리한 일이었다. 웃는 사

   인도는 힘이 세다

정장을 입은 간디　젊은 날의 간디도 '갈색 피부의 영국인'이 되려고 노력했다. 영국은 그를 받아들이지 않았고, 간디는 인도의 전통에서 해답을 찾았다. 비폭력에 기반한 그의 운동은 세계 최강인 영국을 압박하는 최적의 무기였다.

람에게 침을 뱉을 수도 없었다. 지방의회의 선거를 거부하고 선거에 입후보를 내지 않는다고 체포하기도 마뜩찮았다. 공직을 사퇴하고 영국왕실이 준 작위와 상훈을 반납했다고 몽둥이로 내리치긴 더욱 어려웠다. 국산품을 애용하고 집에서 물레를 돌리며 손으로 옷감을 짠다고 경찰이나 군대를 보낼 수도 없었다.

어떤 법이 옳지 않을 때 그 법을 만든 사람의 머리통을 부수지 않고 그 법을 따르지 않는 것, 지배자가 우리를 슬프게 했을 때 그 지배자에게 복종하지 않는 것을 사티아그라하라고 말한다. (…) 겁쟁이가 자기가 싫어하는 법률에 복종하지 않을 수 있겠는가? 대포로 사람의 머리통을 날려버리는 사람들에게 무슨 용기가 필요한가?

간디는 상대에게 돌을 던지지 않고 그들이 인도를 제대로 다스리지 못하게 만들었다. 그 방법은 사티아그라하, 곧 진리를 향한 투쟁이라고 불렀다. 그 기반은 간디가 고향에서 배운 비폭력정신이었다. 몽둥이를 쓰거나 욕설과 폭력을 사용하지 말 것, 체포된다면 조용히 감옥으로 갈 것, 공격을 받는다면 즐겁게 맞을 것, 총알을 맞는다면 평화롭게 죽을 것. 이것이 투쟁에 참여한 인도인에게 내려진 그의 지침이었다.

이런 게임법칙은 인도인에게 유리했다. 영국은 싸우지 않고 저항하는 맨손의 인도인에게 총칼을 쓸 수 없었다. 그런다면 온 세상이 영국을 야만인이라고 비난할 것이 분명했다. 인도의 독립운동을 지지하고 동정하는 나라가 늘어날 것이었다. 오랫동안 문명국을 자처한 영국이 선택할 카드는 많지 않았다. 1930년 뭄바이의 영국인 경찰 간부는 '진압할 것인가, 말 것인가'를 고민하는 영국의 딜레마를 이렇게 말했다.

처음부터 나는 이 비폭력적인 군중을 해산해야 하는 것을 아주 싫어했다. (…) 그들에게 무력을 사용하는 것은 다른 사람의 생명을 위협하는 폭도들에게 무력을 써야 할 필요성과 아주 달랐다.

새로운 게임은 자유와 독립 같은 추상명사를 잘 모르는 보통사람에게 좋았다. 인구의 다수인 농민들은 그저 집에서 물레를 돌리고 외제물건을 쓰지 않는 것이 애국이자 독립운동이라는 점이 좋았다. 일제강점기의 우리나라에서 독립운동에 참가하는 것은 개인의 목숨은 물론 집안을 거는 용기가 필요했다. 그러나 누구나 어디에서든 참여

                                          인도는 힘이 세다

할 수 있는 인도의 독립운동은 위험하지 않았고, 그래서 많은 사람들이 간디의 '콜'에 응답했다. 비겁해 보이는 운동이었으나 실은 필승의 전략이었다.

간디가 무력을 썼다면 외국의 지지를 끌어내지 못했을 것이다. 수억명의 인도인이 참여하는 평화적인 운동이 수천명의 테러리스트보다 영국을 더 압박했다는 점은 분명하다. 간디의 게임에는 늘 이익을 내는 상인의 전략이 들어 있었다. 1930년대 초반의 인도에는 정치범이 늘 6만명을 넘었다. 10만명이 넘은 적도 있다. 어떤 정부가 그렇게 많은 정치범을 감당할 수 있겠는가?

간디의 비폭력은 다른 나라의 독립운동과 미국의 흑인운동과 아프리카의 인권운동에 영향을 주며 세계를 바꾸는 데 기여했다. 법보다 주먹이 가깝고 전쟁이 역사의 상수이며 폭력을 쓰지 않을 수 없는 현실에서 그의 평화로운 방식은 정당성을 얻고 외부세계의 지지를 끌어내는 데 효과적이었다. 테러와 전쟁이 끊이지 않을 21세기에도 간디가 전한 비폭력과 평화의 메시지는 유효하리라.

**나를 벌주기,
나무 껴안기**

2010년 3월에 델리에 출장을 갔다가 역사적인 시민운동을 목격했다. 부정부패방지법을 시행하라고 정부에 촉구하는 시민들이 수도 한복판에 모여들었다. 부패한 정치인과 정부를 비판하는 함성이 귀청을 때렸다. 내 눈을 사로잡은 건 유니폼처럼 많은 사람들이 쓴 흰색모자였다. 간디가 독립운동 당시에 널리 퍼뜨려 간디모자라는 별명이 붙은 모자가 21세기에 다시 나타난 것이다.

나는 군중을 뚫고 들어가 단상에 앉은 노인을 보았다. 흰 모자를 쓴 노인을 중심으로 비장한 표정의 사람들과 여러 구호들이 모여 있었다. 그날 4일째 단식 중인 사람은 반부패운동의 상징인 70대의 사회운동가 안나 하자레Anna Hazzare였다. 그는 정부가 자신의 요구조건을 들어줄 때까지 무기한 단식에 돌입했다. 그의 단식이 알려지자 전국에서 100명이 넘는 사람들이 단식에 동참했다. 정부는 상황이 불리하게 돌아가자 그의 요구조건을 들어준다고 발표했다.

그의 이름을 건 운동은 2011년에도 벌어졌다. 정부가 약속을 지키지 않자 다시 하자레가 단식을 시작하고 전국적으로 항의운동이 벌어진 것이다. 사회운동가와 종교지도자, 유명한 운동선수들이 그의 운동을 지지했다. 인도에 갈 수 없는 나는 서울에서 인터넷을 통해 생중계를 지켜보았다. 정부는 부패방지법을 이행하겠다고 대답하는 것으로 다시 그의 단식을 끝냈다.

그러나 정부가 부패방지법에 미지근한 입장을 보이자 하자레는 또다시 단식을 하겠다고 발표했다. 정부는 그걸 막으려고 미리 그를 잡아가두는 초강수를 두었다. 단식에 동참하기로 선언한 사람들도 연행되었다. 1300명이 불법집회의 명목으로 구속되자 전국에서 570차례의 항의데모가 이어졌고, 수백만명이 참가했다. 하자레의 고향에서는 3만명의 택시기사가 영업을 중단했다.

언론에서는 정치운동에 단식을 사용하는 것이 옳은가의 문제를

"나는 안나 하자레다." 간디의 단식은 21세기에 다시 재연됐다. 인도의 반부패운동의 상징인 안나 하자레가 단식을 시작하자 전국적으로 항의운동이 일었고, 그가 쓴 흰색 '간디모자'는 2011년 최고의 유행상품이 되었다.

놓고 열띤 논쟁을 벌였다. 영국에서 인도의 해방을 일군 간디의 게임 방식이 21세기에도 유효한지는 판단하기 어려운 문제였다. 오래전부터 단식을 정치적 무기로 사용했던 하자레는 점점 간디를 닮아갔다. 하자레가 머리에 쓴 흰색모자는 2011년 최고의 유행상품이 되었다.

"나 밥 안 먹어!" 심통이 난 아이들은 엄마에게 이렇게 선언한다. 종이호랑이를 보고 놀라는 아이들도 자신에게 고통을 주면 엄마가 가슴이 아프다는 사실을 본능적으로 알기 때문이다. 자기를 아프게 하는 단식이 무력보다 강한 것은 비폭력정신에서 나온다. 아이는 엄마를 공격하지 않고 주린 배를 참으며 자신을 사랑하는 엄마가 양보하길 기다린다. 이렇게 단식은 나를 아끼는 사람을 상대로 쓰는 방법이다.

간디는 밥을 굶으면서 목숨을 내걸었으나 큰 힘을 얻었다. 그의 단식이 성공한 것은 인도인들이 그의 안위를 노심초사했기 때문이다. 오늘날 하자레의 단식이 힘을 가지는 것도 그를 지지하고 그 운동에 동조하는 사람이 많아서 정부가 부담을 가지기에 가능하다. 그래서 단식을 정치적 무기로 쓴 간디는 자신을 사랑하지 않는 사람을 상대로 단식하지 말라고 일렀다. 자신이 옳다고 믿는 사람을 상대로 단식을 시작하지 말라고도 충고했다.

단식은 상대가 그 의미를 이해하는 문화권이라야 성공할 수 있다. 간디가 인도에서 시작한 첫 단식은 봉급인상을 요구하는 노동자의 편을 들기 위해서였다. 간디의 건강을 걱정한 공장주가 노동자와 타협해서 좋은 결말이 났다. 간디의 마지막 단식은 78세에 힌두와 무슬림의 화해를 조건으로 내걸었다. 그의 생명을 염려한 종교지도자들이 화해하면서 그 결말도 좋게 끝났다. 간디가 겪은 가장 긴 단식은 식민정부가 냉담한 반응을 보이는 바람에 21일간이나 이어졌다.

비폭력적 투쟁방식은 영국이 떠난 뒤에도 이어졌다. 간디의 운동방식은 1974년 히말라야지방에 나타났다. 여성들은 벌목하러 온 외지外地 사업자에 맞서 벌목할 나무들을 하나씩 껴안고 노래를 불렀다.

우리의 나무를 끌어안자
베어 쓰러지지 않도록
우리의 산의 재산인 나무가
약탈당하지 않도록

나무를 껴안고 버티는 여자들을 다치게 하지 않고 나무를 자를 수 없다고 판단한 벌목꾼들은 도끼와 톱을 거두고 물러갔다. 그렇게 하여 '껴안기'라는 의미를 가진 '칩코운동'이 평화롭게 시작되었다.

칩코운동은 개발의 이름으로 파괴되는 삼림자원을 보호하기 위한 여성들의 비폭력운동이다. 당국은 해발 1000미터 이상에 있는 삼림의 벌목을 15년간 금지하는 법령을 통과시켜 여성들의 손을 들어주었다. 이후 여성들은 삼림보호의 최전선에 나서 환경을 상업적으로 이용하는 사람들의 입산을 막고 벌목을 항의하는 단식을 벌이며 당번을 정해 숲을 지켰다. 삼림을 파괴하고 물을 오염시키는 폐광과 불법채석장도 실력행사를 벌여 폐쇄했다.

갠지스 강이 시작되는 히말라야의 산악지방은 근대부터 목재와 광물의 채취로 삼림이 파괴되었다. 그 결과 산사태와 홍수 등 자연재해가 자주 일어났다. 식량과 식수를 삼림에서 얻는 주민들은 환경파괴로 생계와 생존에 큰 영향을 받게 되었다. 1960년대부터 생태파괴에 반대하는 평화로운 사회변혁운동이 이 지방에서 나왔고, 칩코운동도 그 연장선에서 등장했다. 남부지방에서도 유사한 운동이 전개되었다. 역시 '껴안기'란 뜻을 가진 '아피코운동'이었다.

여성들이 삼림보호에 나선 것은 여성의 일상이 환경파괴에 깊이 영향을 받기 때문이다. 땔나무를 모으고 식수와 가축의 먹이를 구하는 일은 그들의 몫이다. 하지만 환경파괴로 인해 여성들은 식수와 땔감을 구하는 데 더 많은 시간과 더 노력을 들이지만 오히려 전보다 못한 소득만 얻게 되었다. 자연과 조화를 이루는 생활방식과 자기 문화와 고향을 지키려는 칩코운동은 인도가 세계에 알려준 새로운 게

칩코운동을 알린 반다나 시바 나무를 껴안으며 벌목을 저지한 '칩코운동'은 인도 여성의 지혜와 생태보호에 대한 통찰력을 보여준다. 반다나 시바는 이를 서구세계에 소개하며 여성이 타고난 자연의 보호자라고 주장했다.

임법칙이다.

자연을 단기적인 이용의 대상으로 여기는 남성적 관점의 자연관과 달리 칩코운동은 환경에 대한 인도 여성의 지혜와 생태보호에 대한 통찰력을 보여준다. 칩코운동을 해외에 소개한 반다나 시바Vandana Shiva는 서구문화의 이입과 이익만 추구하는 식민통치의 결과로 촉발된 지구의 상업적 이용이, 여성을 주변화하고 여성의 역할을 저평가하여 환경파괴로 이어졌다고 지적한다. 그는 여성이 타고난 자연의 보호자라고 주장한다.

칩코운동에서 영향을 받은 남부지방의 여성들은 1990년대 금주운동도 전개했다. 한 마을에서 글을 배우던 문맹의 여성들이 공통의 문제점을 인식하면서 운동이 시작되었다. 남편이 적은 수입을 음주에 허비하고, 가족에게 폭력을 행사하여 여성에게 이중의 고통을 안겨준다는 걸 깨달았던 것이다. 여성들은 힘을 한데 모았고 여성단체와 연계해 금주운동을 벌여 한동안 성공을 거뒀다. 그러나 정부가 막대

인도는 힘이 세다

한 주세수입과 주민의 건강 그리고 간디의 이름으로 내려온 윤리 사이에서 갈등을 겪다가 금주법을 포기하는 바람에 운동은 더이상 세를 불리지 못하게 되었다.

지금도 계속되는 인도의 반부패운동이나 여성들의 환경보호운동은 평화로운 투쟁방식이라서 더욱 정당성을 얻는 것이 사실이다. 도덕적으로 좋은 평가를 받고, 외부의 지지를 끌어내는 데도 유리하기 때문이다. 간디는 갔어도 그의 혁명적인 생각과 실천은 한동안 더 존속될 모양이다.

죽음도
희망이다

결국 끝은 다 좋다. 만약 좋지 않다면 아직 끝이 아니다.

2012년에 우리나라에도 소개된 영국영화 「베스트 엑조틱 메리골드 호텔」The Best Exotic Marigold Hotel에는 이런 엔딩자막이 나온다. 인도인이 바로 이렇게 믿는 사람들이다. 희극이란 아직 비극이 오지 않은 상태라는 말이 있다. 그런데 인도인은 이미 온 비극을 희극으로 만든다. 인생의 게임법칙을 뒤집는 것이다. 그래서 그들은 최악의 상황에서도 언젠가 반드시 다가올 좋은 결말을 기다린다.

옛날에는 많은 힌두사원에서 동물을 희생하는 제사를 지냈다. 어느날 브라만사제가 제단에 올릴 염소를 데려왔다. 브라만이 염소의 목을 칼로 내리치려는 순간에 갑자기 염소가 크게 웃는 것이었다. 깜짝 놀란 브라만이 "이제 너는 내 손에 곧 죽을 텐데 무엇이 좋다고 그렇게 웃느냐"고 나무랐다. 그러자 염소는 입을 실룩이며 대꾸했다.

"나는 앞으로 일흔두번을 죽었다가 환생하면 사람으로 태어날 수 있거든요. 그러니 죽는 것이 기쁠 수밖에요."

인도에는 죽음이 이렇게 희망인 이야기가 많다. 벵골지방에 전해지는 황금코브라에 관한 이야기도 그렇다. 일곱명의 아들을 가진 한 어머니가 여덟번째 아들을 낳았는데 사람이 아닌 코브라를 낳게 되었다. 막내아들은 상심하는 어머니에게 매일 한 토막씩 자신의 몸을 떼어내어 황금으로 만들어주었다. 하지만 욕심이 많은 어머니는 황금을 한 토막 더 가지려고 어느날 코브라의 몸을 두 토막이나 잘랐다. 코브라는 죽어가면서 웃었다.

"엄마, 이제 저주가 풀렸어요. 욕심 많은 사람이 나를 죽여야 저주가 풀리거든요."

인도에서 죽음이 희망인 것은 영혼불멸과 해탈, 환생이 모두 죽은 뒤에만 도달할 수 있기 때문이다. 그들이 죽음에 초연한 것은 죽음이 고단한 삶으로부터의 해방이기 때문이다. 어떤 상황에서도 낙담하지 않는 인도인은 환생과 윤회가 자신에게 기회를 몇번 더 주는 거라고 믿는다. 이생에서 주어진 운명을 받아들이면 내세에 잘 태어난다는 믿음도 희망을 준다. 물론 자살은 인도에서도 희망이 아니라 저주다.

인도인이 생을 체념하거나 빨리 죽으려고 애쓰진 않는다. 개똥으로 구르는 이승이 충분히 살 만한 가치가 있다는 걸 잘 알기 때문이다. 각 지방에 전해지는 민간설화를 보면, 피할 수 없는 죽음을 의연히 받아들이지 않는 인도인이 아주 많다. 죽음을 피하려고 애를 쓰고 온갖 지혜를 짜내 죽음을 다루는 야마(염라대왕)를 물리친다. 때로 그를 감동시키거나 잔꾀로 속여서 죽음을 미룰 수 있을 만큼 미룬다.

인도설화에 나오는 염라대왕은 감성적이다. 사비트리 공주의 이야기에도 인문학적 감성을 가진 염라대왕이 나온다. 사비트리 공주는 좋은 조건과 능력을 갖춘 남자들의 청혼을 받는 아름다운 여자다. 그런 공주가 숲에서 부모를 모시고 살아가는 왕자를 보고 첫눈에 반해 결혼한다. 그러나 왕자는 1년 안에 죽을 운명이었다. 그걸 알고도 결혼한 사비트리는 눈 먼 시아버지를 봉양하고 온갖 허드렛일을 하면서 이상적인 며느리와 좋은 아내가 무엇인지를 세상에 보여준다.

1년이 가고 남편이 죽을 날이 다가오자 사비트리는 남편을 따라가기로 결심한다. 붉은 옷을 입은 염라대왕이 올가미를 들고 나타난다. 염라대왕은 애원하는 사비트리를 무시하고 남편의 영혼을 잡아서 저승으로 데려간다. 사비트리는 남편을 잘 받들었으니 이승에서 더 살라는 염라대왕의 말에 남편이 없는 자신은 죽은 목숨이라고 말하며 저승까지 따라간다. 염라대왕은 사비트리의 헌신과 지혜로움에 감동해 공주의 남편을 구해주고 아이까지 점지한다.

무서운 염라대왕을 감동시킬 수 있다면 그보다 관대한 수많은 신과 여신에게 감동을 주는 건 쉬운 일이다. 그래서 인도인은 수많은 신을 믿고 의지한다. 신이 어떤 선물을 줄지는 그 누구도 알 수 없다. 황금덩어리를 던져줄지, 착한 일을 했다고 오막살이를 대저택으로 바꿔줄지 모를 일이다. 그래서 그들은 오늘도 신을 감동시키려고 정성을 다해 믿고 기도하며 순례한다.

그대 마음을 내게 올려놓고
그대 확신을 내게 묶어라.

　인생은 야구처럼 9회 말이 끝나야 알 수 있다. 역전홈런의 가능성이 남아 있기 때문이다. 맨손의 간디가 결국은 영국을 물리친 것처럼 인도에는 역전의 가능성이 아주 많다. 평생 죄를 짓고 망나니짓을 해도 갠지스 강에서 목욕하면 죄를 씻을 수 있고, 목욕을 하지 못하고 죽었다면 시체를 화장하고 그 유해를 갠지스 강에 뿌려도 구원을 받는다. 그럴 기회가 없다고 여겨지면 죽으면서 신의 이름을 외쳐도 천국에 갈 수 있다.

　간디는 세발의 총을 맞고 암살되는 순간에 라마 신의 이름을 부르며 죽었다. "죽은 뒤에 무슨 일이 일어나는지 어찌 알겠는가?"라고 말한 간디는 그저 좋은 일을 하면 복을 받고 나쁜 일을 하면 벌을 받는다는 것만 알아도 충분하다고 여겼다. 그런 그가 신의 이름을 외치며 세상을 떠났다. 델리에 있는 간디의 묘소에는 라마의 이름이 새겨져 있다. 위대한 영혼으로 불리는 그는 구원을 받았을까?

　누가 내게 인도문명을 한 단어로 정의하라면, 나는 기꺼이 희망을 꼽을 것이다. 영국의 200년 지배를 받아도 희망의 끈을 놓지 않은 사람들이 인도인이다. 그들을 싫어하는 사람도 희망에 대한 집착은 배울 만하다. 인도인은 나쁜 상황을 잘 받아들인다. 언제든 한국으로 돌아올 수 있는 나와 달리 폭군처럼 무서운 더위를 잘 참는 그들에겐 인내가 최고의 무기다. 그리고 그들이 만난 무자비한 더위의 끝은 늘

　　　　　　　　　　　　　　　　인도는 힘이 세다

몬순이다.

　희망을 가지지 않으면 아무것도 가질 수가 없다.

　간디는 이렇게 말했다. 그가 믿은 희망은 힌두교에서 나왔다. 희망
의 종교를 믿는 사람들은 힌두사원에 가서 신을 흘낏 한번만 봐도 일
생동안 축복을 받을 수 있다. 신상을 손으로 어루만지거나 꽃을 걸어
놓고 물을 한번 붓기만 해도 좋은 날이 온다. 그래서 인도에는 신에
게 떼를 쓰고 도와달라고 비는 예배장소가 전국에 240만개나 있다.
학교나 병원보다 많다. 이렇게 믿는 구석이 많으니 인도인이 상대적
으로 덜 불행하고 낙관적인 건 당연하다.

　인드라를 찬미하라. 전쟁터의 적들은 그의 전차를 끄는 무장
한 말들을 두려워한다.

　인도인은 세계에서 가장 많이 기도를 하는 사람들이다. 그들이 부
른 가장 오래된 기도문은 기원전 1500년경에 구성된 『리그베다』에
보인다. 이때 기도를 가장 많이 받은 신은 전쟁의 신 인드라였다. 영
토를 넓히며 다투던 당시엔 인드라 신이 최고였던 것이다. 기도에 감
동한 신이 응답했는지, 아리아인은 원주민을 이기고 갠지스 강 유역
에 정착해 고대사의 주인공이 되었다.
　누구나 해탈할 수 있다고 희망을 주는 곳이 인도다. 모든 사람이
신이며, 개인의 영혼이 다 신성하기에 노력하면 모두가 자기 안의 부

언제 어느 곳에서나 신을 찾는 사람들 50미터의 고프람을 가진 미낙시 사원부터 길가
의 힌두사원까지 인도에는 신의 가호를 비는 장소가 전국에 240만개나 있다.

처를 깨달을 수 있다는 논리다. 해탈의 원칙은 공평하고 정의롭다.
운명은 고정불변이 아니라 착한 행동과 나쁜 행동에 따라 끊임없이
변한다고 믿는다. 브라만이든 상인이든 주어진 의무와 책임을 다하
면 모두 천국에 갈 수 있다.

인도는 힘이 세다

힌두의 세계관에 따르면, 이승에서 악행을 저질러 지옥에 간 영혼
은 미물로 환생하지만, 윤회를 거듭하면 언젠가는 사람으로 다시 태
어난다. 미물이 몇번을 환생해야 인간이 되는지는 분명하지 않아도
참고 기다리면 언젠가 인간이 된다는 점은 분명하다. 최선을 다하면
현세보다 나은 내세를 가진다는 윤회사상이야말로 희망의 사상이자
현재의 불행을 뒤집는 역전의 믿음이다.

힌두문화에서 영원한 것은 없다. 인생무상人生無常, 제행무상諸行無常
이다. 모든 것이 변하고, 따라서 인간이 겪는 고통이나 아픔도 변하
고 다 지나간다. 심지어 죽은 뒤에 염라대왕에게 받는 죄와 벌도 영
원하지 않다. 큰 벌을 받아도 일정한 시간이 지나면 사람이나 동물로
다시 환생하기 때문이다. 운명을 받아들이고 변화에 둔감하다는 평
을 듣지만, 노력하면 더 나은 운명을 얻을 수 있다고 믿는 점에서 진
보적이다.

물론 친디아로 불리며 성장하는 오늘날의 인도에서 '나의 다르마'
를 되뇌며 사는 사람들은 많지 않다. 윤회를 염두에 두며 살지도 않
는다. 몰락한 브라만이 청소부가 되고 불가촉천민이 사장이 되는 세
상이라 카스트의 역할도 바뀌었다. 그러나 업과 환생의 개념이 그들
의 삶의 지향에 영향을 주는 건 분명하다. 우리나라의 유교윤리처럼
살아남은 세계관은 인도인의 삶에 영향을 준다. 특히 개인이 이승에
서 할 일과 하지 말아야 행동을 알려주는 점에서 그렇다. 죽음이 희
망인 것도 여전하다 .

인도에서 바라보는 친디아

중국과 인도,
가깝지만 먼 이웃

인도와 중국은 세계 인구의 40퍼센트가 사는 곳으로 전지구의 미래를 쥐고 있는 중요한 지역이다. 지리적으로도 가까워서 3500킬로미터의 국경을 맞대고 있으며, 비행기로 예닐곱 시간밖에 걸리지 않는 두 나라이지만 이웃사촌이라고 부르긴 어렵다. 넓은 양국을 잇는 직항노선이 몇편에 불과하고, 2012년 양국을 오간 두 나라의 여행자들이 25억명이 넘는 인구 중에서 100만명이 채 되지 않는다. 가깝지만 먼 사이가 분명하다.

인도와 중국이 역사적으로 별다른 연계가 없던 것은 더 놀랍다. 세계의 지붕인 히말라야산맥을 사이에 둔 두 나라는 그동안 직접 만나서 사랑을 키울 기회가 없었다. 불교를 통한 문화적 교류와 바다와 비단길을 통한 상업적 관계를 통해 두 대륙 간에 사람과 재화의 이동이 간헐적으로 이어졌으나, 직접적인 양국의 관계는 20세기 후반까지 없었다고 할 수 있다.

고대 힌두경전에 중국이 언급된 것으로 보아 옛날의 인도인이 중국의 존재를 안 것은 틀림없다. 대서사시 『마하바라타』에는 중국인이 당시 인도왕국에 선물을 가져왔다는 기록이 여러번 등장한다. 브라만이 기록한 『마누법전』에도 중국의 지명이 언급돼 있다. 중국도 고대부터 인도를 알았을 것이다. 중국의 기록에는 인도가 신독身毒이나 천축天竺으로 드러나고, 불교가 들어간 뒤에는 서방정토西方淨土라고도 불렸다.

오늘날엔 중국이 인도를 앞서지만, 예전에는 중국이 인도에서 배우는 형국이었다. 특히 인도에서 중국으로 건너간 불교는 중국문명에 큰 영향을 주었다. 현세적인 중국인은 인도의 신과 영혼의 개념을 받아들여 선종禪宗을 세우는 등 중국불교를 발전시켰다. 문학과 음악, 건축과 회화에도 불교의 흔적이 스며들었다. 동물우화와 장기도 인도가 중국에 준 선물이었다. 중국은 불법을 전하는 인도의 선교사를 받아들이고 법현과 현장玄奘 등의 구법승求法僧을 보냈다.

고대문명의 발상지인 두 나라는 직접적인 교류가 없고 경쟁을 의식하지 않았으나 각기 찬란한 역사와 문명을 이뤘다. 그래서 1600년의 중국과 인도는 세계 GDP의 약 50퍼센트를 차지하며 1위와 2위를 차지했다. 그 100년 뒤엔 전성기를 구가한 무굴제국의 인도가 중국을 밀어내고 1위에 올랐다. 유럽인이 지리상의 발견을 하고 등장할 때까지 인도와 중국은 세계경제의 중심이었다.

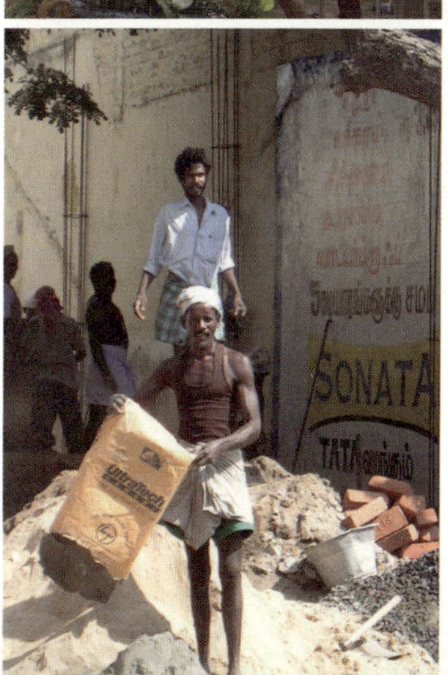

인도의 오늘 인도의 경제는 과거의 영광을 능가할 만큼 급속히 발전하고 있다. 변화하는 인도는 언제나 공사 중이다. 주거지와 쇼핑몰에는 부를 과시하려는 사람들이 넘쳐나고, 델리대학 학생들은 호텔 마당에서 파티를 연다. 그럼에도 1000년간 꺼지지 않는 성화가 타고 있으며, 고단한 순례자의 발걸음은 끊이지 않는다.

나라 안에 모든 것이 다 있는 대륙적인 영토라 바깥세계에 둔감한 두 나라는 근대에 이르러 서구의 지배와 영향을 받는 아픈 역사를 공유했다. 인도는 약 2세기에 걸쳐 영국의 지배를 받았고, 중국은 직접적 통치는 받지 않았어도 서구의 압박을 견뎌야 하는 세월을 건넜다. 1924년 중국을 방문한 인도의 시인 타고르는 양국의 동병상련과 고대부터 이어진 우정을 말했다.

1940년대 후반에 서구의 영향을 물리치고 홀로 선 인도와 중국의 정치체제는 넓은 의미에서 민주체제와 일당독재체제로 구분할 수 있다. 그러나 1950년의 인도와 중국은 인구의 70퍼센트 이상이 농업에 종사하는 농업경제 국가로 예전의 번영을 찾기에는 갈 길이 멀었다. 1인당 국민소득은 인도가 62달러, 중국이 65달러로 둘 다 빈곤국이었다. 두 나라는 산업부문이 취약하고 인프라가 부족한 점에서도 비슷했다.

오늘 내가 가장 흥미를 가지는 나라는 인도와 중국이다. 정치와 경제의 구조는 다르지만 두 나라가 처한 문제는 본질적으로 같다. 장차 어떤 나라, 어떤 정부구조가 보다 위대한 결과를 가져올지는 두고 볼 일이다.

1954년 인도의 네루 총리는 이렇게 말했다. 1957년 반둥회의를 지지한 네루와 마오 쩌둥毛澤東은 서구와 거리를 둔 평화원칙에 동의하며 위대한 결과를 얻으려고 나란히 나아갔다. 그러나 양국은 20세기 말까지 큰 족적을 남기지 못했다. 많은 인구를 가진 농민사회인 인도

　　　　　　　　　인도는 힘이 세다

와 중국이 큰 변화를 일구는 것이 쉽지 않았던 것이다. 물론 변화를 이루며 21세기를 맞은 지금도 두 나라 중에서 어떤 나라, 어떤 정부 구조가 위대한 결과를 가져올지는 좀더 두고 볼 일이다.

그 사이에 인도와 중국은 국경전쟁을 치렀다. 1962년이었다. 1950년 외교관계를 맺은 양국은 티베트를 두고 갈등을 빚다가 인도가 1959년 티베트의 지도자 달라이라마에게 정치적 망명을 허용하면서 결국 열전을 벌이게 되었다. 인도는 중국을 견제하려는 미국과 연대해 1962년에 중국과 전쟁을 치렀는데, 고작 한달간의 전쟁에서 3000명의 사망자를 내고 4000명이 중국의 포로로 잡히는 큰 굴욕을 맛보았다.

인도의 네루 총리는 이때의 패배를 죽을 때까지 잊지 못했던 것으로 알려졌다. 전쟁의 패배가 그의 죽음을 앞당겼다는 말도 나왔다. 그가 1960년대에 서부인도에서 핵실험을 시작한 것은 중국의 핵위협에 대응하려는 조처였다. 1972년 인도가 파키스탄과 전쟁을 벌일 때 중국이 상대국인 파키스탄을 지원하면서 두 나라의 앙금은 더욱 커졌다. 인도는 결국 1998년에 비공식적인 핵보유국이 되었다.

그렇다고 두 나라의 개인들이 서로 적대적인 것은 아니었다. 내가 델리대학 대학원에서 배운 중국근대사에 관한 두 과목은 모두 중국의 혁명을 찬양하는 내용이었다. 좌파학자로 잘 알려진 담당교수는 아예 베이징대학에서 나온 영어교재를 사용해 중국과 수교하지 않은 나라에서 간 나를 당황하게 만들었다. 미국을 적대시한 대다수 교수들도 심정적으로 중국에 가까웠다.

인도와 중국의 지도자가 만난 1988년에 중국의 덩 샤오핑鄧小平은

21세기가 '아시아의 시대'가 될 것이라고 전망했고, 그 전망은 곧 현실이 되었다. 20세기 말에 개방과 개혁으로 방향을 선회한 두 나라는 큰 변화와 발전을 이루고 브릭스의 일원과 친디아로 묶이며 세계의 강대국으로 떠올랐다. 물론 지금은 하나의 목소리를 가진 일당독재 체제의 중국이 다양한 목소리가 나오는 민주체제의 인도를 여러 면에서 앞서고 있다.

인더스와 황허 강 유역에서 고대부터 각자의 문명을 발전시킨 인도와 중국은 이제 밝은 미래를 공유한다. 두 나라가 미국과 함께 세계 초강대국이 될 것이라는 전망은 오래전에 나왔다. 다양한 분야의 전문가들이 계량화한 자료를 바탕으로 그런 주장을 내놓았는데, 인도인 학자 타룬 칸나Tarun Khanna가 중국과 인도가 한 세대 안에 전세계 교역량의 40퍼센트를 차지할 것이라고 전망한 것도 이에 포함된다.

신흥강국답게 두 나라에는 부자가 많다. 우리 돈으로 1조원이 넘는 억만장자들이 2008년에 인도에 53명, 중국에 42명이 있었다. 인도의 신흥부자들은 소비를 통해 새로운 위상을 뽐내지만 중국 부자들의 과시에 비하면 그야말로 새 발의 피다. 그래서인지 빈곤층은 인도가 중국의 두 배가 넘지만 빈부격차는 중국이 심하다. 공산주의를 내건 중국이 경제적으로 덜 평등한 반면에 민주주의를 실천하는 인도가 중국보다 사회적으로 평등하지 않은 것이 작금의 현실이다.

오늘날의 인도와 중국은 역동성이 거의 다 사라진 서구와 달리 뭔가를 이루려는 열정이 가득하다. 20세기 초 일본이 그랬듯이 서구세계를 이기려는 야망도 공유한다. 하드웨어에 뛰어난 중국과 소프트웨어 강국인 인도가 협력하면 21세기의 IT산업을 '아시아의 세기'로 만들 것이며, 양국이 힘을 합하면 세계질서를 바꿀 것이라는 전망도 나왔다. 현재 양국 간의 무역량이 100조 달러인 두 나라는 화해와 관계개선에 노력하고 있다.

이웃인 두 나라는 '이웃집은 이사를 가도 이웃나라는 이사를 가지 않는다'는 사실도 잘 알고 있다. 중국은 남아시아에서 헤게모니를 추구한다고 인도를 비판하고, 인도는 주변국들이 중국의 영향권에 편입되는 것에 의구심을 가진다. 인도의 라이벌인 파키스탄과 우호적 관계를 유지한 중국이 버마, 방글라데시, 네팔까지 영향력을 확대하기 때문이다. 그래서 인도는 글로벌호랑이를 지향하는 중국을 견제하려는 미국의 손을 잡고 있다.

인도와 중국은 "남들이 뭐라든지 양국은 우호적인 이웃"이라고 말하면서도 인도양과 아프리카를 두고 첨예한 경쟁을 벌인다. 1962년에 강한 이웃이 좋은 이웃이 아니라는 사실을 배운 인도가 앞서가는 중국을 따라잡으려는 것이 실상이다. 국가의 주도 아래 일사분란하게 움직이는 중국과 달리 다원적인 인도는 내부비판이 많아서 중국에 뒤질 수밖에 없다. 노벨경제학상을 받은 아마르티아 센이 고도성장을 추구하는 인도정부를 어리석다고 비판한 것도 그중 하나다.

**가진다는 것과
버린다는 것**

사람들은 인도역사를 공부한 내게 인도가 중국과 미국을 제치고 세계의 초강대국이 될 수 있느냐고 묻는다. 고백하자면 나는 사실 이 문제에 큰 관심이 없다. 강대국이 된다고 국민의 평안과 행복이 보장되지 않기 때문이다. 근대 세계를 호령한 서구의 제국들이나 그 뒤를 따라간 일본제국 그리고 제3제국이 다른 민족과 자국민의 희생을 바탕으로 진행된 것만 봐도 그렇다.

얼마 전에 나는 제2차 세계대전 중 실화를 바탕으로 한「줄무늬 파자마를 입은 소년」The Boy In The Striped Pajamas이란 영화를 봤다. 유대인 수용소를 책임진 독일인 소장의 어린 아들이 유대인 아이와 친해지고 결국 수용소에 들어가 줄무늬 파자마를 입었다가 유대인으로 몰려 가스실에서 죽음을 맞는 내용이다. 영화에서 독일인들은 '위대한 조국'이란 표현을 많이 쓴다. 하지만 그 위대한 조국이 수백만명의 목숨을 앗았으니 어떤 의미로든 위대하다고 할 수는 없다.

"그런데 왜 강대국이 되어야 하나요?" 나는 강대국을 꿈꾸는 연방 정부를 향해 이렇게 시비를 거는 인도인의 의견에 동조한다. 어느 사회나 조직이건 모두 '예'라고 외칠 때 '아니다'라고 말하는 사람이 필요한 법이다. 나는 '아니다'라는 사람이 많은 인도가 강대국을 꿈꾸는 사람들이 많은 세상의 대안이 될 자격이 있다고 생각한다. 인도 문명의 정수가 힘을 가지기보다 힘을 버리는 걸 칭송하기 때문이다.

1924년 중국을 방문한 타고르는 "인도가 여러분을 형제로 여기고 사랑을 보낸 날을 기억합니다. 그 관계는 여전히 우리 동양인의 가슴에 자리하고 있다"라면서 "우리 조상들이 영적 교류를 위해 목숨을 걸고 믿음을 위해 여행을 떠났던 과거"를 기억하면서 "여러분 중에서 위대한 몽상가가 나타나서 사랑의 메시지를 설파하여 수세기 동

  인도는 힘이 세다

영국 점령에 저항한 티푸 술탄의 대포 유사 이래 단 한번도 주변의 다른 나라를 침입한 적이 없는 인도에 무기가 전혀 없었던 것은 아니다. 그들은 군사 정복에 나서지 않는 대신 문화적 측면에서는 언제나 국경을 열어놓고 외부세계에 영향을 끼쳤다.

안 벌어진 열정의 틈을 메우고 모든 차이를 극복하길" 희망했다. 중국의 사상가이자 교육가로 베이징대학 교수를 지낸 후스^{胡適}도 일찍이 이와 비슷한 측면의 인도를 인정했다.

인도는 2000년간 국경 너머로 단 한명의 군인도 보내지 않고, 중국을 문화적으로 정복하고 지배했다.

인도는 5000년이 넘는 오랜 역사를 이어오면서 이웃나라 중국은 물론 주변의 다른 나라를 침입한 적이 한번도 없다. 아무리 강한 제국이 들어서도 국경을 넘어서 다른 나라를 상대로 군사 정복에 나서지 않았다. 그저 상업활동과 종교와 문화를 전하면서 평화롭게 다른 나라와 관계를 맺었다. 이런 문명에서 비폭력정신과 평화적인 외교

관계를 가르치고 실천한 고대의 아소카 황제와 근대의 마하트마 간디가 탄생한 것이다.

　　우리 모두 준비하자, 인도의 세계정복을.
　　일어서자 인도여, 우리의 정신으로 세계를 정복하자.

　19세기 말 서구에 힌두교와 인도문화를 설파한 비베카난다는 식민통치를 받는 인도인에게 힌두교가 다른 종교보다 세계에 줄 것이 많다고 자신감을 북돋웠다. 그가 말한 세계정복은 무력이 아닌 정신을 통한 정복이었다. 그건 엄밀하게 말해 정복이 아니다. 국경을 넘어 군대를 보낸 적이 없는 인도가 세계에 영향을 준 것은 늘 문화적 측면이었다. 인도는 종교와 문화를 통해 외부세계와 평화적으로 교류했다.

　중국의 역사는 이와 다른 방향이었다. 세계의 중심을 자처한 중국은 주변국을 한수 내려다보았고, 강해질 때마다 군사를 이끌고 국경을 넘어 강자의 위엄을 다지거나 주변국의 내정에 개입했다. 중국이 보기에 동쪽 오랑캐인 우리나라도 예외는 아니었다. 우리나라는 대립했던 수隋나라와 당唐나라는 물론, 강한 명明나라와 청淸나라와도 약자로서 굴욕적 관계를 맺고 조공을 보냈다.

　이런 차이의 기초는 두 나라 사람들의 세계관에서 나왔다. 인도인은 현세에서 무엇인가를 이룬 사람보다 돈과 권력을 버린 사람을 존중하는 문화를 이어왔다. 왕권을 버리고 출가한 고타마 붓다를 배출한 인도문명은 현세적인 것만큼 내세에 의미를 두었다. 위대한 나라를 세우기보다 진정한 '나'를 찾는 데 관심을 가진 그들은 도시에서 전개된 왕과 군대의 영웅적인 이야기보다 신과 천국에 대한 이야기를 주고받으며 역사를 이었다.

인도인은 기록의 생산에 무심했다. 인도는 불경이 나올 때까지 역사적 기록이 없는 상태였다. 연대를 추정할 수 있는 기록은 19세기 중반에야 발견되었다. 입으로 전해지다가 문자로 쓰인 베다는 인도의 종교와 철학사상을 이해하는 대표적 문헌이다. 고대 인도의 정치와 사회, 경제와 문화를 알려주는 사료로서 다루어진다. 그러나 베다에는 왕의 정복활동과 왕조의 이야기는 없다. 중국이 방대한 기록과 문헌을 남기며 문화를 계승했다면 인도는 구비전통으로 문화를 이어왔다.

자로子路가 물었다.

"죽음에 대해 알고 싶습니다."

공자孔子가 말했다.

"너는 삶도 알지 못하면서 어찌 죽음에 대해 알 수 있겠느냐?"

이처럼 중국에서는 삶의 궁극적 의미를 현재의 삶에 두는 유교적 세계관이 오랫동안 이어졌다. 실용적인 중국인은 신과 영혼 같은 보이지 않는 내일의 세계에 가치를 둔 인도인보다 보이는 오늘의 세계에 더 집중한다. 현세를 강조하는 유교와 달리 인도에서 탄생한 불교와 힌두교, 자이나교는 모두 내세와 윤회사상을 갖고 있다. 그래서 인도문명은 남에게 보이는 것보다 자신에게 진실하라고 가르치고,

궁극적인 삶의 목표를 현세의 성공에 두지 말라고 가르친다. 이와 달리 중국문명은 현세에서의 개인의 노력과 욕망의 추구를 정당화하고 그 결과를 인정한다.

그래서 중국에는 오늘을 빛낸 영웅들을 기리고 그들의 활약을 기록한 역사서가 많다. 중국인은 역사적 기록이 전무한 인도와 달리 사마천司馬遷의 『사기』史記 같은 역사서는 물론 사서오경四書五經 등 수많은 책과 기록을 남겼으며, 역사를 교훈으로 삼으며 더 나은 세상을 향해 역동적으로 움직였다. 인도에서는 영웅과 강한 왕을 기억하는 역사보다 보통사람을 위한 신화와 전설이 힘을 가졌다.

이름을 남기지 않은 인도의 작가와 달리 중국의 문헌은 공자와 맹자孟子처럼 저자의 이름과 창작연대가 거의 다 분명하게 드러난다. 책이 많고 인쇄술이 발전한 중국은 인도와 달리 지식과 정보의 매체가 귀가 아니라 눈이었다. 듣는 인도와 달리 보는 것이 중심이었다. 중국은 누군가 남긴 기록을 통해 과거를 기억하면서 배운 반면에 인도는 기록하지 않고 말을 통해 메시지를 전하는 문명을 지속했다.

인도의 문헌은 거의 다 저자가 없다. 베다와 『우파니샤드』는 물론, 대서사시와 불경에 이르는 많은 문헌이 성자와 같은 제3자의 시점으로 씌어 있으며, 누군가로부터 들은 이야기를 말하는 형식을 취한다. 창작연대도 없다. 스승의 도움을 받아야 진리에 도달한다고 여겼기 때문에 지식과 정보는 스승과 제자가 일대일로 전승하는 구전의 방식을 띠었다. 책의 존재는 지식을 알려주는 자와 그것을 배우는 자가 떨어져 있다는 것을 뜻하는 것이므로 진리의 추구에 적당치 않다고 간주되었다.

인도역사에서 가장 강한 국가는 고대의 마우리아와 중세의 무굴제국이었다. 2500년간 수많은 왕과 지배자가 왔다갔어도 두 제국의 황제인 아소카와 아크바르^Akbar가 최고의 군주로 꼽힌다. "왕은 모름지기 늘 정복을 시도해야 한다. 그렇지 않으면 이웃나라들이 반란을 일으킬 것"이라면서 몸소 전투에 나서 용맹성과 기민함을 보여준 무굴제국의 황제 아크바르의 야망은 인도아대륙을 벗어나거나 바다를 건너지 않았다. 대신에 무굴제국은 교역으로 중국과 영국 등 동서양의 여러 나라와 손을 잡았다.

큰 전쟁을 치른 뒤에 덧없음을 깨닫고 불교로 개종한 마우리아의 아소카는 비폭력과 평화를 기초로 넓은 제국을 경영했다. 힘이 아니라 정의, 강압이 아니라 원칙에 따른 통합에 기초해 나라를 이끈 그는 다르마(법)를 퍼뜨리기 위한 부서를 만들고 외교관을 파견하는 정책을 썼다. 칼로 다른 나라를 정복하지 말라고 후손에게 이른 그는 관대하고 온화함에 기초를 둔 정책을 폈다. 군대와 관리의 수를 줄이고 백성의 복지를 확대했어도 그의 제국은 전보다 더 넓어졌다.

비슷한 시대에 히말라야산맥을 사이에 두고 인도와 중국에 최초의 통일제국을 건설한 마우리아의 아소카 황제와 진시황^秦始皇은 여러 면에서 양국의 최고지도자로 선정할 만한 인물이다. 부국강병책을 써서 넓은 영토를 하나의 세계로 만든 두 황제는 넓은 제국에 사는 서로 다른 사람들이 편리하도록 나라 안을 두루 연결하는 도로를 건설하고 도량형과 문자를 하나로 만든 위대한 지도자였다.

두 나라의 대표적 지배자로 간주되는 두 황제의 차이는 백성을 대한 훗날의 태도에서 드러난다. 지방의 관리들과 토론하고 바위와 돌기둥에 정책을 새겨서 백성과 소통하며 잘살기를 바란 아소카와 달리 시황제는 강압적 방식으로 관리와 백성을 통제했다. 이런 차이는 두 황제의 개인적인 성격차가 한몫했겠으나 두 나라의 문화적 특성에 기인하는 바가 크다. 아소카가 평화적 통치를 쓴 데 비해 진시황이 신상필벌信賞必罰의 법가사상을 사용한 건 분명하기 때문이다. 진시황에 대한 부정적인 평가에는 과장이 섞였으나 그가 아소카에 비해 자기 확신이 강한 군주였던 것도 확실하다.

진시황의 권위와 권력은 크고 화려한 아방궁을 만들고 자신이 묻힐 거대한 묘를 만든 점에서도 엿보인다. 반면에 진시황과 비슷한 시기에 강력한 제국을 다스린 아소카의 무덤은 어디에도 없다. 죽은 자를 묻지 않는 인도에는 이름을 남기고 권력을 자랑하던 왕의 무덤이 하나도 보이지 않는다. 큰 무덤을 세울 만큼 힘을 가진 지배자도 죽음과 관련된 유형의 예술을 남기지 않았다. 지금 인도에서 볼 수 있는 권력자의 크고 화려한 무덤은 다 이슬람 지배자들이 남긴 것이다.

그렇다고 인도의 지배자들이 죽음 뒤의 삶을 초연하게 여긴 건 아니다. 인간의 무력함과 유한함을 깨달은 그들도 불멸과 영생을 바란 것은 중국의 황제와 다를 바가 없었다. 그래서 그들은 신을 위해 장대한 힌두사원을 지었다. 두 나라의 왕들이 백성을 동원해 세운 거대한 왕릉과 힌두사원에는 인간의 허영과 야망이 배어 있다. 그러나 개인적인 영생을 꿈꾼 중국 황제들의 무덤과 다수의 구원을 기대한 힌두사원은 양국의 문화적 차이를 어느 정도 드러낸다.

인도에서 영웅이란 군대를 이끌고 다른 나라를 정복한 지배자가 아니다. 아소카가 최고의 지배자로 여겨지는 건 제국을 강하게 만든

　　　　　　　　　　　　　　　　　인도는 힘이 세다

능력이 아니라 다른 종교에 대한 이해를 권장한 관용정책과 백성의 안녕에 우선권을 둔 모범적인 통치 때문이다. 중국의 영웅은 대개 힘과 연결된다. 사납고 용맹스러운 진시황이 중국 고대의 대표적 영웅인 것처럼 뛰어난 무술과 병법이 영웅의 조건이었다. 아소카의 다르마에 의한 통치는 시황제의 '힘에 의한 통치'와 대비된다.

두 나라의 음식문화는 양국의 문화적 특성을 반영한다. 인도의 음식은 단순소박하고 채식이 포함되지만, 중국은 다양하고 육식이 압도적이다. 고기를 잘 먹지 못하는 내가 중국에서 끝없이 나오는 진기한 고기요리에 당황한 것처럼, 중국의 음식은 상어지느러미와 곰발바닥 등 세상에 못 먹을 것이 없다는 입장이다. 오늘날 수천명이 먹을 수 있는 식당이 적지 않은 중국의 음식문화에선 대국다운 풍모가 풍겨 나온다.

인도는 음식만 놓고 보면 조금도 대국적이지가 않다. 중국에서는 돈과 권력을 더 가진 사람이 만한취엔시滿漢全席 같은 더 좋은 음식을 먹을 수 있다면, 인도에서는 음식에 대한 금기가 많아 덜 먹는 경향이다. 브라만과 상층카스트들이 채식을 선택하기에 음식도 단출하다. 특히 인도의 상인계층은 돈이 많아도 먹는 음식이 소박하다. 자이나 상인들은 심지어 양념을 넣지 않은 소식을 즐긴다. 육식하는 중국인이 채식하는 인도인보다 역동적인 건 단순하지만 당연한 결론이다.

꽃밭에서 술 한 항아리 놓고 앉아,
아무도 없이 홀로 술을 따르네.

밝은 달에 잔을 들어 올리니

나와 그림자와 달이 셋이 되었네.

나는 소마를 마셨다.

나는 불사신이 되었다.

나는 광명을 얻었다.

나는 신을 가까이 했다.

앞의 시는 술을 좋아한 중국 당나라의 문인 이백李白의 것이고, 뒤의 것은 베다에 나오는 술에 관한 노래다. 이백의 시는 세속적이지만 신의 술을 언급한 인도의 노래는 다분히 종교적이다. 중국에서 독한 고량주白酒를 유리컵으로 꿀꺽꿀꺽 마시는 걸 보고 놀란 기억이 지금도 생생하다. 우리나라처럼 음주에 관용적인 중국은 술을 권하는 사회라고 불러도 좋을 정도로 술을 좋아하는 사람이 많다. 술과 음주에 대한 시와 문장을 남긴 사람들을 호탕하다고 여기는 문화도 중국의 것이다.

욕망을 자제하고 신과 영혼을 추구하는 문화가 도드라지는 인도에는 먹고 마시며 흥청대는 관습이 없다. 불살생과 비폭력을 따르는 자이나교의 전통은 술과 고기를 금했다. 힌두교를 신봉하는 브라만과 상층카스트도 음주를 사회의 악습이라고 여겼다. 1920년대 상당한 주세를 챙기는 식민정부에 타격을 주려고 시작된 금주운동이 1990년대까지 전국적으로 엄격하게 시행된 나라가 인도였다. 지금도 지방마다 완전금주와 제한적인 음주 등 다양한 법이 적용되는 인도

자이나교 창시자의 거대한 석상과 승려 불살생과 비폭력, 술과 고기를 금하는 자이나교의 전통은 2500년이 넘는 오늘날까지 지켜지고 있다. 외향적인 서양문명과 서양에 가까운 중국문명과 달리 인도문명은 내면을 다스리는 방법을 꾸준히 추구한 문명이다.

는 공화국 창건일과 독립기념일, 간디의 탄신일에는 전국적으로 금주가 시행된다. 최근에 음주하는 젊은 사람들이 늘어났으나 가끔 술을 마시는 인구는 5퍼센트에 지나지 않는다.

만약 중국에서 금주령이 내려졌다면 엄청난 역효과가 일어났을지도 모른다. 술을 권하지 않는 인도에는 우리나라의 소주나 중국의 고량주처럼 인도를 대표하는 술이 없고 술과 관련된 문화가 없다. 두 나라의 먹고 마시는 문화를 구경하고 경험한 내가 내린 아주 기초적인 결론은 음주하는 중국문화가 금주하는 인도문화보다 호탕하고 남성적인 성향이 강하다는 것이다.

인도는 바깥세계로부터 여성적이고 유약한 문화라고 비판을 받아왔다. 인도에서 오랫동안 공부한 나도 힘을 쓰는 걸 좋아하지 않는다는 점에서 인도가 여성적인 측면이 있다고 생각한다. 인도에 익숙한 내가 중국을 방문했을 때 든 느낌은 인도보다 거칠고 강한, 이른바 남성적인 기운이 강하다는 것이었다. 중국은 서양과 비교하면 느리고 덜 역동적이지만, 이기려고 하는 것과 뭔가 소유하고 현실적인 것을 추구한다는 점과 문화적인 견지에서는 이웃나라인 인도보다 서양에 가깝다.

중국에서 검법과 무술이 전해지는 반면에 인도에는 정글의 법칙에 대처할 대표적인 수단이 없다는 점도 언급할 필요가 있다. 중국의 대표적 무술인 쿵푸功夫는 무기를 쓰지 않고 손과 발의 동작을 이용해 상대를 공격하는 권법이다. 인도에서 쿵푸와 비슷한 신체동작을 고르라면 요가를 들 수 있다. 나는 2008년에 나온 애니메이션 「쿵푸 팬더」Kung Fu Panda를 보고 그 무술을 이해하게 되었으나 요가를 배운 지는 제법 오래되었다. 쿵푸와 요가는 단지 동작을 익히는 것이 아니라 몸과 마음을 닦으라고 강조하는 점이 비슷하다.

세상에 우연은 없다.

쿵푸를 배우는 판다가 주인공인 영화에는 이런 대사가 여러번 나온다. 복숭아씨를 심으면 사과나 오렌지가 나올 수 없다는 대사는 인도의 인과론을 닮았다. 하지만 애니메이션에서 뚱뚱한 몸집을 가진 판다 포가 쿵푸를 힘들게 배우고 새로운 적과 싸우듯이 중국의 쿵푸는 누군가를 이기는 것이 목표다. 반면에 요가는 남이 아니라 자신을 이기라고 강조하는 점에서 쿵푸와 다르다. 즉 요가가 자기 안의 세속적

     인도는 힘이 세다

인 욕망을 이기려고 배운다면 쿵푸는 세속에서 이기는 걸 가르친다.

하나와 여럿의
이름으로

눈에 보이는 것을 통해 자기정체성을 확인하는 중국의 문화는 스포츠에서 분명하게 나타난다. 오늘날 중국은 스포츠에서 세계를 지배하지만, 인도는 국가와 인구의 크기에 걸맞지 않게 늘 참담한 결과를 드러낸다. 여러 뉴스에서 드러나는 분명한 사실은 오늘날의 중국인이 올림픽 등의 스포츠를 통해 자국의 국력과 애국심을 과시한다는 점이다. 반면에 올림픽과 국제경기에서 저조한 성적을 거두는 인도인은 스포츠에 무심하다.

인도가 스포츠에서 뒤지는 이유를 열대기후라는 환경과 선천적으로 스포츠에 적합하지 않은 인도인의 체격에서 찾는 사람이 많다. 내가 보기에도 인도인은 역동성이 부족하고 이기려는 문화가 약하다. 인도정부는 중국과 달리 스포츠에 많은 돈을 투자하거나 전적인 지원체제를 갖추려고 하지 않는다. 인도인도 중국 선수들이 스포츠 강국이던 옛날의 동독이나 체코의 선수들처럼 운동기계와 같은 업적을 내는 걸 부러워하지 않는다.

민주사회인 인도는 중국처럼 하나의 목소리를 갖는 것이 불가능하다. 시민사회는 챙길 빈곤층이 많은데 스포츠에 큰돈을 들이는 정부를 마냥 비판하고, 그래서 인도정부는 중국처럼 스포츠에 전력을 기울이지 못한다. 생활환경이 좋지 않은 운동선수들에게 헝그리정신을 발휘할 동기부여, 즉 포상제도도 극히 빈약하다.

스포츠를 통해 드러나듯이 오늘날 두 나라의 체제는 근본적으로 차이가 난다. 강한 중앙집권적 국가인 중국은 거친 국제사회에서 싸우려는 의지를 확고하게 드러낸다. 중국인들도 애국적 성향이 뚜렷하고 강대국을 선망한다. 올림픽을 앞두고 중국이 드러낸 역사를 창조하려는 의지와 도전적인 행태는 인도에서는 싹이 터도 크게 자라기 어렵다. 공동체적인 성향이 강한 중국인들이 경쟁적인 스포츠에서 집합적 정체성을 찾는 것은 당연한 수순이다.

이와 달리 개인적인 성향이 강한 인도는 중국처럼 한목소리로 강한 국가를 추구하지 않는다. 아니 할 수가 없다. 다양한 사람이 자기 방식대로 살아가는 인도에서 정부가 위로부터 집합적 자아나 애국심을 부과하거나 강제하기 어려운 것이다. 중국과 달리 각계각층의 목소리가 폭포처럼 쏟아지는 인도에서 중앙정부나 국가는 힘이 없고, 그래서 함부로 힘을 쓰다가는 오히려 역풍을 받기 십상이다.

2012년에 다시 찾은 중국은 전보다 훨씬 더 단정하지만 위압적인 분위기를 풍겼다. 잠에서 깨어난 중국의 급속한 성장이 스카이라인과 거리에서 느껴졌고, 올림픽을 치른 베이징의 도처에 들어선 최신식 건물에서는 국가의 힘이 강하게 배어 있었다. 나는 베이징의 장대한 톈안먼天安門과 쯔진청紫禁城이 그걸 보려고 지방에서 온 중국인들을 작은 존재로 만드는 광경을 한동안 지켜보았다. 나는 그때 거기에서 국가가 강하지만 개인이 약한 중국의 전반적인 기운을 읽었다.

국가가 국민의 모든 것을 관장하는 가부장적 중국정부와 달리 인

인도는 힘이 세다

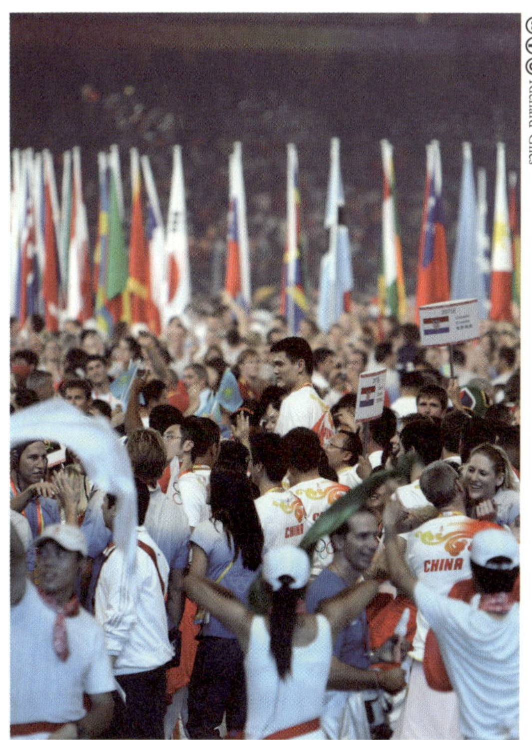

베이징올림픽 폐막식의 중국 국가대표 강한 중앙집권적 국가인 중국은 베이징올림픽을 개최하며 국제사회에 변화된 모습을 과시했다. 올림픽을 위해 단기간에 수많은 인구를 도시의 외곽으로 이동시키며 베이징을 재탄생시킨 중국의 방법은 인도에서는 시도조차 하기 힘들다.

도정부는 힘이 없어서 지리멸렬해 보인다. 정부가 깊숙이 개입하지 못하는 인도의 거리는 늘 복잡하고 혼란스럽다. 덕분에 사람들은 모든 종류의 자유를 누릴 수 있다. 인도의 거리에선 중국의 도시와 달리 구걸하는 거지들도 많다. 깨끗하지만 사람이 많이 나다니지 않는 중국의 수도 베이징은 오가는 사람이 넘치고 쓰레기가 수북한 인도의 수도 델리와 다르다.

하나의 목소리를 가진 중국과 여럿의 목소리가 혼재하는 인도의 차이는 분명하다. 인도의 공식어는 22개로 여러 나라가 모인 유럽대륙처럼 다양성을 자랑한다. 인도아리아어와 드라비다어처럼 완전히 다른 어족이 네개나 있다. 200개의 모국어를 가진 사람들이 모여 사는 인도는 다름을 관용하는 문화가 생길 수밖에 없다. 반면에 중국은 사투리가 많아도 다수 한족이 쓰는 한어가 지배적 위상을 갖는 나라로 인도보다 통일성이 강하고, 그래서 의견을 하나로 모으는 데 유리하다.

공권력이 강한 중국과 달리 도처에 반대 세력과 비판이 산재하는 인도에서는 정부가 뜻대로 일을 추진하기 어렵다. 2008 베이징올림픽을 위해 중국은 단기간에 수많은 인구를 도시의 외곽으로 옮기고 베이징을 재구성하여 성공적으로 올림픽을 개최했다. 인도는 그로부터 2년 뒤인 2010년에 영연방경기대회를 열었으나 중국처럼 조직력을 자랑하지 못했다. 언론의 비판이 거센데다가 사법부의 판결 없이 정부가 시민들의 삶의 터전을 함부로 옮길 수 없었던 것이다.

인구문제도 중국과 인도의 차이를 잘 보여준다. 2011년에 나온 중국과 인도의 인구는 각각 13억 4000만명과 12억 1000만명이었다. '한자녀정책'으로 인구증가율을 억제하는 데 성공한 중국과 달리 인도는 중국의 세 배에 가까운 인구증가율을 보이며 세계 1위의 인구대국을 향해 빠르게 나아가고 있다. 인구정책을 위에서 강하게 밀어붙인 중국과 달리 인도정부는 세계에서 가장 먼저 인구문제를 고민하고도 개인의 삶에 개입하지 못해 인구를 억제하는 데 실패했다.

1970년대 긴급조치를 선언하고 산아제한을 강하게 밀어붙인 인디

     인도는 힘이 세다

라 간디 총리는 민심을 잃고 선거에서 패배하여 정권을 내놓았다. 아이를 갖는 문제는 국가가 간여할 영역이 아니라 신의 뜻이라고 생각하는 사람들이 분연히 투표소에 나가서 반대표를 던졌기 때문이다. 그때부터 인도의 인구정책은 후퇴했다. 내가 만난 인도의 공무원들은 인구정책에 대해 물으면 이렇게 대답했다.

"우린 강요하지 않아요, 스스로 가족계획의 중요성을 깨달아야지요."

국가가 모든 것을 기획하고 추진한 중국이 성공적인 변화를 일구는 반면에 사회 세력이 강한 인도에서 변화와 전진이 더딘 것은 당연하다. 중국공산당은 인민이 주인이라고 강조하지만 관이 중심인 중국은 권력이 정치에 집중될 수밖에 없다. 반면 인도에서는 정치 못지않게 종교와 시민사회 등 다른 영역의 힘이 막강하다. 그래서 인도와 중국은 비슷한 시기에 외국에 문호를 개방하고 개혁을 시작했으나 가지가 적은 중국이 건강과 교육, 인프라 등 거의 전 분야에서 인도를 앞서고 있다.

통계를 곧이곧대로 믿을 순 없으나 어느정도 경향을 알려준다는 점에서 몇가지 수치를 통해 두 나라를 비교해보자. 인도인의 평균수명은 66세로 개혁을 시작한 1991년의 59세에 비해 많이 늘었다. 그러나 중국인의 기대수명인 73세에는 뒤진다. 칼로리 섭취량을 바탕으로 조사한 중국의 빈곤층은 13퍼센트인 반면에 인도는 그 비율이 인구의 30퍼센트에 가깝다. 유아사망률도 인도가 훨씬 높다.

중국은 빠르게 변하고 인도의 변화는 더디다. 오늘날 중국의 시간 개념은 서구 기독교세계와 비슷하다. 빠르고 일직선적인 측면의 시간관을 따라서 한정된 시간을 낭비하지 않고 아껴 쓴 그들은 전통과 유교를 부정하면서 단기간에 많은 것을 달성했다. 말하자면 파괴가 없이는 건설도 없다는 입장이었다. 반면에 인도는 중국보다 느렸다. 인도는 용처럼 휙 날아오르는 중국과 달리 전통을 전적으로 버리지 않고 힌두교와 과거의 문화유산을 껴안으며 코끼리의 걸음을 걷고 있다.

양국의 차이가 시작된 것은 1924년이었다. 중국을 방문하여 두 나라의 위대함이 고대에 만나서 우정을 다진 그 정신에 있다고 주장한 타고르가 근대 서양을 지향하는 중국인들의 홀대를 받은 것이다. 1920년대의 급변하는 중국에서 진보적 중국인들은 영혼과 고대문명을 말하는 그가 중국의 청년들에게 무능을 가르치고 지배층의 야만성을 방어한다고 비판했다. 그들이 주축이 되어 혁명을 이룬 중국은 고대와 전통을 다 버린 반면에 인도는 타고르처럼 현재와 과거를 조율하는 방식을 선택했다.

현재 민주체제를 성공적으로 운영하는 인도에는 역사적으로 중국의 황제와 같은 구심점이 없었다. 사마천의 『사기』에서 드러나듯이 중국은 황제가 정점인 세계질서를 가졌으나 인도는 왕권이 사회를 통제하지 못하고 여러 집단과 종교, 전통과 기능적인 연계를 맺고 다양성을 지켰다. 지금도 인도에서는 권력이 종교에 개입하지 못한다. 인디라 간디 총리도 힌두사원에 맘대로 들어가지 못했다.

오늘날 인도정부는 종교의 자유를 인정하기 위해 힌두교를 국교로 삼지 않고 세속주의를 채택한다. 꿀벌이 여러 꽃에서 꿀을 따듯이 다른 종교의 장점을 다 받아들이는 다원적인 인도에서 하나를 지향

                                        인도는 힘이 세다

하는 강압적인 제도나 정책이 나오긴 어렵다. 중국은 종교의 자유를 보장하지만, 정부가 종교를 규제하고 관리한다는 것이 보다 정확한 표현이다. 이러한 경향은 종교를 넘어서 다른 영역에서도 드러나게 마련이다.

하나의 지향점을 가지고 움직여나가는 오늘날의 중국에서 비판의 목소리는 크지도 많지도 않다. 학계도 언론처럼 위로부터의 감시와 통제에서 자유롭지 않고 그래서 반대주장이 제대로 나오지 않는다.

반면에 인도의 지식인들은 국가를 비판하는 정도를 넘어 적대시한다. 국적이 의심스러운 사람이 아주 많다. 나라가 곧 망할 것처럼 막무가내로 보도하는 인도 언론도 나라 안의 불평등과 온갖 치부를 세상에 다 쏟아낸다. 델리에서 일어난 성폭행에 대한 기사가 우리나라와 전세계의 안방에 알려진 것도 이런 언론의 덕이다. "속임수가 많은 세상에 살고 있다면 진실을 말하는 것 자체가 혁명"이라는 조지 오웰George Orwell의 말을 빌리면, 인도에서는 적어도 누구나 진실을 말할 수 있다는 점에서 혁명이 필요하지 않다.

중국의 언론을 자유언론이라고 말하기는 어렵다. 중국의 언론은 공산당과 고위지도자나 국가의 나쁜 측면을 비판하기보다 변명하는 입장이다. 이와 달리 언론이 정부를 감시하는 기능을 다하고 있는 인도가 민주적인 건 분명하다. 이질적 인종과 문화가 공존하는 인도에서 비판적 논쟁은 의견을 수렴하는 하나의 수단이다. 인도의 언론이 누리는 자유의 폭이 미국의 언론보다 크다는 주장은 이미 1970년대에 나왔다.

중국은 민주국가가 아니다. 지금까지 중국이 이룬 성공적인 경제발전은 중국인들이 자기 목소리를 내지 않고 묵묵히 국가의 정책을 따른 덕분이라고 말할 수 있다. 국가가 주도한 수출 진흥정책과 외국의 직접투자가 좋은 결과를 가져온 덕분에 '메이드 인 차이나'가 성공한 것이다. 국가와 공산당이 중심인 중국과 달리 인도에는 기업가정신이 존재한다. 개인사업자들이 무엇이든 할 수 있는 인도와 달리 정부가 기업가의 역할을 맡은 중국에는 자유나 진취성이 상대적으로 부족하다.

역사와 문화를 공부하는 나는 어디에 가든 사람들의 표정과 보폭에 주목한다. 내가 늦가을의 베이징에서 본 보통사람의 표정과 전반적인 사회분위기는 쓸쓸했다. 날씨 탓만은 아니었다. 통행량이 많지 않은 깨끗한 거리와 아름답지만 위압적인 유적과 건물이 가득한 베이징의 공기에는 따뜻함이 부족했다. 가난해도 행복하다는 평을 듣는 인도인, 더럽고 가난한 사람들이 넘쳐나는 뜨겁고 복잡한 인도의 거리 풍경과는 달라 보였다.

나는 구호와 주장이 많은 사회가 행복하지 않다고 믿는다. 물론 말이 많은 인도인도 구호와 주장이 많다. 중국에서 내 눈을 사로잡은 건 숫자로 표시되는 문화적 풍경이었다. 내가 머문 베이징대학의 기숙사는 5호였다. 중국에는 덩 샤오핑의 4대 근대화, 후 진타오胡錦濤가 내건 사회건설의 8대 과제, 장 쩌민江澤民의 3대 대표사상처럼 숫자를 붙인 정책이나 건물이 많다. 일목요연하고 잘 관리할 수 있겠으나 숫자로 표시되는 중국에서는 어쩐지 인간이 사물이 되는 느낌을 지울 수가 없었다.

중국이 하드웨어에 뛰어나고 인도가 소프트웨어에 소질이 있는

   인도는 힘이 세다

건 전반적인 문화의 특성과 무관하지 않다. 이름에서 비밀스러움이 묻어나는 쯔진청처럼 정책결정의 투명성이 약한 오늘날의 중국은 모든 것을 인도보다 빠르고 효율적으로 추진한다. 반면 되는 것이 없지만 안 되는 것도 없는 연성적인 인도에서는 효율성이 약하다. 건물을 세우고 도로를 건설하며 일을 하는 데도 인도의 시간이 중국보다 길고 느리다.

중국에는 인도보다 야심을 가진 지도자가 많다. 사회적 상승이동이 열려 있어서 미래에 투자하는 역동적인 젊은이도 많다. 다만 왕조시대의 통치이념이 사회주의적 이념으로 이어진 중국에서는 일등국, 세상의 지배자가 되려는 조급함이 느껴진다. 그래서 중국은 인도보다 불안정해 보인다. 국가의 이익에 눌려온 아래로부터의 요구를 받아들일 가능성, 즉 민주화의 가능성이 낮다는 점이 중국의 미래를 다소 부정적으로 만든다.

많은 점에서 인도사회가 중국보다 성숙하고 안정적이다. 내가 인도를 공부했다고 인도의 편을 드는 것이 아니다. 야망을 가진 지도자가 나올 수 없고 국가가 일방적으로 힘을 휘두를 수 없는 인도는 다양한 층과 켜를 인정하며 민주정치를 한다는 점에서 중국만큼 불안정하지 않다. 강한 나무는 곧 부러지고 강한 군대는 망하기 십상이다. 그래서 단기적으로는 국가가 강한 중국이 앞서겠으나 장기적으로는 사회가 단단한 인도가 유리해 보인다.

Ahuja, Ram. *Society In India: Concepts, Theories And Recent Trends*, Rawat Publications 2011.

Aiyar, Pallavi. *Smoke and Mirrors: An Experience of China*, HarperCollins Publishers 2008.

Appadurai, Arjun et al. ed. *India's World*, Rain Tree 2012.

Basham, A.L. *A Cultural History of India*, Oxford University Press 1975.

Bose, Sugata. *A Hundred Horizons*, Permanent Black 2006.

Brosius, Christiane. *India's Middle Class: Urban Forms of Leisure, Consumption and Prosperity*, Routledge India 2010.

Chandhoke, & Priyadarshi. *Contemporary India: Economy, Society, Politics,* Pearson 2011.

Chaudhuri, N. C. *The Continent of Cerce*, Jaico Publisher 1996.

Chunder, Pratap Chandra. *Glimpses of Indian Culture Ancient and Modern*, Indian Museum 2007.

Coomaraswamy, Ananda. *What is Civilization?*, Oxford University Press 1989.

Dani, Ahmad Hasan. *Alberuni's India: a Record of the Cultural History of South Asia about A.D. 1030*, University of Islamabad Press 1973.

Darlymple, William. *Age of Kali: Indian Travels and Encounters*, Penguin India 2011.

Das, Gurcharan. *India Unbound*, Penguin Books 2002.

Doctor, Geeta et al. *Indian Essentials*, Penguin Books 2010.

Eck, Diana. *India: A Sacred Geography*, Harmony Book 2012.

French, Patrick. *India, a Portrait*, Penguin Books India 2011.

Government of India. *Census of India 2011*.

Gupta, Dipankar. *Mistaken Modernity: India Between Worlds*, HarperCollins 2000.

Hindustan Times.

India Today.

Indian Express.

Jha, Prem Shankar. *India & China: The Battle between Soft and Hard Power*, Penguin/Viking 2012.

Kakar & Jahanbegloo. *India Analysed Sudhir Kakar In Conversation With Ramin Jahangbegloo*, Oxford University Press(USA, 2009).

Kakar, Sudir and Kakar, Katharina. *The Indians: Portrait of a People*, Penguin/Viking 2007.

Kaul, H. K. *Historic Delhi*, Oxford University Press 1996.

Keay, John. *The Spice Route*, John Murray 2006.

Khilnani, Sunil. *The Idea of India*, Penguin Books 1998.

Kiernan, V. G. *The Lords of Human Kind: European Attitudes Toward the Outside World in the Imperial Age*, Harmondsworth 1969.

Lal, Vinay. *The History of History: Politics and Scholarship in Modern India*, Oxford University Press 2005.

Macleod, Ray and Kumar, Deepak. *Technology and the Raj*, Sage Publications 1995.

Michal Pearson. *The Indian Ocean*, Routledge 2008.

Moosvi, Shireen. *People, Taxation and Trade in Mughal India*, Oxford University Press 2010.

Mukerjee, Madhusree. *Churchill's Secret War: The British Empire and the Ravaging of India During World War II*, Tranquebar Press 2010.

Mukherjee, Meenakshi. *Realism and Reality*, Oxford University Press 1994.

Mukhia, Harbans. *The Mughals of India*, Blackwell Publishers 2005.

Muni, S.D. and Das, Suranjan. *India and China : The Next Decade*, Rupa India, 2009.

Nandy and Jahanbegloo, *Talking India: Ashis Nandy in Conversation with Ramin Jahanbegloo*, Oxford University Press 2007.

Outlook(New Delhi).

Panandikar, Pai and Nandy, Ashis. *Contemporary India*, Tata McGraw-Hill Publishing Company Limited 1999.

Pande, Ira. ed. *India China: Neighbours Strangers*, HarperCollins Publishers India 2010.

Ramakrishnan, P. and Puligandla, R. *That Thou Art: Wisdom of the Upanishads*, Jain Publishing Company 2002.

Robb, Peter. ed. *The Concept of Race in South Asia*, Oxford University Press 1997.

Salam, Ziya Us. *Housefull: The Golden Age of Hindi Cinema*, Om Books International 2012.

Salleh, Muhammad Haji. "Words Over Borders: Trafficking Literatures in Southeast Asia", *Asiatic* 2009, vol.3 no.2, 1~24면.

Shiva, Vandana. *Staying Alive: Women, Ecology and Survival in India*, Zed Books 1988.

Thapar, Romila. ed. *India: another Millennium*, Penguin Books 2000.

______ *Asoka and the Decline of the Mauryas*, Oxford University Press 2002.

Tharoor, Shashi. *The Elephant, the Tiger and the Cellphone: Reflections on India, the Emerging 21st Century Power*, Arcade Publishing(New York,

2011).

The CNN-IBN(New Delhi).

The Hindu(Chennai).

The Times of India.

Tripathi, Dwijendra. *The Oxford History of Indian Business*, Oxford University
  Press 2004.

Varma, Pavan. *Being Indian*, Penguin Books 2005.

______ *Becoming Indian*, Allen Lane 2010.

김웅기 『인도는 지금』, 한국재정경제연구소 2008.

나케지마 다케시 『인도의 시대』, 이정환 역, 북북서 2007.

다카가키 쇼헤이 『부자들의 에너지』, 김정환 역, 엘도라도 2007.

다케우치 미노루 『절대지식 중국고전』, 양억관 역, 이다미디어 2010.

미조구치 유조 외 『중국제국을 움직인 네 가지 힘』, 조영렬 역, 글항아리
  2007.

발레리 한센 『열린 제국: 중국 고대-1600』, 신성곤 역, 까치 2009.

알랭 루 『20세기 중국사』, 정철웅 역, 책과함께 2010.

이븐바투타, 『이븐바투타 여행기2』, 정수일 역, 창비 2012.

이옥순 『우리 안의 오리엔탈리즘: 인도라는 이름의 거울』, 푸른역사 2002.

이옥순 『인도에 미치다』, 김영사 2007.

이옥순 『인도현대사』, 창비 2007.

이중톈 『중국인을 말하다』, 박경숙 역, 은행나무 2008.

중국문화연구회 『중국문화의 즐거움』, 차이나하우스 2009.

한국인도사회연구학회, 『인도: 정치·경제·사회의 모든 것』, 한스컨텐츠
  2012.

인도는 힘이 세다

초판 1쇄 발행 / 2013년 10월 25일
초판 5쇄 발행 / 2018년 9월 11일

지은이 / 이옥순
펴낸이 / 강일우
책임편집 / 윤동희
펴낸곳 / (주)창비
등록 / 1986년 8월 5일 제85호
주소 / 10881 경기도 파주시 회동길 184
전화 / 031-955-3333
팩시밀리 / 영업 031-955-3399 편집 031-955-3400
홈페이지 / www.changbi.com
전자우편 / nonfic@changbi.com

ⓒ 이옥순 2013
ISBN 978-89-364-8267-1 03910